인생의 지혜를
밝히는

채 菜
근 根
담 譚

홍자성 지음 • 김용호 옮김

프로방스

머리말

채근담은 1644년경인 중국 명나라 말기에 문인 홍자성이 저작한 책으로 간소한 삶 속에 진정한 인생이 있음을 말한 잠언집이다. 책의 구성은 359개의 단문으로 구성되어 있다. 전집(상권) 225개, 후집(하권) 134개로 나누어져 있는데, 전집은 사람들과 교류하는 것을, 후집은 한거閑居의 즐거움과 인생의 처세를 다루고 있다.

동서양을 막론하고 인간의 절실한 고민과 해결을 담은 책은 무수히 많지만, 채근담은 그 어느 고전보다 쉽고 단순하게 인생의 참뜻과 지혜로운 삶의 자세를 알려주기 때문에 21세기를 살아가는 오늘날에도 꼭 필요한 인생 지침서이다.

책 제목의 '채근'은 宋나라의 학자 왕신민汪信民이 "인상능교채근즉백사가성人常能咬菜根則百事可成"이라고 한 데서 나온 말로, 사람이 항상 나물 뿌리를 씹을 수 있다면 세상 모든 일을 다 이룰 수 있다는 뜻이다. 이 책의 본질도 바로 그러한 나물 뿌리에서 느껴지는 깊고 담담한 맛으로, 저자가 말하는 삶의 진리나 깨달음도 소박하고 단순하다. 이 책의 저자 홍자성은 이 책을 통해 혼란의 시대를 살아가는 참다운 사람의 길을 제시하며, 자신이 깨달은 인생의 참된 뜻과 지혜로운 삶의 방식을 보여준다.

　채근담을 우리말로 번역하면서 누구나 쉽게 읽을 수 있는 어록체 형태를 통해 운문의 효과를 최대로 하였고, 동어반복을 가능한 피하여 읽는 사람이 식상하지 않게 하였다. 또한 한글세대들이 읽고 이해할 수 있도록 쉽게 풀어 썼다.

　이 책을 대하는 독자들이 이 책을 통해 선인과의 정신적 공감대를 형성하고 미래에 대한 확신과 신념을 발견하길 바란다.

2018년 3월

김 용 호

채근담(菜根譚)-해설(解說)

　은퇴하여 홀로 사는 사람은 허술한 집에서 혼자 살며, 세속따라 사는 사람들과 어울리기를 즐기되, 속세를 버린 사람들과 어울리는 것은 좋아하지 않는다. 또 빼어난 성현을 상대로 유교의 경전經典 해석을 둘러싸고 이러쿵 저러쿵 평評은 하지만 젊은 제자들과 구름이 머문다는 산이 변환變幻하는 산마루를 서성이는 짓은 하지 않는다.

　날마다 어부나 농부들과 오호五湖의 물가라든가 푸른 들에서 시를 읊조리기는 하지만, 매일 몇 푼 안되는 이익을 다투고 얼마 안되는 봉급을 영광스럽게 생각하며 인정이 급변하는 권력투쟁의 장場이나 이권다툼으로 비린내가 나는 수라장에서 사람을 만나 진심을 털어놓지는 않는다.

　누구라도 송유宋儒의 도학道學을 배우는 자가 있으면 인도해 주지만 교리의 가르침을 배우는 자에게는 그것이 잘못임을 가르쳐 주고, 헛된 공론을 일삼는 무뢰배들은 멀리한다.

　이런 생활태도라면 은퇴한 나의 생활을 충분히 누릴 수가 있다.

때마침 친구인 홍자성洪自誠이 『채근담』을 가지고 와서 나에게 보여 주고, 그 위에 나에게 서문을 써달라고 청했다.

　나는 처음에는 별로 읽을 생각도 없이 그 책을 바라보았다.

　잠시 서안書案 위에 있던 고서古書를 정리하고, 마음 속의 잡념을 털어 버린 다음 손에 들고 읽다가 금방 알아차렸다.

　그 성명性命을 말하면 금방 진수를 깨칠 수 있고 그 심리를 설명하면 순식간에 인간세상의 고충을 터득할 수 있으며, 이 세상에 출처진퇴出處進退하면 그 심중心中의 유연함을 충분히 알 수 있고, 세속의 공명功名을 경시輕視하면 식견의 고원高遠함을 알 수가 있다. 훌륭한 문장은 녹수綠水와 청산靑山처럼 청신淸新하며 하는 말은 모두 약동하고 있다.

　본인이 진정 자신의 것으로 만들고 있는지의 여부는 아직 깊이를 알 수가 없지만, 기록해 놓은 문장에 의하면 모두가 세상을 경계하고 사람을 각성시키는 중요한 것들뿐이어서 귀로 듣고 금방 입밖에 내는 경박한 것이 아니다.

　이 책을 채근菜根이라고 이름 붙인 것처럼, 본디 청렴하고 각고刻苦

노력한 가운데서 터득하고 또 인격을 수양하는 가운데서 체득한 것이기 때문이리라. 인생의 풍파에 싸여 있으면서 고난을 고루 맛보았다는 것을 알 수 있겠다.

홍자성은 말하기를 '하늘이 내 육체를 괴롭힌다면 나는 내 정신을 즐겁게 하여 보완하리라. 하늘이 내 경우를 가로막는다면 나는 내 도를 높게 하여 뚫고 나가리라'고 하였다.

그자신이 신중하게 경계하고 스스로 면려하고 있는 점도 엿보인다.

이상과 같기에 몇 마디 적어서 이 책을 소개하고 이 책을 세간에 공표하여 풀뿌리[菜根]에야말로 참맛이 있음을 알리고자 한다.

삼봉주인 우공겸 쓰다.

- 우공겸于孔兼 -
자는 원시元詩, 경소景素, 호가 삼봉주인三峰主人이다.
강소江蘇 금단金壇 사람으로서 만력萬曆 연간에 진사進士가 되었다.

　중국 명나라 신종 때인 만력萬曆 시기(1573~1619)의 선비이다. 본명은 응명이고, 자字는 자성自誠이며 호는 환초還初이다. 평생 불우한 선비였으나 『채근담』 한 권으로 필명이 오늘에까지 이르렀다. 저자는 이 책에서 자신의 사상 근저를 유교에 두고 있으나 노장의 도교와 불교 사상까지도 폭넓게 흡수, 중용에 의한 오도의 묘리를 설파했다. 일찍이 양신을 스승으로 섬겼고 우공겸, 원황, 풍몽정 등과 교유했다는 이외에는 뚜렷한 기록이 남아 있지 않다. 그에 대해서는 우공겸이라는 사람이 쓴 『채근담』의 서문에서 잠깐 언급되어 있을 뿐이다.

차 례

머리말 ·· 2

채근담 해설(解說) ································· 4

채근담 전집(前集) ································· 11

채근담 후집(後集) ······························· 235

菜根譚

전집(前集)

인생의 고해라 할 수 있는 사회생활 중의
마음가짐에 대한 기록들로서, 유교·불교·도교를
아우른 일종의 정신수양서이자 처세방법을
일러주는 내용들이다.

한때의 적막함을 당할지언정

도덕을 지키며 살아가는 사람은 한때 쓸쓸한 생활을 하게 되나, 권세에 아부하며 빌붙어 사는 사람은 영원히 처량하게 된다. 사물의 이치에 통달한 사람은 사물 밖의 진리를 깨닫고, 죽은 후에 명예를 생각한다. 그러므로 한때의 적막함을 당할지언정, 영원히 처량한 신세는 안 될 것이다.

棲守道德者는 寂寞一時하고 依阿權勢者는 凄涼萬古이니라.
서 수 도 덕 자 　 적 막 일 시 　 의 아 권 세 자 　 처 량 만 고

達人은 觀物外之物하고 思身後之身하나니
달 인 　 관 물 외 지 물 　 사 신 후 지 신

寧受一時之寂寞이언정 毋取萬古之凄涼하라.
영 수 일 시 지 적 막 　 무 취 만 고 지 처 량

주해 　서수(棲守) : 머물러 지키는 것 / 의아(依阿) : 빌붙어 아부함 / 처량(凄涼): 쓸쓸한 모습 / 달인(達人) : 사물의 이치와 도리에 통달한 사람 / 물외지물(物外之物) : 사물 밖의 사물, 즉 현상계(現象界)의 배후에 있는 실재(實在)의 세계 / 신후지신(身後之身) : 육신이 사라진 다음에 오게 되는 명예, 평판.

해설 　진리를 지키면서 살아간다는 것은 분명 고독한 법이다. 그러나 그것은 일시적인 고독일 뿐이다.

2
군자는 소박한 편이 바람직하고

　세상과의 접촉이 얕으면 그만큼 때 묻음도 얕고, 세상과의 접
촉이 깊으면 그만큼 남을 속이는 계략도 깊게 마련이다. 그러므로
군자는 능소 능란하기보다는 소박한 편이 바람직하고, 주도면밀하
기보다는 소탈하고 자연스러운 것이 오히려 낫다.

涉世淺이면 點染亦淺이요 歷事深이면 機械亦深이라.
섭 세 천　　점 염 역 천　　역 사 심　　기 계 역 심

故로 君子는 與其達練으로는 不若朴魯하고
고　군 자　여 기 달 련　　불 약 박 로

與其曲謹으로는 不若疎狂이니라.
여 기 곡 근　　불 약 소 광

❋ 주해　섭세(涉世) : 세상과 교섭하며 살아가는 것 / 점염(點染):세속의 때와 악에 조금씩 물
　　　드는 것 / 역사(歷事) : 세상의 여러 가지 일에 대한 경력 / 기계(機械) : 권모술수, 계략, 속
　　　임수, 수단 / 연달(練達) : 노련하고 통달함.

❋ 해설　처세를 잘하는 사람은 대개 자기 자신을 비굴하게 만드는 법이다. 손해가 된다는 계
　　　산을 앞세우며 행동을 하기 때문이다.

3

군자의 재능과 슬기로움은

　군자의 마음가짐은 푸른 하늘의 빛나는 태양처럼 남들로 하여금 모두 알아보게 해야 하며, 군자의 재능과 슬기로움은 옥구슬과 진주가 깊숙이 감추어진 것같이 남들로 하여금 쉽사리 알게 해서는 안 될 것이다.

君子之心事는 天青日白하여 不可使人不知요
군 자 지 심 사　　천 청 일 백　　　불 가 사 인 부 지

君子之才華는 玉韞珠藏하여 不可使人易知니라.
군 자 지 재 화　　옥 온 주 장　　　불 가 사 인 이 지

❁ 주해　군자(君子) : 다음과 같은 전인적인 능력을 갖춘 사람을 말함. 첫째, 책임 있는 자리
　　에서 백성을 잘 다스릴 수 있을 것(유위자 : 有位者). 둘째, 학문적 소향을 갖출 것(유식자
　　: 有識者). 셋째, 덕망이 있을 것(유덕자 : 有德者) / 심사(心事) : 마음가짐, 마음, 마음씀
　　/ 천청일백(天青日白) : 푸른 하늘과 빛나는 태양. 마음가짐, 마음씀이 공명정대(公明正大)
　　한 것을 뜻함 / 재화(才華) : 탁월한 재주와 뛰어난 슬기 / 옥온주장(玉韞珠藏) : 옥구슬이
　　바위 속에 숨겨져 있고 진주가 바닷 속 깊숙이 감추어져 있는 것, 즉 자신의 재능과 슬기
　　를 보물처럼 깊이 간직하여 함부로 드러내지 않음을 뜻함 / 이지(易知) : 용이하게 알다.
　　쉽사리 알다.

❁ 해설　훌륭한 학식과 재능을 지닌 사람은 세상 사람들이 자연히 알게 되고 또 인정해 주는
　　법이다.

4
더욱 결백한 사람

　권세와 명리(名利), 사치와 호화로움을 가까이 하지 않는 사람을 결백하다고 하지만, 이를 가까이 하면서도 물들지 않은 사람을 더욱 결백하다고 한다. 책략과 속임수의 교활함을 모르는 사람을 고결하다고 하지만, 알고 있으면서도 쓰지 않는 사람을 더욱 고결하다고 하는 것이다.

勢利紛華는 不近者爲潔이나 近之而不染者는 爲尤潔이요.
세 리 분 화　　불 근 자 위 결　　근 지 이 불 염 자　　위 우 결

智械機巧는 不知者爲高니 知之而不用者는 爲尤高이니라.
지 계 기 교　　부 지 자 위 고　　지 지 이 불 용 자　　위 우 고

❀ 주해　세리(勢利) : 권세와 명리(名利) / 분화(紛華) : 사치와 호화로움 / 위결(爲潔) : 깨끗하다고 하다, 결백하다고 하다 / 우결(尤潔) : 더욱 깨끗함, 더욱 결백함 / 지계기교(智械機巧) : 권모와 술수, 책략과 속임수, 나쁜 지혜와 교활한 꾀 / 우고(尤高): 더욱 고상함, 더욱 높음, 더욱 고결함.

❀ 해설　부귀한 사람들을 가까이 하지 않는 것이 결백이다. 그러나 가까이하더라도 그 영향을 받지 않는 것이야말로 진짜 결백이라고 할 수 있는 것이다.

5
덕성을 기르고 행실을 닦는 숫돌

귀에는 언제나 거슬리는 말을 듣고, 마음속에는 언제나 어긋나는 일이 있으면 이것은 곧 덕성을 기르고 행실을 닦는 숫돌이 되는 것이다. 만일 말마다 귀를 기쁘게 하고, 일마다 마음을 만족케 한다면 이는 곧 자신의 삶을 짐독에 파묻는 것이 된다.

耳中에 常聞逆耳之言하고 心中에 常有拂心之事하면
이 중   상 문 역 이 지 언   심 중   상 유 불 심 지 사

纔是進德修行的砥石이니 若言言悅耳하고
재 시 진 덕 수 행 적 지 석   약 언 언 열 이

事事快心이면 便把此生하여 埋在鴆毒中矣니라.
사 사 쾌 심   변 파 차 생   매 재 짐 독 중 의

🌸 주해 역이지언(逆耳之言) : 귀에 거슬리는 말, 충고, 충언(忠言), 간언(諫言) / 불심지사(拂心之事) : 마음에 어긋나는 일 / 재시(纔是) : 바로 ~이다 / 진덕수행(進德修行) : 덕을 기르고 행실을 닦음 / 지석(砥石) : 숫돌 / 열이(悅耳) : 귀를 즐겁게 함. 귀를 기쁘게 함 / 변(便) : 곧 / 차생(此生) : 이 생명, 이 몸 / 짐독(鴆毒) : 짐새의 깃털에 있는 독.

🌸 해설 귀에 들어오는 말마다 달콤한 말뿐이고, 무슨 일이든 마음먹은 대로 되어가는 환경이라면 자신도 모르는 사이에 무서운 독이 스며 들어서 일생을 망치고 말 것이다.

6
하루라도 기쁨이 없어서는

거센 비바람에는 새들도 근심하고, 갠 날씨와 산들바람에는 초목도 기뻐하는 듯하다. 천지에는 하루라도 온화한 기운이 없어서는 아니 되고 사람의 마음에는 하루라도 기쁨이 없어서는 아니 되는 것이다.

疾風怒雨에는 禽鳥도 戚戚하고
질풍노우　　　금조　　척척

霽日光風에는 草木도 欣欣하나니
제일광풍　　　초목　　흔흔

可見天地에 不可一日無和氣요,
가견천지　　불가일일무화기

人心에 不可一日無喜神이니라.
인심　　불가일일무희신

❀ **주해** 질풍(疾風) : 사납고 세차게 부는 바람 / 노우(怒雨) : 성난 듯 퍼붓는 비 / 금조(禽鳥) : 날짐승 / 척척(戚戚) : 근심에 잠긴 모습 / 제일광풍(霽日光風) : 맑게 개인 날의 서늘한 바람 / 흔흔(欣欣) : 기뻐하는 모습, 즐거워하는 모양 / 화기(和氣) : 따뜻하고 부드러운 기운 / 희신(喜神) : 기쁜 마음, 즐거운 마음.

❀ **해설** 웃는 얼굴은 여유를 자아내게 하고 여유는 상대방을 마음 편하게 해준다. 그러나 이 세상에는 여유를 잃고 살아가는 사람들이 너무나 많고 또 남의 처지를 고려하지 않는 사람이 너무나 많다.

7
지극히 덕이 높은 사람은 평범할 뿐이다.

농도 짙은 술, 기름진 고기와 맵고 단맛이 참다운 맛은 아니다.
참다운 맛은 오로지 담백할 뿐이다. 기이한 재주와 탁월한 행실이
있어야 지인(至人)이 되는 것은 아니다. 지인은 오로지 평범할 뿐
이다.

醲肥辛甘이 非眞味라 眞味는 只是淡하며
농 비 신 감　　비 진 미　　진 미　　지 시 담

神奇卓異는 非至人이라 至人은 只是常이니라.
신 기 탁 이　　비 지 인　　　지 인　　지 시 상

💮 주해　농비(醲肥) : 짙은 술과 기름진 고기 / 신감(辛甘) : 맵고 단맛 / 진미(眞味) : 참맛 /
담(淡) : 담담한 것, 담백함 / 신기(神奇) : 기이한 재주, 신비롭고 이상한 재주 / 탁이(卓異)
: 특이하고 유별난 행위, 탁월한 행실 / 지인(至人) : 도(道)를 체득한 참된 인격자.

💮 해설　참으로 훌륭한 인격자는 그 언행과 자세에 있어 결코 지나침이 없이 아주 평범하고
소박하다.

8
군자는 여유로운 마음가짐이 있어야

하늘과 땅은 고요하여 움직이지 않지만 그 작용에는 잠시의 휴식이 없고, 해와 달은 밤낮으로 바삐 달리고 있지만 그 밝음은 영구히 변치 않는다. 그러므로 군자는 한가한 때에는 비상시에 대비하는 마음을 지녀야 하고, 그러므로 군자는 한가한 때에는 비상시에 대비하는 마음을 지녀야 하고, 바쁜 가운데에서도 여유로운 마음가짐이 있어야 한다.

天地는 寂然不動이로되 而氣機는 無息少停하고
천지　적연부동　　　이기기　무식소정

日月은 晝夜奔馳로되 而貞明은 萬古不易이니라.
일월　주야분치　　　이정명　만고불역

故로 君子는 閒時에 要有喫緊的心思하며
고　군자　한시　요유끽긴적심사

忙處에 要有悠閒的趣味니라.
망처　요유유한적취미

※ 주해 적연부동(寂然不動) : 고요하여 움직이지 않는 것 / 기기(氣機) : 천지와 음양의 작용 / 분치(奔馳) : 바쁘게 달림, 부지런히 뛰어감 / 정명(貞明) : 밝음, 광명 / 불역(不易) : 바뀌거나 변하지 않는 것 / 끽긴적심사(喫緊的心思) : 다급한 일에 대비하는 마음, 비상시에 대처하는 마음 / 유한(悠閒) : 여유 있고 한가함 / 취미(趣味) : 멋, 마음가짐. 취향, 심적 자세.

※ 해설 평온하고 한가한 때는 불시에 닥쳐올지도 모를 급변에 대비하고 바쁠 때는 차분하게 마음을 가다듬는 자세가 있어야 한다.

9
홀로 앉아 있을 때에야 진실을 얻게 된다.

밤이 깊어 인기척이 없이 고요할 때에 홀로 앉아 자신의 마음을 살펴보면, 비로소 망상이 사라지고 참마음이 나타나게 되는 것을 깨닫게 되며, 매양 이런 가운데서 커다란 진실을 얻게 된다. 그러나 이미 참마음이 나타났는데도 망상에서 벗어나기 어려움을 깨닫게 되면, 또한 이 가운데서 진실로 부끄러움을 느끼게 되는 것이다.

深夜人靜에 獨坐觀心하면 始覺妄窮而眞獨露하나니
심 야 인 정   독 좌 관 심   시 각 망 궁 이 진 독 로

每於此中에 得大機趣니라.
매 어 차 중   득 대 기 취

旣覺眞現而妄難逃하면 又於此中에 得大慚忸이니라.
기 각 진 현 이 망 난 도   우 어 차 중   득 대 참 뉵

✤ **주해** 관심(觀心) : 자기의 본심을 살펴봄 / 망궁(妄窮) : 망령된 생각이 사라짐. 망상이 없어짐 / 진독로(眞獨露) : 참마음이 홀로 나타남. 순수한 마음이 홀로 드러남 / 대기취(大機趣) : 깨닫는 데서 얻어지는 큰 진리. 자유자재(自由自在)한 마음의 작용 / 참뉵(慚忸) : 큰 부끄러움. 수치.

✤ **해설** 인간의 마음속에는 상충되는 두 개의 마음, 즉 이성(理性)과 악(惡) – 선(善)과 본능(本能)이 있다.

10
은총 속에서 재앙은 싹트게 된다.

원래 은총 속에서 재앙은 싹트게 된다. 그러므로 마음에 흡족할 때 모름지기 빨리 머리를 돌려 살펴야 한다. 실패 후에 도리어 성공할 수도 있다. 그러므로 일이 뜻대로 되지 않는다고 해서 곧 그 일을 포기해서는 안 될 것이다.

恩裡에 由來生害하나니 故로 快意時에 須早回頭하고
은 리   유 래 생 해   고   쾌 의 시   수 조 회 두

敗後에 或反成功하나니 故로 拂心處에 莫便放手하라.
패 후   혹 반 성 공   고   불 심 처   막 변 방 수

❀ **주해** 은리(恩裡) : 은총을 받는 중에 / 유래(由來) : 원래, 본래, 본시(本是) / 생해(生害) : 재앙이 싹틈, 재앙이 발생함 / 쾌의시(快意時) : 만족스러울 때, 일이 뜻대로 잘 되어 의기 양양할 때/ 회두(回頭) : 머리를 돌려 주변을 살핌 / 불심(拂心) : 일이 뜻대로 되지 않아 마음이 유쾌하지 못한 것 / 변(便) / 곧 / 방수(放手) : 손을 놓음, 포기함.

❀ **해설** 한치 앞을 내다볼 수 없는 것이 인생이다. 겨울이 지나면 봄이 찾아오고 둥근 달은 이지러지는 것이 자연의 법칙이며 이 법칙은 인간에게도 적용된다.

11
지조는 담박함으로써 밝아지고

명아주국으로 입맛을 달래고 비름나물로 창자를 채우는 사람 중에는 얼음처럼 맑고 옥처럼 깨끗한 사람이 많지만, 비단옷을 입고 기름진 음식을 먹는 사람 중에는 종처럼 무릎을 조아리고 억지로 얼굴 표정을 구미는 비굴한 일도 서슴지 않고 하는 사람이 많다. 대체로 지조는 담박함으로써 밝아지고 절개는 기름진 고기와 맛있는 음식을 좋음으로써 잃게 되는 것이다.

藜口莧腸者는 多氷淸玉潔하고
여 구 현 장 자   다 빙 청 옥 결

袞衣玉食者는 甘婢膝奴顔하나니
곤 의 옥 식 자   감 비 슬 노 안

蓋志以澹泊明하고 而節從肥甘喪也이니라.
개 지 이 담 박 명   이 절 종 비 감 상 야

❀ 주해 여구(藜口) : 명아주국으로 입맛을 달램 / 현장(莧腸) : 비름나물로 창자를 채우는 것 / 빙청옥결(氷淸玉潔) : 얼음처럼 맑고 옥처럼 깨끗함, 곧 지조와 절개를 상징한 말임 / 곤의(袞衣) : 왕이나 고관대작들이 입는 비단옷 / 옥식(玉食) : 영양가 높고 맛있는 음식 / 감(甘) : 기꺼이 여김 / 비슬(婢膝) : 종처럼 무릎을 조아리는 것 / 노안(奴顔) : 종처럼 웃는 얼굴로 아부함 / 담박(澹泊) : 맑고 깨끗함, 청렴결백함 / 절(節): 절개 / 비감(肥甘) : 기름지고 맛있는 요리, 부귀와 영화를 뜻함 / 상(喪) : 잃다, 상실하다.

12
사는 동안 불평의 탄식을 듣지 말고

　살아 생전에는 마음을 활짝 열어 그 너그러움으로 사람들이 불평의 탄식이 없도록 해야 하며, 죽은 뒤의 은혜는 오랫동안 이어지게 하여 사람들이 부족함을 느끼지 않도록 해야 한다.

面前的田地는 要放得寬하여 使人無不平之歎하며
면 전 적 전 지　　요 방 득 관　　　사 인 무 불 평 지 탄

身後的惠澤은 要流得久하여 使人有不匱之思하라
신 후 적 혜 택　　요 류 득 구　　　사 인 유 불 궤 지 사

❀ 주해　면전(面前) : 살아 있는 동안, 눈앞, 현재 / 전지(田地) : 마음, 마음의 밭, 마음가짐, 심지(心地) / 방득관(放得寬) 마음을 너그럽게 열어 놓음 / 신후(身後) : 몸이 사라진 이후, 즉 사후(死後)를 말함 / 유득구(流得久) : 남기어 오래 지속되게 함 / 불궤(不匱) : 넉넉함, 부족함이 없음, 넉넉하여 만족함.

13
좁은 길에서 한걸음 물러나는 것이

　오솔길 좁은 곳에서는 한 걸음을 멈추어 남이 먼저 지나가도록 하고, 기름지고 맛있는 음식은 3분 1을 덜어 내어 남이 먹도록 양보하라. 이것이 세상을 살아가는 가장 즐거운 방법이 된다.

徑路窄處에는 留一步하여 與人行하며
경 로 착 처　　　유 일 보　　　여 인 행

滋味濃的은 減三分하여 讓人嗜하라.
자 미 농 적　　　감 삼 분　　　양 인 기

此是涉世의 一極安樂法이니라.
차 시 섭 세　　　일 극 안 락 법

❀ **주해**　경로(徑路) : 오솔길, 지름길, 작은길(小路) / 착처(窄處) : 좁은 장소 / 여인행(與人行) : 남이 먼저 지나가게 길을 양보함 / 자미(滋味) : 영양가가 높고 맛있는 음식 / 농적(濃的) : 진한 맛이 나는 기름진 음식 / 감삼분(減三分) : 3분의 1을 덜어 냄 / 양인기(讓人嗜) : 다른 사람에게 양보하여 맛보게 함 / 섭세(涉世) : 세상을 살아감 / 일극(一極) : 최고, 제일 / 안락(安樂) : 편안하고 즐거움.

14
물욕에 사로잡히지 않으면

　사람됨이 어떤 큰 사업을 이룬 것이 없더라도 능히 속된 감정에서 벗어날 수만 있다면 곧 명사 측에 들 수 있고, 학문을 함에 있어서는 특출한 업적은 없을지라도 능히 물욕을 덜어 낼 수만 있다면 성인의 경지로 들어갈 수 있는 것이다.

作人이　無甚高遠事業이라도　擺脫得俗情이면　便入名流하고
작인　　무심고원사업　　　　파탈득속정　　　변입명류

夫라도　爲學이　無甚增益工　減除得物累면　便超聖境이니라.
부　　　위학　　무심증익　　감제득물루　　변초성경

❀ **주해**　작인(作人) : 위인(爲人：사람됨) / 무심(無甚) : 탁월하게 ∼하지는 못한다, 뛰어나게 ∼하는 것은 없다, 과도하게 ∼하는 것은 없다 / 고원산업(高遠事業) : 높고 위대한 일, 높고 원대한 일/ 파탈(擺脫) : 털어 버리다, 벗어나다 / 속정(俗情) : 속된 감정, 속된 마음 / 명류(名流) : 저명인사 / 증익(增益) : 보태어 이바지함, 더하여 도움이 되게 함 / 감제(減除) : 덜어 내고 제거함 / 물루(物累) : 물욕, 사심, 세속적인 지위나 재물에 마음이 얽매어 있는 것 / 변초(便超) : 바로 넘어 들어가다 / 성경(聖境) : 성인의 경지.

15
친구를 사귐에는 의협심을 지녀야

벗을 사귐에는 모름지기 삼분의 협기를 지녀야 하며, 사람됨에
는 반드시 한 점의 깨끗한 본심을 간직해야 한다.

交友에는 須帶三分俠氣하고 作人에는 要存一點素心이니라.
교 우　　　수 대 삼 분 협 기　　　작 인　　　요 존 일 점 소 심

✿ 주해 대(帶) : 허리띠를 두르다, 즉 언제나 몸에 간직하고 있음을 뜻함 / 삼분(三分) : 10분
　　의 3 / 협기(俠氣) : 남의 어려운 처지를 외면하지 못하는 의로운 마음, 의협심 / 작인(作人)
　　: 사람됨, 위인(爲人) / 소심(素心) : 순수한 마음, 깨끗한 마음, 본연의 마음.

16

덕업에는 남보다 뒤떨어지지 말라.

총애의 이익되는 일에는 남보다 앞서지 말고 덕업에는 남보다 뒤떨어지지 말라. 받아서 누리는 것은 분수를 넘지 말고 몸과 마음을 닦는 행위는 분수 이하로 줄이지 말라.

寵利에는 *毋居人前*하고 德業에는 *毋落人後*하라.
총 리   무 거 인 전   덕 업   무 락 인 후

受享에는 *毋踰分外*하고 에는 修爲*毋減分中*하라.
수 향   무 유 분 외   수 위 무 감 분 중

❀ 주해   총리(寵利) : 총애와 이익, 은총과 명리(名利) / 무(毋) : ~하지 말라 / 덕업(德業) : 덕행(德行) / 수향(受享) : 남에게서 무엇을 받아서 누림, 향수 / 유(踰) : 넘다, 넘치다, 초과하다 / 분외(分外) : 분수 밖 / 수위(修爲) : 몸과 마음을 닦아 실행함 / 분중(分中) : 분수의 안, 능력의 한도.

17
사람을 너그럽게 대하는 것이 복이 되나니

　세상을 살아가는 데는 한 걸음 물러설 줄 아는 것을 높게 여기나니, 한 걸음 양보하는 것은 곧 스스로 전진할 바탕이 되기 때문이다. 사람을 조금 너그럽게 대하는 것이 복이 되나니, 남을 이롭게 하는 것은 사실은 자신을 유익하게 하는 근본이 되기 때문이다.

處世에는 讓一步를 爲高하나니 退步는 卽進步的張本이요.
처세　　　양일보　　위고　　　　퇴보즉진보적

待人에는 寬一分이 是福이니 利人은 實利己的根基니라.
대인　　　관일분　시복　　　이인　　실리기적근기

❀ 주해　처세(處世) : 이 세상을 살아 나가는 일 / 위고(爲高) : 고상하게 여기다, 높게 여기다, 고귀하게 보다 / 즉(卽) : 곧 / 장본(張本) : 바탕, 근본, 토대 / 대인(待人) : 남을 대접함, 사람을 대우함 / 관(寬) : 너그러움, 관용 / 일분(一分) : 10분의 1, 조금, 약간 / 시복(是福) : 이것은 바로 복이 됨 / 이인(利人) : 남을 이롭게 함 / 이기(利己) : 자기를 유익하게 함 / 근기(根基) : 바탕, 근거.

18
세상을 뒤덮을 큰 공로로

　세상을 뒤덮을 큰 공로로 한낱 자랑할 긍(矜)자 하나를 당해 내지는 못하고, 하늘에 가득 찬 큰 죄과도 한낱 회(悔)자 하나를 당해 내지는 못한다.

蓋世功勞도　當不得一箇矜字요
개 세 공 로　　당 부 득 일 개 긍 자
彌天罪過도　當不得一箇悔字니라.
미 천 죄 과　　당 부 득 일 개 회 자

❀ 주해 개세(蓋世) : 이 세상을 뒤덮음 / 부득(不得) : ～하지 못하다, ～할 수 없다 / 일개(一
　箇) : 한낱 / 긍(矜) : 자랑하다, 으스대다, 뽐내다 / 미천(彌天) : 하늘까지 가득 차 있음 /
　죄과(罪過) : 죄와 허물, 죄와 과오 / 회(悔) : 참회하다, 후회하다, 뉘우치다.

19
명예를 독점하지 말고

좋은 이름과 아름다운 지조는 혼자만 차지하지 말라, 그것을 남에게도 조금은 나누어 주어야 재앙을 멀리하여 몸을 보전할 수 있다. 욕된 행실과 더러운 이름은 남에게만 미루지 말라. 그것을 조금은 자기에게 돌려야 빛을 감추고 덕을 기를 수 있다.

完名美節은 不宜獨任이니 分些與人이면 可以遠害全身이요,
완 명 미 절   불 의 독 임   분 사 여 인   가 이 원 해 전 신

辱行汚名은 不宜全推이니 引些歸己면 可以韜光養德이니라.
욕 행 오 명   불 의 전 추   인 사 귀 기   가 이 도 광 양 덕

❂ 주해 완명(完名) : 좋은 이름, 손상되지 않은 명예, 온전한 명예 / 미절(美節) : 아름다운 절개, 아름다운 지조, 배어난 절개 / 불의(不宜) : 마땅치 않음 / 독임(獨任) : 독차지하는 것, 독점함 / 사(些) : 조금은, 약간, 사소한 / 여인(與人) : 다름 사람에게 주다 / 가이(可以) : ~로 ~할 수 있다 / 욕행(辱行) : 더러운 행실, 욕된 행위 / 오명(汚名) : 더러운 이름, 불명예스러운 이름 / 전추(全推) : 모두 남에게 미룸, 모두 남에게 떠맡김 / 귀기(歸己) : 자기 자신에게로 돌림, 자신의 과오로 돌림 / 도광(韜光) : 빛을 감추는 것, 능력이나 지혜가 밖으로 나타나지 않도록 깊숙이 숨겨두는 것 / 양덕(養德) : 덕성을 기르는 것.

20
마음의 여유를 가지고 일하면

일마다 조금쯤은 채우지 못하는 것을 남겨 완벽하게 하겠다는 뜻을 두지 않는다면 조물주도 나를 꺼리지 않을 것이요, 귀신도 나를 해치지 못할 것이다. 만약 하는 일마다 반드시 다 이루어지기를 바라고 공적도 가득 차기를 바란다면, 안에서 변고가 일어나지 않으면 반드시 밖으로 근심 걱정을 부르게 되는 것이다.

事事에 留個有餘하여 不盡的意思면
사 사　　유 개 유 여　　부 진 적 의 사

便造物도 不能忌我하고 鬼神도 不能損我니라.
변 조 물　　불 능 기 아　　귀 신　　불 능 손 아

若業必求滿하고 功必求盈者는 不生內變이면 必召外憂니라.
약 업 필 구 만　　공 필 구 영 자　　불 생 내 변　　　필 소 외 우

❀ 주해 사사(事事) : 모든 일, 일마다, 매사 / 개(個) : 하나의, 조금쯤, 일개 / 유여부진(有餘
不盡) : 약간 부족한 듯함, 다하지 못한 구석이 있는 듯함/ 조물(造物) : 조물주 / 구만(求
滿) : 완전히 이루어지길 바람 / 내변(內變) : 안에서 생기는 변(變), 안에서 일어나는 변고 /
외우(外憂) : 밖에서부터 오는 근심, 걱정.

21
가정에는 참된 부처가 있고

집안에 한 분의 참된 부처님이 있고, 비근한 일상생활 속에서 참다운 도리가 있다. 사람이 성실한 마음과 친화(親化)한 기운을 지니고, 즐거운 표정에 자상한 말씨로서 부모형제를 한 몸이 되게 하며 뜻을 서로 통하게 한다면, 고요히 앉아 호흡을 고르게 하며 참선을 하는 것보다 훨씬 더 의미 있는 일일 것이다.

家庭에 有個眞佛하고 日用에 有種眞道라.
가 정　　유 개 진 불　　일 용　　유 종 진 도

人能誠心和氣하고 愉色婉言하여 使父母兄弟間하여
인 능 성 심 화 기　　유 색 완 언　　사 부 모 형 제 간

形骸兩釋하고 意氣交流하면 勝於調息觀心萬倍矣니라.
형 해 양 석　　의 기 교 류　　승 어 조 식 관 심 만 배 의

❀ 주해　일용(日用) : 평범한 일상생활 / 종(種) : 일종의 / 유색(愉色) : 즐거운 표정, 기쁜 표정 / 완언(婉言) : 부드러운 말씨, 완곡한 말씨 / 형해(形骸) : 몸, 육신 / 양석(兩釋) : 둘이 풀려 하나로 융화됨 / 의기교류(意氣交流) : 뜻을 서로 통하게 함 / 어(於) : ～보다 / 조식(調息) : 호흡을 조절하는 것, 도교(道敎)의 도사(道士)들이 행하는 양생법의 일종임 / 관심(觀心) : 조용히 앉아 자신의 마음을 살피며 선과 악, 시(是)와 비(非), 유(有)와 무(無)에 개의치 않고 안락하고 자유로운 경지에 이르는 것, 선불교(禪佛敎)의 좌선 수양법.

22
구름 속에서 일어나는 번개

움직이기를 좋아하는 이는 구름 속에서 번쩍이는 번개와 바람 앞에서 흔들리는 등불과 같고, 고요함을 즐기는 이는 타다가 꺼져 버린 재와 앙상하게 마른 나무와 같도다. 모름지기 멈춘 구름과 잔잔한 물 위에서 소리개가 날고 물고기가 뛰노는 기상이 있어야 하나니 이것이 바로 도를 체득한 이의 마음인 것이다.

好動者는 雲電風燈이요 嗜寂者는 死灰槁木이라.
호 동 자   운 전 풍 등   기 적 자   사 회 고 목

須定雲止水中에 有鳶飛魚躍氣象하니 總是有道的心體니라.
수 정 운 지 수 중   유 연 비 어 약 기 상   총 시 유 도 적 심 체

❀ **주해** 운전(雲電) : 구름 속에서 일어나는 번개 / 풍등(風燈) : 바람에 흔들리는 등불 / 기적자(嗜寂者) : 고요함을 즐기는 사람 / 사회고목(死灰槁木) : 타다가 꺼져 버린 재와 마른 나무, 생기와 활력이 없음을 뜻함 / 정운지수(定雲止水) : 멈춘 구름과 잔잔한 물, 정적상태(靜的狀態)를 뜻함 / 연비어약(鳶飛魚躍) : 소리개가 날고 물고기가 뛰노는 것, 만물이 모두 각자의 주어진 분수와 천성에 따라 유유히 살아가는 모습을 말하고 있음, 생명의 약동을 표현한 말이기도 함, 시경(詩經)과 중용(中庸)에서 인용한 구절임 / 심체(心體) : 마음의 실체(實體), 마음의 본체(本體), 마음의 본바탕.

23
악행을 질책하되 너무 엄해서는 안 된다.

남의 나쁜 점을 질책하되 너무 엄해서는 안 된다. 그가 그것을
받아서 견뎌낼 수 있는가를 생각해 보아야 한다. 남을 선으로서
가르치되 지나치게 높은 수준으로서 하지 말라, 그가 따라갈 수
있는 것으로 하여야 하는 것이다.

攻人之惡엔 毋太嚴하라, 要思其堪受니라.
공 인 지 악   무 태 엄   요 사 기 감 수

敎人以善엔 毋過高하라, 當使其可從이니라.
교 인 이 선   무 과 고   당 사 기 가 종

❈ 주해   공(攻) : 비난함, 공격함, 꾸짖음, 질책함 / 악(惡) : 나쁜 점, 잘못, 과오, 허물, 결점 /
무(毋) : ~하지 말라, ~해서는 안 된다 / 태엄(太嚴) : 지나치게 엄격한 것 / 감수(堪受) :
받아서 견뎌 낼 수 있음, 받아서 감당할 수 있음 / 과고(過高) : 지나치게 수준이 높은 것,
너무 고상한 것 / 가종(可從) : 따라갈 수 있음.

24
깨끗함은 더러움에서 생겨나고

굼벵이는 더러우나 변하여 매미가 되어 가을바람에 깨끗한 이슬을 마시고, 썩은 풀은 빛이 없건만 화해서 반딧불이 되어 여름밤에 광채를 발한다. 참으로 깨끗한 것은 항상 더러운 것에서 나오고, 밝음은 매양 어두움에서 생긴다는 것을 알 수 있는 것이다.

糞蟲은 至穢나 變爲蟬하여 而飮露於秋風하고,
분 충　　지 예　　변 위 선　　　　이 음 로 어 추 풍

腐草는 無光이나, 化爲螢하여 而耀采於夏月하나니
부 초　　무 광　　　　화 위 형　　　이 요 채 어 하 월

固知潔常自汚出하고 明每從晦生也니라.
고 지 결 상 자 오 출　　　명 매 종 회 생 야

❀ 주해　분충(糞蟲) : 벌레, 구더기, 굼벵이 / 지예(至穢) : 매우 더러움 / 선(蟬) : 매미 / 부초(腐草) : 썩은 풀 / 형(螢) : 반딧불, 개똥벌레 / 요채(耀采) : 빛을 내다, 광채를 발하다 / 고(固) : 진실로, 참으로 / 회(晦) : 어둠.

25
잘난 체하는 것은 모두 객기에 지나지 않는다.

우쭐대고 잘난 체하는 것은 모두 객기에 지나지 않는다. 그 객기를 항복케 하여 물리친 후에야 올바른 기운이 펼쳐질 수 있다. 욕망과 타산적인 생각은 모두 헛된 마음에 속한다. 그것을 소멸시켜 사라지게 한 다음에야 참마음이 나타난다.

矜高倨傲는 無非客氣니, 降伏得客氣下而後에 正氣伸하고,
긍 고 거 오　　무 비 객 기　　　항 복 득 객 기 하 이 후　　　정 기 신

心하니 情欲意識은 盡屬妄 消殺得妄心盡而後에 眞心現이니라.
심　　　정 욕 의 식　　진 속 망　소 쇄 득 망 심 진 이 후　　　진 심 현

❀ **주해** 긍고(矜高) : 우쭐대고 잘난 체함 / 거오(倨傲) : 거만함, 교만함, 오만함 / 객기(客氣) : 쓸데없는 혈기(血氣), 만용 / 정기(正氣) : 올바르고 떳떳하며 참다운 기운, 공명정대(公明正大)한 기운 / 정욕(情欲) : 욕망, 욕구, 욕심 / 의식(意識) : 이해타산하는 지혜 / 망심(妄心) : 헛된 마음, 허망한 생각, 망상(妄想) / 소쇄(消殺) : 지워 없어짐, 소멸하여 사라짐 / 진심(眞心) : 참마음, 도심(道心), 본심(本心).

26
일에 임할 때의 어리석음과 혼돈을 깨뜨린다면

 배부른 뒤에 음식맛을 생각하면 곧 기름진 맛과 담백한 맛의 구별을 할 수 없고, 정사(情事)를 가진 후에 정욕을 생각하면 남녀의 구분이 없어진다. 그러므로 사람은 항상 일을 치른 후에 있게 될 뉘우침을 가지고 일에 임할 때의 어리석음과 혼돈을 깨뜨린다면, 본성이 안정되어 행동을 그르치게 될 일이 없게 될 것이다.

飽後에 思味하면 則濃淡之境이 都消하고
포 후　　사 미　　즉 농 담 지 경　　도 소

色後에 思婬하면 則男女之見이 盡絶이니라.
색 후　　사 음　　즉 남 녀 지 견　　진 절

故로 人常以事後之悔悟로 破臨事之癡迷하면
고　　인 상 이 사 후 지 회 오　　파 임 사 지 치 미

則性定而動無不正이니라.
즉 성 정 이 동 무 부 정

❀ **주해** 농담(濃淡) : 짙은 맛과 옅은 맛, 기름진 맛과 담백한 맛 / 도소(都消) : 모두 사라짐, 다 없어짐 / 색후(色後) : 정사 후, 성관계 후에 / 음(婬) : 정욕, 성욕 / 남녀지견(男女之見) : 남녀간의 성(性)에 대한 의식 / 회오(悔悟) : 뉘우침, 후회, 잘못을 깨닫는 것 / 임사(臨事) : 일을 시작할 때, 일을 착수할 때 / 치미(癡迷) : 어리석음과 혼돈, 어리석음과 헤매임 / 성정(性定) : 타고난 올바른 성품(性品)이 바로 잡히는 것.

27
선비는 높은 벼슬에 있을 때에도

　선비는 높은 벼슬에 있을 때에도 자연을 벗삼는 고상한 취미가 없어서는 안 되며, 자연에 묻혀 이름 없는 처사의 생활을 할지라도 모름지기 국가경륜의 포부를 지니고 있어야 하는 것이다.

居軒冕之中이나 不可無山林的氣味하고
거 헌 면 지 중　　　불 가 무 산 림 적 기 미

處林泉之下나 須要懷廊廟之經綸이니라.
처 임 천 지 하　　　수 요 회 랑 묘 지 경 륜

✿ **주해** 헌면(軒冕) : 헌(軒)은 대부(大夫:장관급)의 수레, 면(冕)은 대신(大臣)의 관(冠), 즉 높은 벼슬아치 / 산림적기미(山林的氣味) : 자연을 벗삼는 고상한 취미, 자연에 묻혀 사는 탈속(脫俗)한 멋 / 임천(林泉) : 시골, 초야(草野), 자연 / 낭묘(廊廟) : 조정(朝廷), 낭(廊)은 대궐의 복도, 묘(廟)는 종묘(宗廟)를 뜻함 / 경륜(經綸) : 국가를 통치하는 일, 정치에 대한 일가견.

28
원망을 사지 않으면 은덕인 것이다.

세상을 살아가는 데에는 꼭 성공만을 바라고 있어서는 안 된다. 과오가 없으면 그것이 바로 성공인 것이다. 남에게 베풀 때에는 자신의 은덕에 감격할 것을 바라지 말라. 원망을 사지 않으면 그것이 바로 은덕인 것이다.

處世엔 不必邀功하라, 無過면 便是功이니라.
처 세　　불 필 요 공　　　무 과　　변 시 공

與人엔 不求感德하라, 無怨이면 便是德이니라.
여 인　　불 구 감 덕　　　무 원　　변 시 덕

주해 처세(處世) : 세상을 살아가는 것 / 요공(邀功) : 공명(功名)을 억지로 바람, 성공을 억지로 요구함 / 무과(無過) : 잘못이 없는 것, 과오가 없는 것 / 여인(與人) : 남에게 은혜를 베푸는 것 / 감덕(感德) : 은덕에 감동하는 것 / 무원(無怨) : 원망이 없음, 원망을 사지 않음.

29
청렴결백은 고상한 품격이지만

모든 일에 근심하고 부지런함은 아름다운 덕성이긴 하지만 너무
지나치게 수고하면 본성에 맞추거나 마음을 즐겁게 할 수가 없다.
청렴결백한 것은 고상한 품격이지만, 너무 엄격하면 남을 건져 내
거나 사물을 이롭게 할 수가 없다.

憂勤은 是美德이나 太苦則無以適性怡情하고
우 근   시 미 덕   태 고 즉 무 이 적 성 이 정

澹泊은 是高風이나 太枯則無以濟人利物이니라.
담 박   시 고 풍   태 고 즉 무 이 제 인 이 물

🌼 **주해** 우근(憂勤) : 일을 근심하고 삼가 성실하게 노력하는 것 / 미덕(美德) : 아름다운 덕,
아름다운 덕성 / 태고(太苦) : 지나치게 수고하다 / 적성(適性) : 본연의 성정(性情)에 맞음,
타고난 성품에 맞음 / 이정(怡情) : 마음을 즐겁게 함, 심정을 편안하게 함 / 담박(澹泊) :
맑고 깨끗함, 소탈하고 담백함, 청렴결백함 / 고풍(高風) : 고상한 품격, 고상한 기풍, 높은
풍도(風度) / 태고(太枯) : 지나치게 메말라서 인간미가 없음 / 제인(濟人) : 어려운 사람을
구제함, 어려움에 처한 사람을 건져 냄 / 이물(利物) : 일이 잘 되도록 하는 것, 사물을 이롭
게 하는 것.

30
처음 일을 착수할 때의 마음

    일이 막히고 형세가 불리한 사람은 마땅히 그 처음의 마음을 생각해 보아야 하고, 공을 이루고 만족한 상태에 있는 사람은 마땅히 그 말로를 살펴야 한다.

事窮勢蹙之人은 當原其初心하고
사 궁 세 축 지 인 　　당 원 기 초 심

功成行滿之士는 要觀其末路니라.
공 성 행 만 지 사 　　요 관 기 말 로

❀ **주해** 사궁(事窮) : 일이 막히는 것 / 세축(勢蹙) : 형세가 위축됨 / 초심(初心) : 처음 일을 착수할 때의 마음 / 행만(行滿) : 일이 뜻대로 잘 풀리는 것 / 말로(末路) : 인생의 끝, 종말, 마지막.

31
어리석고 몽매한 병폐

　귀한 집안은 마땅히 너그럽게 후해야 하는데 오히려 시샘을 하고 몰인정하다면, 부귀하면서도 빈천한 사람의 행위를 하는 것이니 이래서야 어찌 그것을 능히 지켜 나갈 수 있겠는가. 총명한 사람은 마땅히 자신의 재주를 여미고 감추어야 하는데 도리어 드러내어 자랑하기에 급급하다면, 이는 총명하면서도 어리석고 몽매한 병폐가 있는 것이니 어찌 실패하지 않을 수 있겠는가.

富貴家는 宜寬厚이어늘 而反忌刻이면
부 귀 가　　의 관 후　　　이 반 기 각
是는 富貴而貧賤其行矣니 如何能享이니라.
시　 부 귀 이 빈 천 기 행 의　 여 하 능 향
聰明人은 宜斂藏이어늘 而反炫耀하면
총 명 인　　의 렴 장　　　이 반 현 요
是는 聰明而愚懵其病矣니 如何不敗리오.
시　 총 명 이 우 몽 기 병 의　 여 하 불 패

❀ **주해** 관후(寬厚) : 너그럽고 인정이 많음, 후(厚)는 두텁다는 뜻임 / 기각(忌刻) : 시샘을 내고 몰인정함, 시기하고 각박한 것 / 향(享) : 부귀와 복락을 누리는 것 / 염장(斂藏) : 거두어서 깊숙이 감추어 두는 것, 여미고 깊이 간직하는 것 / 현요(炫耀) : 찬란하게 빛나는 것, 눈부시게 번쩍거리는 것, 드러내어 보이며 으스대는 것, 자랑함 / 우몽(愚懵) : 어리석고 어두운 것, 어리석고 몽매한 것, 사리판단을 제대로 할 수 없는 것.

32
낮은 곳에 있어 본 후에야

낮은 곳에 있어 본 후에야 높은 데에 올라감이 위험한 일인 줄 알게 되고, 어두운 곳에 있어 본 후에야 밝음을 향함이 눈부신 줄 알게 된다. 조용한 생활을 해 본 후에야 활동을 좋아함이 번거롭다는 것을 알게 되며 침묵을 지키는 수양을 쌓은 후에야 말 많은 것이 시끄러운 것인 줄을 알게 된다.

居卑而後에 知登高之爲危하고
거 비 이 후   지 등 고 지 위 위

處晦而後에 知向明之太露하며
처 회 이 후   지 향 명 지 태 로

守靜而後에 知好動之過勞하고
수 정 이 후   지 호 동 지 과 로

養黙而後에 知多言之爲躁니라.
양 묵 이 후   지 다 언 지 위 조

🌼 주해 거비(居卑) : 낮은 곳에 있어 봄 / 처회(處晦) : 어두운 곳에 처해 봄 / 향명(向明) : 밝음을 향함 / 태로(太露) : 지나치게 드러남, 지나치게 노출되어 눈이 부심 / 수정(守靜) : 조용한 생활을 함 / 호동(好動) : 움직이기 좋아함, 활동하기 좋아함 / 과로(過勞) : 지나치게 수고로운 것, 지나치게 번거로운 것 / 양묵(養黙) : 침묵을 지키는 수양을 쌓음 / 조(躁) : 시끄러움, 떠들썩함.

33
성인의 경지에 이르는 것

공명과 부귀에 대한 욕심을 버려야만이 겨우 범속(凡俗)에서 벗어날 수 있고, 도덕과 인의에 대한 집착에서 벗어나야만이 비로소 성인의 경지에 이르게 되는 것이다.

放得功名富貴之心下라야　便可脫凡이요.
방 득 공 명 부 귀 지 심 하　　　변 가 탈 범

放得道德仁義之心下라야　纔可入聖이니라
방 득 도 덕 인 의 지 심 하　　　재 가 입 성

❀ **주해**　방득하(放得下) : 털어 버리는 것, 놓아 버림, 벗어나는 것, 탈피함 / 탈범(脫凡) : 세속의 때 묻은 마음에서 벗어나는 것 / 재(纔) : 비로소, 겨우, 곧 / 성(聖) : 성인(聖人).

34
아집이 마음을 해치는 벌레

이권에 대한 욕망이 모두 마음을 해치는 것이 아니라, 독단적인 견해가 바로 마음을 해치는 벌레이다. 사랑에 대한 욕구가 반드시 도에 방해가 되는 것이 아니라 어설픈 총명이 도(道)를 가로막는 장벽이다.

利欲이 未盡害心이라 意見이 乃害心之蟊賊이며
이욕   미진해심   의견   내해심지모적

聲色이 未必障道라 聰明이 乃障道之藩屏이니라.
성색   미필장도   총명   내장도지번병

❀ **주해** 이욕(利慾) : 이권에 대한 욕망 / 의견(意見) : 독단적인 견해, 아집 / 모적(蟊賊) : 해충, 벌레 / 성색(聲色) : 음악과 여색, 본문에서는 사랑에 대한 욕구를 뜻하고 있음 / 장도(障道) : 도를 가로 막음 / 번병(藩屏) : 울타리, 장해물, 장벽.

35
험하고 어려운 세상살이

사람의 마음은 변하기 쉽고, 인생행로는 험하기만 하다. 가기 어려운 곳에서는 모름지기 한 걸음 물러서는 방법도 알아야 하며, 쉽게 갈 수 있는 길이라도 힘써 삼분(三分)을 사양하는 공덕을 쌓아야 한다.

人情은 反復하고 世路는 崎嶇니라.
인 정　　반 복　　　세 로　　기 구

行不去處에는 須知退一步之法하고
행 불 거 처　　　수 지 퇴 일 보 지 법

行得去處에는 務加讓三分之功이니라.
행 득 거 처　　　무 가 양 삼 분 지 공

❀ 주해 인정(人情) : 사람의 마음 / 반복(反復) : 뒤집어지는 것, 자주 변하는 것, 변덕이 심함 / 세로(世路) : 인생행로(人生行路), 세상길, 사람이 이 세상을 살아가는 길 / 기구(崎嶇) : 험난한 산길, 험하고 어려운 세상살이 / 행불거처(行不去處) : 가기 힘드는 험한 곳 / 행득거처(行得去處) : 쉽사리 갈 수 있는 곳, 가기에 어렵지 않은 곳 / 무가(務加) : 애써 보탬, 힘써 더함 / 삼분(三分) : 10분의 3, 삼할 / 공(功) : 공덕(功德).

36
미워하지 않기가 어려운 일

소인을 대하는 데는 엄격하기가 어려운 일이 아니다. 미워하지 않기가 어려운 일이다. 군자를 대하는 데는 공경하기가 어려운 일이 아니다. 절도 있는 예절로 대하기가 어려운 일이다.

待小人엔 不難於嚴이나 而難於不惡하고
대 소 인　　불 난 어 엄　　이 난 어 불 오

待君子엔 不難於恭이나 而難於有禮니라.
대 군 자　　불 난 어 공　　이 나 어 유 례

※ 주해　소인(小人) : 학식과 수양이 부족하고 덕망이 없는 사람 / 불오(不惡) : 미워하지 않음, 오(惡)는 미워하다의 뜻임 / 유례(有禮) : 예의를 갖춤, 예절이 절도가 있음, 예절이 적절함.

37
하나의 청렴결백한 이름을

차라리 순박함을 지키고 총명함을 물리침으로써 약간의 참다운 기운을 남기어 천지에 되돌려 주도록 하라. 차라리 화사(華奢)함을 사양하고 맑고 깨끗함을 달게 여김으로써 하나의 청렴결백한 이름을 이 세상에 남기도록 하라.

寧守渾噩하고 而黜聰明하여
영 수 혼 악   이 출 총 명

留些正氣還天地하여 寧謝紛華하고
유 사 정 기 환 천 지   영 사 분 화

而甘澹泊하여, 遺個淸名在乾坤하라.
이 감 담 박   유 개 청 명 재 건 곤

❀ **주해** 혼악(渾噩) : 순박하고 꾸밈이 없음, 소박하고 정직함, 절박하고 곧음 / 출(黜) : 물리
치다, 쫓아내다 / 사(些) : 사소한, 약간의 / 정기(正氣) : 바른 기운 / 영(寧) : 차라리 / 사
(謝) : 사양하다. 사절하다 / 분화(紛華) : 사치하고 호화로움 / 청명(淸名) : 깨끗한 이름,
청렴결백한 이름 / 건곤(乾坤) : 천지, 온누리, 이 세상, 우주.

38
자신의 마음을 제대로 다스리면

마귀를 항복시키려는 사람은 우선 자신의 마음속의 마귀를 항복케 해야 한다. 자신의 마음을 제대로 다스리면 모든 잡귀는 스스로 물러나게 되는 것이다. 타인의 횡포를 누르려거든 먼저 자신의 방자한 객기를 눌러야 한다. 객기가 평정되면 바깥의 횡포는 결코 침범하지 못하는 것이다.

降魔者는 先降自心하라 心伏則群魔退聽이니라.
항 마 자　　　선 항 자 심　　　심 복 즉 군 마 퇴 청

馭橫者는 先馭此氣하라 氣平則外橫不侵이니라.
어 횡 자　　　선 어 차 기　　　기 평 즉 외 횡 불 침

※ **주해** 항마(降魔) : 마귀를 항복케 함, 악마를 복종케 함 / 심복(心伏) : 마음을 항복케 함, 마음을 복종케 함 / 퇴청(退聽) : 물러남 / 어횡(馭橫) : 횡포를 누르고 제어하며 다스리는 것 / 차기(此氣) : 혈기(血氣), 객기(客氣) / 외횡(外橫) : 바깥으로부터 들어오는 횡포 / 불침(不侵) : 침입하지 못함, 침범하지 못함.

39
자녀를 교육함에는

자녀를 교육함에는 규중처녀를 기르듯 출입을 엄하게 하고 교유를 삼가도록 하여야 한다. 만일 한 번 사람같지 않은 사람과 접근하게 되면 이는 기름진 밭에 부정한 씨를 뿌림이라. 잡초만 우거져서 평생 좋은 벼는 심기가 어려우니라.

敎弟子는 如養閨女하여 最要嚴出入하고 謹交遊하나니.
교 제 자   여 양 규 녀   최 요 엄 출 입   근 교 유

若一接近匪人이면 是는 淸淨田中에 下一不淨種子하여
약 일 접 근 비 인   시   청 정 전 중   하 일 부 정 종 자

便終身難植嘉禾니라.
변 종 신 난 식 가 화

❈ 주해 제자(弟子) : 자녀, 자제, 젊은이 / 규녀(閨女) : 규중의 처녀 / 최요(最要) : 가장 긴
요한 것, 가장 필요한 것 / 근(謹) : 삼가함 / 교유(交遊) : 벗과의 사귐 / 비인(匪人) : 나쁜
사람, 비(匪)는 비(非)의 뜻으로 쓰이고 있음 / 청정(淸淨) : 맑고 깨끗한 것 / 하(下) : 내리
다, 뿌리다 / 부정종자(不淨種子) : 질이 나쁜 씨앗, 잡초의 종자 / 종신(終身) : 한 평생 /
가화(嘉禾) : 좋은 벼, 질 좋은 곡식.

40
도리에서 한걸음 물러서게 되면

욕망에 관한 일은 쉽게 즐길 수 있을지라도 손끝에 물들이지 않도록 하라. 한번 물들게 되면 이내 만길 절벽 아래로 추락하게 되는 것이다. 도리에 관한 일은 어려움이 있을지라도 결코 뒤로 물러서서는 안 된다. 일단 한 걸음 물러서게 되면 문득 천산의 거리만큼 멀어지게 되는 것이다.

欲路上事는 毋樂其便하여 而姑爲染指하라
욕 로 상 사   무 락 기 변   이 고 위 염 지

一染指면 便深入萬仞이니라.
일 염 지   변 심 입 만 인

理路上事는 毋憚其難하여 而稍爲退步하라
이 로 상 사   무 탄 기 난   이 초 위 퇴 보

一退步면 便遠隔千山이니라.
일 퇴 보   변 원 격 천 산

✽ 주해 욕로상사(欲路上事) : 욕망, 정욕에 관한 일 / 변(便) : 용이함, 쉬움 / 고(姑) : 잠시 /
염지(染指) : 손가락에 물듦 / 만인(萬仞) : 깊은 절벽, 만 길 깊이의 낭떠러지 / 이로상사
(理路上事) : 도리에 관한 일, 옳은 일에 관한 것 / 탄(憚) : 꺼리다 / 초(稍) : 조금, 점차 /
원격(遠隔) : 멀리 떨어짐 / 천산(千山) : 수많은 산.

41
군자는 일상생활의 즐기고 좋아함에 있어

인정이 많은 사람은 자신에게도 후하고 남에게도 역시 후하여 가는 곳마다 모두 너그럽게 대하지만, 인정이 메마른 사람은 자신에게도 박하고 남에게도 또한 박하여 하는 일마다 냉담하다. 그러므로 군자는 일상생활의 즐기고 좋아함에 있어 너무 너그럽거나 후하게 해서는 안 되며, 지나치게 메마르거나 각박해서도 안 되는 것이다.

念頭濃者는 自待厚하고 待人亦厚하여 處處皆濃이요.
염두농자　자대후　　대인역후　　처처개농

念頭淡者는 自待薄하고 待人亦薄하여 事事皆淡이라.
염두담자　자대박　　대인역박　　사사개담

故로 君子는 居常嗜好에 不可太濃艶하며 亦不可太枯寂이니라.
고　군자　거상기호　불가태농염　　역불가태고적

❋ **주해** 염두(念頭) : 마음, 생각 / 농(濃) : 짙음, 농후함, 너그러움, 인정이 많음 / 담(淡) : 맑음, 얇고 각박함 / 박(薄) : 후하지 못함, 야박함 / 기호(嗜好) : 즐기고 좋아하는 것 / 농염(濃艶) : 짙고 고움, 인정이 많고 후함 / 고적(枯寂) : 메마르고 쓸쓸함, 각박하고 쌀쌀함, 인정머리가 없고 냉담함.

42
뜻을 하나로 모으면 기도 변하게 할 수 있다.

상대가 부(富)로서 하면 나는 인(仁)으로서 하고, 상대가 벼슬을 내세우면 나는 의(義)를 내세운다. 그러므로 군자는 본래 군주나 대신들에 농락당하는 일이 없다. 사람이 힘을 합하면 천명(天命)도 이길 수 있고, 뜻을 하나로 모으면 기도 변하게 할 수가 있다. 그러므로 군자는 또한 조물주의 틀에 얽매이지 않는다.

彼富면 我仁이요 彼爵이면 我義니
피 부　　아 인　　　피 작　　　아 의

君子는 固不爲君相所牢籠이니라.
군 자　　고 불 위 군 상 소 뇌 롱

人定이면 勝天하고 志一이면 動氣하나니
인 정　　　승 천　　　지 일　　　동 기

君子는 亦不受造物之陶鑄니라.
군 자　　역 불 수 조 물 지 도 주

❀ **주해** 작(爵) : 벼슬, 관직 / 고(固) : 참으로, 진실로 / 군상(君相) : 군주와 재상 / 뇌롱(牢籠) : 감옥과 새장, 가두고 마음대로 농락함 / 인정승천(人定勝天) : 사람이 힘을 합하면 하늘(즉, 天命)도 이길 수 있다는 뜻으로 사기(史記)에 나오는 말임 / 지일동기(志一動氣) : 뜻을 하나로 모으면 기(氣)도 변화시킬 수 있다는 뜻으로 맹자에서 인용한 말임 / 도주(陶鑄) : 그릇을 만들 때 사용하는 틀로서 조물주가 만들어 놓은 인간의 운명, 성격, 소질, 기질 등을 상징함.

43
세상을 살아감에 있어

 몸을 세움에 있어 남보다 한 걸음 더 높이 세울 수 없다면 이는 마치 먼지 속에서 옷을 털고 흙탕물에 발을 씻는 것과 같으니 어찌 인생을 달관할 수 있겠는가. 세상을 살아감에 있어 남보다 한 걸음 뒤로 물러설 줄 모른다면 이는 흡사 어리석은 불나방이 촛불에 날아들고 무모한 양이 울타리를 들이받는 것과 같으니 어찌 생활의 안락함을 바랄 수 있겠는가.

立身에 不高一步位하면 如塵裡에 振衣하고
입신　　불고일보위　　여진리　　진의

泥中에 濯足하니 如何超達이리요.
니중　　탁족　　　여하초달

處世에 不退一步處면 如飛蛾投燈하고
처세　　불퇴일보처　　여비아투등

羝羊觸藩이니 如何安樂이리요.
저양촉번　　　여하안락

🌼 주해 입신(立身) : 자신의 인격을 확립함, 뜻을 세움(立志) / 진리진의(塵裡振衣) : 먼지 속에서 옷을 털다, 보람도 효과도 없는 일을 한다는 뜻임 / 니중(泥中) : 흙탕물 속 / 탁족(濯足) : 발을 씻음 / 초달(超達) : 초달(超達)과 달관(達觀), 세속의 이해득실과 희로애락에 얽매이지 않음 / 비아(飛蛾) : 부나비 / 저양촉번(羝羊觸藩)) : 양이 울타리를 들이받는 것.

44

정신을 가다듬어 한곳으로 집중해야

학문하는 사람은 오로지 정신을 가다듬어 한 곳으로 집중해야한다. 만약 덕을 닦으면서 뜻을 성공이나 명예에 둔다면 결코 깊은 경지에는 이르지 못할 것이요, 책을 읽으면서 단순히 읊조리는 맛이나 풍류에만 흥미를 느낀다면 결코 깊은 의미는 깨닫지 못할 것이다.

學者는 要收拾精神하여 倂歸一路라.
학자　　요수습정신　　　병귀일로

如修德而留意於事功名譽면 必無實詣며
여수덕이유의어사공명예　　필무실예

讀書而寄興於吟咏風雅면 定不深心이니라.
독서이기흥어음영풍아　　정불심심

❀ 주해　수습(收拾) : 흩어진 것을 거두어들임, 가다듬음 / 병귀(倂歸) : 집중시키는 것 / 여(如) : 만약, 만일 / 수덕(修德) : 덕을 닦음 / 유의(留意) : 마음을 둠 / 사공(事功) : 사업, 공적, 성사/ 실예(實詣) : 참된 경지, 참다운 조예(造詣) / 기흥(寄興) : 흥을 일으킴 / 음영(吟咏) : 시를 읊조림 / 풍아(風雅) : 풍류 / 심심(深心) : 깊은 마음, 깊은 경지, 참다운 핵심.

45
욕정에 마음을 빼앗기면

　사람마다 하나의 큰 자비심을 지니고 있으니 유마와 백정, 망나니가 두 마음이 아니며, 곳곳마다 모두 일종의 참된 멋이 있으니 고대광실(高臺廣室)과 초가집이 다른 것이 아니다. 단지 욕망에 덮이고 감정에 가리워져서 눈앞에 한번 과오를 범하면 지척의 거리를 천리가 되게 하는 것이니라.

人人이 有個大慈悲하니 維摩屠劊가 無二心也요.
인 인　유 개 대 자 비　　유 마 도 회　　무 이 심 야

處處에 有種眞趣味하니 金屋茅簷이 非兩地也니라.
처 처　유 종 진 취 미　　금 옥 모 첨　　비 양 지 야

只是欲蔽情封하여 當面錯過하면 使咫尺千里矣니라.
지 시 욕 폐 정 봉　　　당 면 착 과　　　사 지 척 천 리 의

✿ **주해**　인인(人人) : 사람마다 / 대자비(大慈悲) : 한없이 큰 사람. 자(慈)는 어버이가 자식을 돌보아 주는 것과 같은 그런 마음(慈愛)이며, 비(悲)는 남의 불행을 슬퍼하고 동정하는 마음을 말함 / 유마(維摩) : 유마거사(維摩居士), 부처님과 같은 시대의 인도인으로 출가하지 않고 집안에서 보살도(菩薩道)를 행한 거사(居士)임 / 도회(屠劊) : 도(屠)는 백정, 회(劊)는 죄인의 목을 베는 회자수(망나니) / 종(種) : 일종의 / 진취미(眞趣味) : 인생의 참다운 멋, 참다운 취미, 생활의 참맛 / 금옥(金屋) : 호화주택 / 모첨(茅簷) : 띠풀로 엮은 초가집 / 지(只) : 단지, 다만 / 폐(蔽) : 덮다, 가리다 / 당면(當面) : 목전의, 눈앞의 / 착과(錯過) : 착오와 과실, 그르침과 잘못, 실수와 허물 / 지척(咫尺) : 매우 가까운 거리 / 천리(千里) : 아주 먼 거리.

46
덕을 기르고 도를 닦으려면

덕을 기르고 도를 닦으려면 목석과 같이 흔들리지 않는 마음을 지녀야 한다. 만일 한 번 부귀를 부러워하는 마음이 생기게 되면 이내 욕망의 세계로 치닫게 되는 것이다. 세상을 구제하고 나라를 경영할 때는 모름지기 떠도는 구름이나 흐르는 물처럼 담담한 취미를 지녀야 한다. 만일 한 번이라도 지위에 집착하고 연연하는 마음을 지니게 되면 문득 위기에 떨어지게 되는 것이다.

進德修道에는 要個木石的念頭니
진 덕 수 도   요 개 목 석 적 염 두

若一有欣羨이면 便趨欲境이니라.
약 일 유 흔 선   변 추 욕 경

濟世經邦에는 要段雲水的趣味니
제 세 경 방   요 단 운 수 적 취 미

若一有貪著이면 便墮危機니라.
약 일 유 탐 착   변 타 위 기

❁ **주해** 진덕(進德) : 덕을 기름 / 수도(修道) : 도를 닦음, 마음을 수양함 / 목석적염두(木石的念頭) : 목석처럼 굳은 마음 / 흔선(欣羨) : 부귀영화를 탐내고 부러워하는 것 / 추(趨) : 쫓아감, 달려감 / 욕경(欲境) : 탐욕의 경계 / 제세경방(濟世經邦) : 세상을 구제하고 나라를 경영함 / 단(段) : 일단, 약간, 조금 / 운수적취미(雲水的趣味) : 지나가는 구름이나 흐르는 물처럼 맑고도 담담한 취미 / 탐착(貪著) : 욕심과 집착, 탐내고 연연함.

47
행복을 누리는 사람은

착한 사람은 평상시의 행동이 편안하고 상스러울 뿐만 아니라, 잠자는 동안의 정신까지도 부드러운 기운이 흘러넘친다. 약한 사람은 하는 일이 사납고 거칠 뿐만 아니라, 목소리나 웃음소리에도 살기를 띠고 있다.

吉人은 無論作用安詳이요 則夢寐神魂도 無非和氣니라.
길인　　무론작용안상　　즉몽매신혼　　무비화기

凶人은 無論行事狼戾요 則聲音咲語도 渾是殺機니라.
흉인　　무론행사낭려　　즉성음소어　　혼시살기

🌸 주해　길인(吉人) : 착한 사람 / 작용(作用) : 평상시의 행동 / 안상(安詳) : 편안하고 복됨, 안락하고 상서로움 / 몽매신혼(夢寐神魂) : 잠자는 동안의 마음과 정신 / 흉인(凶人) : 악인, 나쁜 사람 / 행사(行事) 하는 일, 행위, 짓 / 낭려(狼戾) : 늑대처럼 사납고 거침 / 성음(聲音) : 목소리 / 소어(咲語) : 웃음 섞인 말, 소(咲)는 소(笑)와 동의어임 / 혼(渾) : 전부, 모두 / 살기(殺機) : 살벌한 기운, 죽이는 기운, 살기(殺機)로 흔히 표기함.

48
병은 안 보이는 곳에서 생겨나서

간에 병이 들면 눈이 보이지 않고, 콩팥에 병이 들면 귀가 들리지 않는다. 이와 같이 병은 남들이 볼 수 없는 곳에 생기지만 반드시 남들이 모두 볼 수 있는 곳에 드러난다. 그러므로 군자는 밝은 곳에서 죄를 얻지 않으려거든 먼저 어두운 곳에서 죄를 짓지 말아야 한다.

肝受病則目不能視하고 腎受病則耳不能聽하여
간 수 병 즉 목 불 능 시　　　신 수 병 즉 이 불 능 청

病受於人所不見이나 必發於人所共見니라.
병 수 어 인 소 불 견　　　필 발 어 인 소 공 견

故로 君子는 欲無得罪於昭昭이든 先無得罪於冥冥이니라.
고　　군 자　　욕 무 득 죄 어 소 소　　　선 무 득 죄 어 명 명

❀ 주해　수병(受病) : 병이 생기다. 병이 들다 / 신(腎) : 콩팥, 신장 / 인소불견(人所不見) : 남들이 볼 수 없는 곳 / 발(發) : 드러나다, 나타나다, 노출되다 / 소소(昭昭) : 환하게 밝은 곳 / 명명(冥冥) : 어두운 곳, 남의 눈에 띄지 않는 곳.

49
오직 일에 얽매여 본 사람이라야

복은 일이 적은 것보다 더 큰 복이 없고, 화는 마음 쓸일이 많은 것보다 더 큰 화가 없다. 오직 일에 얽매여 본 사람이라야 바야흐로 일 적음이 큰 복임을 알게 되고, 오직 마음이 편안한 사람이라야 비로소 마음 쓸 일이 많음이 큰 화임을 깨닫게 된다.

福莫福於少事하고　禍莫禍於多心하나니　唯苦事者라야
복 막 복 어 소 사　　　화 막 화 어 다 심　　　유 고 사 자

方知少事之爲福하고　唯平心者라야　始知多心之爲禍이니라.
방 지 소 사 지 위 복　　　유 평 심 자　　　시 지 다 심 지 위 화

❀ **주해**　막(莫)~어(於) : ~보다 더한 ~는 없다 / 소사(少事) : 일이 적음 / 다심(多心) : 마음을 많이 쓰는 것, 신경 쓸 일이 많음 / 고사자(苦事者) : 일에 시달려 본 사람, 번거로운 일에 얽매여 본 사람 / 방(方) : 바야흐로 / 평심(平心) : 마음이 평화롭고 안정됨.

50
평범한 세상에 살 때에는

태평한 세상에 살 때에는 당연히 방정해야 하고, 어지러운 세상에 살 때에는 당연히 원만해야 하며, 치세도 난세도 아닌 평범한 세상에 살 때에는 당연히 방정함과 원만함을 동시에 갖추어야 한다. 착한 사람을 대할 때에는 마땅히 관대해야 하고, 악한 사람을 대할 때에는 마땅히 엄격해야 하며, 평범한 사람을 대할 때에는 마땅히 관대함과 엄격함을 함께 지녀야 하는 것이다.

處治世에는 宜方하고 處亂世에는 宜圓하며
처 치 세   의 방   처 난 세   의 원
處叔季之世에는 當方圓並用이라.
처 숙 계 지 세   당 방 원 병 용
待善人에는 宜寬하고 待惡人에는 宜嚴하며
대 선 인   의 관   대 악 인   의 엄
待庸衆之人에는 當寬嚴互存이니라.
대 용 중 지 인   당 관 엄 호 존

🌸 **주해** 치세(治世) : 태평한 시대, 잘 다스려지는 시대 / 의(宜) : 마땅히, 당연히 / 방(方) : 옳고 바름, 행실이 방정함 / 난세(亂世) : 혼란한 시대, 어지러운 세상 / 원(圓) : 원만함 / 숙계지세(叔季之世) : 노나라의 삼환(삼환), 즉 맹손, 숙손, 계손이 집권했던 시대를 말함. 공자가 활동했던 춘추시대임. 치세도 난세도 아닌 평범한 시대의 뜻으로 기술하고 있음 / 용중지인(庸衆之人) : 보통 사람, 평범한 사람 / 호존(互存) : 함께 지니는 것.

51
나에게 베푼 은혜는 잊지 말고

내가 다른 사람에게 베푼 공덕은 마음에 기억하지 말고, 다른 사람에게 잘못한 것은 기억해 두도록 하라. 그리고 다른 사람이 나에게 베푼 은혜는 잊지 말고, 다른 사람에게 원망이 있으면 잊어버리도록 하라.

我有功於人은 不可念이나 而過則不可不念이요.
아 유 공 어 인   불 가 념   이 과 즉 불 가 불 념

人有恩於我는 不可忘이나 而怨則不可不忘이니라.
인 유 은 어 아   불 가 망   이 원 즉 불 가 불 망

✤ **주해** 공(功) : 공덕 / 인(人) : 남, 다른 사람 / 과(過) : 허물, 잘못, 과오 / 불가불념(不可不念) : 잊지 않아야 함 / 은(恩) : 은혜 / 원(怨) : 원망, 원한 / 망(忘) : 잊다.

52
은혜 베푼 것을 생색내지 않고

    은혜를 베푸는 사람이 안으로 자신에게 생색을 내지 않고 밖으로 남에게도 생색을 내지 않으면, 이는 비록 한 말의 곡식이라도 가히 만 섬의 혜택을 베푼 것이 될 것이다. 그러나 남에게 이로움을 주는 사람이 자기의 베품을 계산하고 상대방이 갚기를 바란다면, 비록 천 냥의 큰 돈일지라도 한 푼어치의 공덕도 이루기 어려울 것이다.

施恩者 內不見己하고 外不見人하면
시 은 자　내 불 현 기　　　외 불 현 인

則斗粟도 可當萬鍾之惠이니와.
즉 두 속　　가 당 만 종 지 혜

利物者 計己之施하고 責人之報하면
이 물 자　계 기 지 시　　　책 인 지 보

則百鎰이라도 難成一文之功이니라.
즉 백 일　　　난 성 일 문 지 공

❀ 주해　시은자(施恩者) : 남에게 은혜를 베푸는 사람 / 내불현기(內不見己) : 은혜 베푼 것을 마음속으로 생각하지 않음. 생색을 내지 않음, 현(見)은 드러나다, 나타나다, 보이다(顯也, 現也)뜻으로 쓰이고 있음 / 외불현인(外不見人) : 밖으로 남에게 은혜 베푼 것을 자랑하거나 생색을 내지 않음, 따라서 은혜 받는 사람이 부담감을 갖거나 열등감을 갖도록 하지 않음 / 두속(斗粟) : 한 말의 곡식, 소량의 곡식 / 만종(萬鍾) : 많은 양의 곡식, 일종(一種)은 여섯 섬 네 말 / 이물자(利物者) : 남에게 이로움을 주는 사람 / 계기지시(計己之施) : 남이 갚기를 바람 / 백일(百鎰) : 많은 돈, 거금, 일일(一鎰)은 스무 냥(二十兩).

53
자신의 마음가짐을 살펴보면

사람들의 처지를 살펴보면 행복의 조건을 갖춘 이도 있고, 갖추지 못한 이도 있는데 어찌 유독 나 혼자 그와 같은 것을 다 갖출 수 있겠는가. 자신의 마음가짐을 살펴보면 도리에 맞은 것도 있고 맞지 않는 것도 있는데 어찌 남들의 그것이 다 도리에 맞기만을 기대할 수 있겠는가. 이와 같이 남과 나를 비교해 보고 스스로를 다스려 나간다면 이것 또한 한 삶의 좋은 방편이 될 수 있을 것이다.

人之際遇는 有齊有不齊어늘 而能使己獨齊乎아
인 지 제 우   유 제 유 부 제   이 능 사 기 독 제 호

己之情理는 有順有不順이어늘 而能使人皆順乎아
기 지 정 리   유 순 유 불 순   이 능 사 인 개 순 호

以此相觀對治면 亦是一方便法門이니라.
이 차 상 관 대 치   역 시 일 방 편 법 문

✿ **주해** 제우(際遇) : 여러 가지 사정, 갖가지 경우, 나름대로의 처지 / 제(齊) : 여러 가지 복(福)을 갖추는 것 / 이(而) : 그런데도 / 독제(獨齊) : 혼자 여러 가지 복을 다 소유하려고 함 / 정리(情理) : 마음가짐, 정신상태 / 순(順) : 도리에 따름, 이치에 맞음 / 상관대치(相觀對治) : 남과 나를 비교해 보며 균형 있게 스스로를 다스림 / 방편(方便) : 부처님의 교범(진리)을 받아들이지 못하는 어리석은 중생에게 그것을 깨우쳐 주기 위한 지혜로운 수단과 방법을 말함 / 법문(法門) : 모든 번뇌와 속박을 끊어 버린 열반의 경지로 인도하는 부처님의 교범(진리의 가르침)을 말함.

54
한 가지 착한 행실을 보아도

마음가짐을 깨끗이 하고 나서 비로소 책을 읽고 옛것을 배워야 할 것이다. 만약 그렇지 않으면 한 가지 착한 행실을 보아도 이것을 훔쳐서 사욕을 채울 것이고 한 마디 착한 말을 들어도 이것을 빌어 자기의 약점을 덮을 것이다. 이는 바로 적에게 무기를 빌려주고 도둑에게 양식을 대어 주는 것과 같은 것이다.

心地乾淨이라야 方可讀書學古니라.
심 지 건 정　　　　방 가 독 서 학 고

不然이면 見一善行에 竊以濟私하고
불 연　　　견 일 선 행　　절 이 제 사

聞一善言에 假以覆短하리니.
문 일 선 언　　가 이 부 단

是又藉寇兵 而齎盜糧矣이니라.
시 우 자 구 병　이 재 도 량 의

❀ **주해** 심지(心地) : 마음가짐, 마음바탕, 마음씀씀이 / 건정(乾淨) : 깨끗함, 청정무욕 / 불연(不然) : 그렇지 않으면 / 제사(濟私) : 사리사욕을 채움 / 부단(覆短) : 약점을 덮음, 허물을 감춤. 덮을 부(覆)로 읽음 / 자구병(藉寇兵) : 적에게 무기를 빌려 줌. 병(兵)은 무기를 말함 / 재도량(齎盜糧) : 도둑에게 양식을 대어 줌.

55
가난 속의 여유로움

사치스러운 사람은 넉넉한 생활에도 만족을 모르니, 어찌 검소한 사람의 가난 속의 여유로움과 같을 수 있겠는가. 유능한 사람은 일은 일대로 하면서도 남의 원망을 불러들이니 어찌 서툰 사람이 유유하게 본성을 지키는 것과 같을 수 있겠는가.

奢者는 富而不足이니
사 자　부 이 부 족

何如儉者의 貧而有餘리오.
하 여 검 자　빈 이 유 여

能者는 勞而府怨이니
능 자　노 이 부 원

何如拙者의 逸而全眞이리오.
하 여 졸 자　일 이 전 진

❀ 주해　사자(奢者) : 사치스러운 생활에 빠져 있는 사람 / 하여(何如) : 어찌 ~와 같으리오 / 검자(儉者) : 소박한 생활을 하며 낭비가 없는 사람 / 유여(有餘) : 여유가 있는 것 / 능자(能者) : 일 처리를 잘하는 유능한 사람 / 부원(府怨) : 원망을 사는 것, 원망을 모아들이는 것, 부(府)는 곳집, 즉 창고를 뜻함. 원망이 쌓이게 된다는 뜻임 / 졸자(拙者) : 일 처리가 서툰 사람 / 전진(全眞) : 본성을 지키는 것, 타고난 진실성을 간직하는 것.

56
덕을 심을 줄 모른다면

책을 읽어도 성현을 보지 못한다면 그는 필생에 지나지 않고, 벼슬자리에 있으면서도 백성을 자식처럼 돌보지 못한다면 의관을 갖춘 도둑에 지나지 않는다. 학문을 가르치면서도 몸소 실천할 의지가 없다면 공염불이 될 것이고, 사업을 하면서도 덕을 심을 줄 모른다면 눈앞에 잠시 피었다 지는 꽃에 불과한 것이다.

讀書에 不見聖賢이면 爲鉛槧傭이요
독 서　　불 견 성 현　　위 연 참 용

居官에 不愛子民이면 爲衣冠盜요,
거 관　　불 애 자 민　　위 의 관 도

講學에 不尙躬行이면 爲口頭禪이요
강 학　　불 상 궁 행　　위 구 두 선

立業에 不思種德이면 爲眼前花이니라.
입 업　　불 사 종 덕　　위 안 전 화

❋ 주해　연참용(鉛槧傭) : 글씨를 베끼는 필생. 종이가 귀하던 옛날에는 나무판에 납으로 글씨를 썼음. 연(鉛)은 납필, 참(槧)은 나무판, 용(傭)은 인부, 노예, 고용인 / 자민(子民) : 백성 / 의관도(衣冠盜) : 의관을 걸친 도둑, 즉 부패한 관리 / 궁행(躬行) : 몸소 착실하게 실천하는 것 / 구두선(口頭禪) : 공염불, 입으로만 하는 참선 / 입업(立業) : 사업을 함, 사업을 일으킴 / 종덕(種德) : 은혜와 덕을 베풂. 은혜와 덕을 심음 / 안전화(眼前花) : 눈앞에 잠시 피었다 시드는 꽃.

57
학문을 하는 사람은 참마음을 찾아야만

    사람의 마음속에는 저마다 한편의 참된 문장이 있으나 옛사람들이 남겨놓은 단편적인 글 때문에 모두가 묻혀 있게 된다. 또한 사람은 누구나 한 곡조의 참다운 노래를 지니고 있으나, 요사스러운 노래와 난잡한 춤 때문에 모두 없어지고 마는 것이다. 그러므로 학문을 하는 사람은 마땅히 외부의 사물을 쓸어 없애고, 타고난 참마음을 찾아야만 비로소 진정한 보람을 얻게 될 것이다.

人心에 有一部眞文章이로되
인심　　유 일 부 진 문 장

都被殘編斷簡封錮了하며 有一部眞鼓吹어늘,
도 피 잔 편 단 간 봉 고 료　　　유 일 부 진 고 취

都被妖歌艶舞湮沒了하나니 學者는 須掃除外物하고
도 피 요 가 염 무 인 몰 료　　　학 자　　수 소 제 외 물

直見本來라야 纔有個眞受用이니라.
직 멱 본 래　　재 유 개 진 수 용

✿ **주해** 진문장(眞文章) : 참된 문장, 참된 글 / 도(都) : 전부, 모두 / 잔편단간(殘編斷簡) : 옛날 사람들이 남긴 단편적인 글 / 봉고(封錮) : 갇힘, 막힘 / 고취(鼓吹) : 풍류, 노래 / 요가(妖歌) : 요사스러운 노래 / 염무(艶舞) : 요염한 춤, 난잡한 춤/ 외물(外物) : 바깥의 사물 / 직(直) : 발로~하다 / 멱본래(覓本來) : 타고난 본디 마음을 찾음 / 진수용(眞受用) : 자신이 지니고 있는 참문장과 음악을 되찾아 보람을 느끼는 것.

58
마음을 즐겁게 하는 멋을 얻고

괴로움 속에서도 언제나 마음을 즐겁게 하는 멋을 얻고, 득의양양할 때에 곧 뜻을 잃는 슬픔이 생기는 것이다.

苦心中에 常得悅心之趣하고
고 심 중　　상 득 열 심 지 취
得意時에 便生失意之悲니라.
득 의 시　　변 생 실 의 지 비

✽ **주해**　고심(苦心) : 일이 뜻대로 풀리지 않아 마음이 괴로운 것 / 열심지취(悅心之趣) : 마음을 즐겁게 하는 멋 / 득의(得意) : 만사가 마음먹은 대로 잘 되어 나가는 것 / 변(便) : 문득 / 실의(失意) : 뜻을 잃는 것, 실망에 잠기는 것.

59

권력으로부터 얻은 부귀영화는

부귀와 명예가 도덕으로부터 온 것은 마치 산속에 핀 꽃처럼 저절로 무성하게 잘 자라고, 공훈으로부터 온 것은 마치 화분 속의 꽃처럼 문득 옮겨지기도 하며 시들거나 피어나기도 한다. 만약 권력으로부터 얻어진 것이면 마치 화병 속의 꽃처럼 뿌리를 심지 않았으므로 그 시들어가는 것을 그 자리에서 지켜볼 수도 있는 것이다.

富貴名譽의 自道德來者는 如山林中花하여 自是舒徐繁衍하고.
부 귀 명 예   자 도 덕 래 자   여 산 림 중 화   자 시 서 서 번 연

自功業來者는 如盆檻中花하여 便有遷徙廢興이니라.
자 공 업 래 자   여 분 함 중 화   변 유 천 사 폐 흥

若以權力得者는 如瓶鉢中花하여 其根不植이니
약 이 권 력 득 자   여 병 발 중 화   기 근 불 식

其萎를 可立而待矣니라.
기 위   가 립 이 대 의

❋ **주해** 자도덕(自道德) : 도덕으로부터, 정의롭게, 정당하게 / 산림중화(山林中花) : 숲속에 피는 꽃 / 자시(自是) : 스스로 ~하다, 저절로 ~하다 / 서서(舒徐) : 서서히 잘 자람 / 번연(繁衍) : 무성함, 번성해짐 / 공업(功業) : 업적, 공덕, 공훈 / 분함(盆檻) : 화분과 화단 / 천사(遷徙) : 이리저리 옮기거나 이사함 / 폐흥(廢興) : 망하거나 흥하는 것, 시들거나 피어나는 것 / 병발(瓶鉢) : 꽃병, 화병 / 기근불식(其根不植) : 그 뿌리가 심어져 있지 않음 / 위(萎) : 시들다 / 입이대(立而待) : 서서 기다리다, 오래 가지 못한다는 뜻임.

60
꽃은 아름답게 피어나고

봄이 와서 시절이 따뜻해지면 꽃은 아름답게 피어나고 새들도
또한 몇 곡조 고운 노래를 지저귄다. 다행히 사군자가 두각을 나
타내어 따뜻하게 입고 배불리 먹으면서도 좋은 말과 좋은 일을 할
의사가 없다면, 이는 비록 이 세상에 백 년을 살지라도 단 하루도
살지 않는 것과 같은 것이다.

春至時和하면 花尙鋪一段好色하고 鳥且囀幾句好音하나니.
춘 지 시 화   화 상 포 일 단 호 색   조 차 전 기 구 호 음

士君子가 幸列頭角하고 復遇溫飽하되 不思立好言行好事면
사 군 자   행 렬 두 각   부 우 온 포   불 사 입 호 언 행 호 사

雖是在世百年이라도 恰似未生一日이니라.
수 시 재 세 백 년   흡 사 미 생 일 일

❀ **주해** 시화(時和) : 시절이 온화함, 날씨가 화창함 / 포(鋪) : 갈다, 나타내다, 펴내다 / 차
(且) : 또한, 역시 / 전기구(囀幾句) : 몇 곡조 지저귐 / 호음(好音) : 아름다운 노래, 고운 소
리 / 사군자(士君子) : 선비 / 행(幸) : 다행히 / 열두각(列頭角) : 두각을 나타내어 벼슬길
에 들어섬 / 부(復) : 다시 / 온포(溫飽) : 따뜻이 입고 배불리 먹음, 넉넉한 생활을 함 / 입
호언(立好言) : 세상의 모범이 될 좋은 말을 함 / 행호사(行好事) : 좋은 일을 실천함 / 흡사
(恰似) : 마치 ~와 같다, ~와 방불하다.

61
생명을 소생시키는 봄의 기운

학문을 하는 사람은 일단 조심하는 마음을 지녀야 하되 또한 탁 트인 멋도 아울러 지녀야 할 것이다. 만약 외곬로만 단속하여 언제나 청렴결백하기만 한다면, 이는 가을의 싸늘한 기운만 있고 봄의 따뜻한 기운이 없는 것이니 어떻게 만물을 자라나게 할 수 있겠는가?

學者는 要有段兢業的心思하되 又要有段瀟灑的趣味니라.
학 자   요 유 단 긍 업 적 심 사   우 요 유 단 소 쇄 적 취 미

若一味斂束淸苦하면 是는 有秋殺無春生이니
약 일 미 렴 속 청 고   시   유 추 살 무 춘 생

何以發育萬物이리오.
하 이 발 육 만 물

❀ **주해** 요유(要有) : ∼를 가지는 것이 중요하다, ∼을 지녀야 한다 / 긍업(兢業) : 조심하고 삼감, 일을 신중하게 처리하는 것 / 우(又) : 또한 / 소쇄(瀟灑) : 시원스럽고 탁트인 모습, 활달하여 작은 일에 구애 받지 않음 / 일미(一味) : 오로지, 한결같이, 외곬으로 / 염속(斂束) : 거두어 졸라맴, 거두어 단속하는 것 / 청고(淸苦) : 지나치게 청렴함, 지나치게 맑고 깨끗함 / 시(是) : 이는 / 추살(秋殺) : 가을의 싸늘한 기운, 초복을 시들게 하는 숙살(肅殺)한 기운/ 춘생(春生) : 봄의 생동하는 기운, 모든 생명을 다시 소생시키는 봄의 따뜻한 기운 / 하이(何以) : 어떻게 ∼할 수 있겠는가? 무엇으로 ∼하겠는가?

62
참으로 뛰어난 재주에는

참다운 청렴에는 청렴이라는 이름이 없다. 청렴하다는 이름을 드러내는 것은 바로 탐욕이 있기 때문이다.

참으로 뛰어난 재주에는 교묘한 술책이 없다. 교묘한 술책을 부리는 사람은 곧 그 재주가 서툴기 때문이다.

眞廉은 無廉名이니 立名者는 正所以爲貪이요.
진렴　무염명　　입명자　　정소이위탐

大巧는 無巧術이니 用術者는 乃所以爲拙이니라.
대교　무교술　　용술자　　내소이위졸

❋ **주해** 　진렴(眞廉) : 참다운 청렴결백 / 염명(廉名) : 청렴결백하다는 이름이 드러나는 것 / 입명자(立名者) : 이름을 드러내는 사람 / 대교(大巧) : 뛰어난 재주, 탁월한 기교 / 교술(巧術) : 교묘한 술책 / 용술자(用術者) : 교묘한 술책을 부리는 사람 / 졸(拙) : 졸렬하다, 서투르다.

63
가득차면 엎어지고 비어 있을 때 온전하다.

기기는 가득 차면 엎어지고 박만은 비어 있을 때 온전하다. 그러므로 군자는 차라리 무의 경지에 살지언정 유에 살지 않으며, 모자라는 곳에 있을지언정 가득 찬 곳에 있지는 않는다.

敧器는 以滿覆하고 撲滿은 以空全이니라.
　기기　　이만복　　　박만　　이공전

故로 君子는 寧居無이언정 不居有하며
　고　군자　　영거무　　　　불거유

寧處缺이언정 不處完하니라.
　영처결　　　　불처완

❀ **주해** 기기(敧器) : 속이 비면 기울어지고 반 정도면 똑바로 서고, 가득 채우면 엎어지는 물그릇. 옛날 주나라 시대의 임금이 중용(中庸)의 지혜를 배우기 위해 좌우에 두었다고 함. 공자가어(孔子家語)의 유좌기(有座器)가 바로 이 그릇임 / 박만(撲滿) : 토기형(土器型) 저금통, 돈을 넣을 수는 있어도 꺼낼 수는 없으므로 가득 차면 깨뜨려야 하므로 비어 있을 때가 온전한 것이다.

64
한 표주박에 담긴 맛있는 음식

명예에 대한 집착을 뿌리뽑지 못한 사람은 비록 임금의 지위를 대수롭지 않게 여기고 한 표주박의 음식을 맛있게 먹을지라도 모두 세속의 정에 빠져 있는 것이요, 객기를 다스리지 못한 사람은 비록 세상에 은택을 끼치고 만대에 이로움을 줄지라도 결국 쓸모없는 재주에 그치게 될 것이니라.

名根未拔者는 縱輕千乘甘一瓢라도 總墮塵情하고
명 근 미 발 자   종 경 천 승 감 일 표   총 타 진 정

客氣未融者는 雖澤四海利萬世라도 終爲剩技니라.
객 기 미 융 자   수 택 사 해 리 만 세   종 위 잉 기

❀ **주해** 명근(名根) : 명예에 대한 미련을 버리지 못하는 마음 / 발(拔) : 뽑다 / 종(縱) : 비록 / 경(輕) : 대수롭지 않게 여기다 / 천승(千乘) : 병거(兵車) 천 대를 거느린 제후의 지위, 천자는 만승(萬乘), 제후는 천승. 대부(장관급)는 백승(百乘)을 거느림 / 감일표(甘一瓢) : 한 표주박에 담긴 음식을 맛있게 먹음, 즉 청빈한 생활 소게서도 즐거움을 잃지 않는다는 뜻임 / 총(總) : 모두, 전부 / 진정(塵情) : 세속적인 욕망 / 객기(客氣) : 쓸데없는 용기, 기개 / 융(融) : 녹이다 / 택(澤) : 은혜, 혜택 / 사해(四海) : 천하, 세상 / 종(終) : 끝내, 결국, 마침내 / 잉기(剩技) : 쓸모없는 재주.

65
마음속 생각이 어두우면

마음의 본바탕이 밝으면 어두운 방구석에서도 푸른 하늘이 있고, 마음속 생각이 어두우면 밝은 대낮에도 도깨비가 나타나니라.

心體光明하면 暗室中에도 有靑天하고
심 체 광 명　　　　暗실 중　　　　유 청 천

念頭暗昧하면 白日下라도 生厲鬼니라.
염 두 암 매　　　　백 일 하　　　생 려 귀

✿ **주해**　심체(心體) : 마음의 본바탕 / 광명(光明) : 밝고 빛남 / 암실(暗室) : 어두운 방 안 / 염두(念頭) : 생각, 마음속 / 암매(暗昧) : 사리에 어둡고 어리석은 것 / 백일(白日) : 밝은 대낮 / 여귀(厲鬼) : 사나운 악마, 마귀, 도깨비.

66
명성과 지위가 즐거운 것인 줄은 알면서도

사람들은 명성과 지위가 즐거운 것인 줄은 알면서도, 명성도 없고 지위도 없는 것이 가장 참된 즐거움인 줄은 알지 못한다. 사람들은 굶주리고 추위에 떠는 것이 근심인 줄 알면서도, 굶주리지 않고 춥지도 않은 근심이 더욱 큰 근심인 줄은 깨닫지 못한다.

人知名位爲樂하고　不知無名無位之樂이　爲最眞하며
인 지 명 위 위 락　　　부 지 무 명 무 위 지 락　　　위 최 진

人知饑寒爲憂하고　不知不饑不寒之憂가　爲更甚하나니라.
인 지 기 한 위 우　　　부 지 부 기 불 한 지 우　　　위 갱 심

✵ **주해** 명위(名位) : 명예와 지위, 명성과 지위 / 무명무위지락(無名無位之樂) : 명성과 지위가 없는 즐거움 / 위최진(爲最眞) : 가장 참다운 즐거움이 되다 / 기한(饑寒) : 굶주리고 추위에 떨고 있음 / 갱심(更甚) : 더욱 큰 근심, 더욱 심한 근심.

67
선을 행하되 남이 알아주기를 바라는 것은

악을 행하면서도 남들이 알까 두려워하는 것은 그 악함 속에서도
오히려 선한 마음이 있음이요, 선을 행하되 남들이 빨리 알아주기
를 바라는 것은 그 선함 속에도 곧 악의 뿌리가 있기 때문이다.

爲惡而畏人知는 惡中에 猶有善路요
위 악 이 외 인 지　　악 중　　유 유 선 로

爲善而急人知는 善處卽是惡根이니라.
위 선 이 급 인 지　　선 처 즉 시 악 근

❀ 주해 외인지(畏人知) : 남이 알까 두려워하다 / 유(猶) : 오히려 / 선로(善路) : 선한 길, 선
을 행할 수 있는 잠재력, 착한 일을 할 수 있는 마음 / 선처(善處) : 착암이 있는 곳 / 악근
(惡根) : 악의 근원, 악의 뿌리.

68
하늘의 기밀은 헤아릴 수가 없으니

하늘의 기밀은 헤아릴 수가 없으니, 눌렀다가는 펴고 폈다가는 다시 누르니 이것은 모두 영웅을 희롱하고 호걸을 넘어뜨리는 것이다. 그러나 군자는 천운이 거슬러와도 순리로 받아들이며, 편안할 때에 위태로움을 생각하나니 하늘도 역시 그 재주를 부릴 수 없는 것이다.

天地機緘은 不測하며 抑而伸하고 伸而抑하나니
천 지 기 함   불 측   억 이 신   신 이 억

皆是播弄英雄하고 顚倒豪傑處라.
개 시 파 롱 영 웅   전 도 호 걸 처

君子는 只是逆來順受하고 居安思危하여
군 자   지 시 역 래 순 수   거 안 사 위

天亦無所用其伎倆矣니라.
천 역 무 소 용 기 기 량 의

✿ 주해 기함(機緘) : 엿볼 수 없는 기밀, 비밀 / 불측(不測) : 헤아릴 수 없음 / 억(抑) : 억누름, 역경에 처하게 함 / 신(伸) : 펴나가게 함. 운이 풀리게 함 / 개(皆) : 전부, 모두, 다 / 파롱(播弄) : 희롱, 우롱, 번농함 / 전도(顚倒) : 뒤집어엎음, 넘어뜨림 / 지(只) : 다만, 단지 / 역래순수(逆來順受) : 천운이 거슬러와도 순리로 받아들임, 역경이 오더라도 묵묵하게 받아들임 / 거안사위(居安思危) : 편안할 때 위태로운 일을 생각함 / 기량(伎倆) : 재주, 수완.

69
은덕을 베푸는 일에 인색한 사람은

성격이 조급한 사람은 타오르는 불꽃과 같아서 만나는 것마다 모두 태워 버리고, 은덕을 베푸는 일에 인색한 사람은 차가운 얼음과 같아서 만나는 것마다 반드시 죽여 버리며, 마음이 꽉 막힌 고집스러운 사람은 고인 물이나 썩은 나무와 같아서 산 기운은 이미 끊어져 있으니 이런 사람들은 모두 공훈을 쌓고 행복을 누리기가 어려운 것이다.

燥性者는 火熾하여 遇物則焚하고
조 성 자　　　　화 치　우 물 즉 분

寡恩者는 氷淸하여 逢物必殺하며,
과 은 자　　　　빙 청　　봉 물 필 살

凝滯固執者는 如死水腐木하여 生機已絶하니
응 체 고 집 자　　　여 사 수 부 목　　　생 기 이 절

俱難建功業而延福祉이니라.
구 난 건 공 업 이 연 복 지

❀ **주해** 조성자(燥性者) : 성격이 조급한 사람 / 화치(火熾) : 불처럼 타오름, 불꽃, 화염 / 과은자(寡恩者) : 은덕을 베푸는 일에 인색한 사람, 인색하고 박정한 사람 / 빙청(氷淸) : 얼음처럼 차가운 것, 쌀쌀하고 냉정한 태도 / 응체(凝滯) : 꽉 막히고 엉켜 있는 것 / 사수(死水) : 흐르지 못하고 고여 있는 물 , 웅덩이에 담긴 죽은 물, 썩은 물 / 부목(腐木) : 죽어서 썩은 나무 / 생기(生機) : 생생한 기운, 산기운, 생명력 / 이절(已絶) : 이미 끊겨져 버림, 벌써 단절됨 / 연복지(延福祉) : 행복은 누림, 연(延)은 맞이하다, 늘려나가다, 연장(延長)하다의 뜻임.

70
즐거운 마음을 길러 복을 불러들이는

　복은 억지로 맞아들일 수 없는 것이니 즐거운 마음을 길러 복을 불러들이는 기틀로 삼아야 할 것이고, 재난은 마음대로 피하지 못하는 것이나 살기를 없앰으로써 재난을 멀리하는 방도로 삼아야 할 것이다.

福不可徼니 養喜神하여 以爲召福之本而已요.
복 불 가 요　　양 희 신　　이 위 소 복 지 본 이 이

禍不可避니 去殺機하여 以爲遠禍之方而已니라.
화 불 가 피　　거 살 기　　이 위 원 화 지 방 이 이

✵ **주해** 불가(不可) : ～하지 못하다, ～할 수 없다 / 요(徼) : 구하다, 맞아들이다, 요(邀)와 같은 뜻임 / 희신(喜神) 즐거운 마음, 기쁜 정신 / 이위(以爲) : ～로써 ～로 하다 / 소(召) : 부르다, 불러들이다 / 본(本) : 근본, 토대, 기틀 / 이이(而已) : ～할 따름이다, ～할 뿐이다 / 화(禍) : 재앙, 재난, 불행한 일 / 살기(殺機) : 남을 해치려는 살벌한 마음, 殺機=살기(殺氣) / 방(方) : 방법, 방책, 방도, 방안.

71
군자는 차라리 침묵할지언정

열 마디 말 가운데 아홉이 맞더라도 기이하다는 찬양은 없어도, 한 마디 말만 맞지 않아도 나무라는 소리가 사방에서 들려오고, 열 가지 꾀하던 일 가운데에 아홉 가지를 이루어 내더라도 공적을 돌리지 않지만, 한 가지 일만 이루어 내지 못하면 헐뜯는 소리가 도처에서 일어난다. 그러므로 군자는 차라리 침묵할지언정 떠들지 않고, 졸렬한 척할지언정 재주를 드러내지 않는 것이다.

十語九中이라도 未必稱奇나 一語不中이면 則愆尤駢集하고
십 어 구 중   미 필 칭 기   일 어 부 중   즉 건 우 병 집

十謀九成이라도 未必歸功이나 一謀不成이면 則訾議叢興하나니
십 모 구 성   미 필 귀 공   일 모 불 성   즉 자 의 총 흥

君子는 所以寧黙毋躁요 寧拙毋巧이니라.
군 자   소 이 영 묵 무 조   영 졸 무 교

❀ 주해 구중(九中) : 아홉 마디가 맞음 / 칭기(稱奇) : 기이하다고 찬양함 / 건우(愆尤) : 잘못을 탓함 / 병집(駢集) : 사방에서 모여드는 것 / 십모구성(十謀九成) : 열 가지 꾀하던 일 가운데에 아홉 가지를 이루어 냄 / 미필(未必) : 반드시 ~하지는 않다, 꼭 ~하는 것은 아니다 / 귀공(歸功) : 공적을 돌리다 / 불성(不成) : 일을 이루어 내지 못하다, 실패하다 / 즉(則) : 곧 / 자의(訾議) : 비방의 소리, 비난하고 헐뜯는 소리 / 총흥(叢興) : 여기저기에서 한꺼번에 일어남 / 소이(所以) : ~하는 이유 / 영(寧) : 차라리 / 무조(毋躁) : 떠들지 않다, 무(毋)는 금지사로 무(無) 통함 / 졸(拙) : 서툴다, 어리숙하다, 졸렬하다 / 교(巧) : 재주, 솜씨, 재능. 무교(無巧)는 재주를 부리지 않다, 솜씨를 보이지 않다. 즉 자신의 재능을 감춘다는 뜻임.

72
천지의 기운은 따뜻하면

천지의 기운은 따뜻하면 만물을 소생케 하고, 차가우면 죽게 한다. 그러므로 성격과 기질이 차갑고 쌀쌀한 사람은 그 복의 누림 역시 박하다. 오직 기질이 화기애애하고 마음씨가 뜨거운 사람이라야 그 복 또한 두터우며 그 은덕 역시 오래 갈 것이다.

天地之氣는 暖則生하고 寒則殺이라
천 지 지 기　　난 칙 생　　한 칙 살

故性氣清冷者는 受享亦凉薄하나니
고 성 기 청 랭 자　　수 향 역 량 박

唯和氣熱心之人이라야 其福亦厚하고 其澤亦長하나라.
유 화 기 열 심 지 인　　기 복 역 후　　기 택 역 장

❀ **주해** 성기(性氣) : 성격과 기질 / 청랭자(清冷者) : 맑고 차가운 사람, 쌀쌀하고 냉정한 사람 / 수향(受享) : 복을 받아 누리는 것, 수향(受享) = 향수(享受) / 역(亦) : 또한, 역시 / 양박(凉薄) : 차갑고 얄팍한, 쌀쌀하고 엷은 / 유(唯) : 오직 / 기택(其澤) : 그 은덕, 그 은택, 그 덕택 / 장(長) : 오래 감, 장구(長久)함.

73
하늘의 이법에 이르는 길은

하늘의 이법에 이르는 길은 매우 넓어서, 조금이라도 여기에 마음을 두면 가슴속이 탁 트이고 상쾌해짐을 느끼게 된다. 사람의 욕망을 쫓는 길은 매우 좁아서, 조금이라도 여기에 발을 붙이면 눈앞이 모두 가시밭과 진흙탕으로 뒤덮이게 된다.

天理路上은 甚寬하여 稍游心이라도
천 리 노 상　　심 관　　　초 유 심

胸中이 便覺廣大宏朗하고
흉 중　　변 각 광 대 굉 랑

人欲路上은 甚窄하여 纔寄迹이라도
인 욕 노 상　　심 착　　　재 기 적

眼前이 俱是荊棘泥塗니라.
안 전　　구 시 형 극 니 도

※ **주해** 천리(天理) : 하늘의 이법, 자연의 도리 / 심관(甚寬) : 매우 넓음, 대단히 관대함, 매우 너그러움 / 초(稍) : 조금, 약간 / 유심(游心) : 마음을 씀, 뜻을 거기에 둠 / 광대굉랑(廣大宏朗) : 넓고 탁 트여 상쾌하고 명랑함 / 인욕(人欲) : 사람의 욕망 / 심착(甚窄) : 대단히 좁음 / 재(纔) : 겨우 / 기적(寄迹) : 발을 들여놓은 것 / 형극(荊棘) : 가시덤불, 가시밭 / 니도(泥塗) : 진흙탕.

74
의문과 믿음을 서로 대조하여

   괴로움과 즐거움을 서로 갈고 닦은 다음에 이룩한 행복, 이런 행복이 비로소 오래 간다. 의문과 믿음을 서로 대조하여 생각해 본 다음에 얻은 지식, 이런 지식이 비로소 참된 것이다.

一苦一樂을 相磨練하여 練極而成福者는 其福이 始久하고
일 고 일 락　　상 마 련　　　연 극 이 성 복 자　　기 복　　시 구

一疑一信을 相參勘하여 勘極而成知者는 其知가 始眞하니라.
일 의 일 신　　상 참 감　　　감 극 이 성 지 자　　기 지　　시 진

❀ **주해**　마련(磨練) : 연마하다, 갈고 닦다 / 연극(練極) : 갈고 닦은 끝에, 연마한 후에 /
시구(始久) : 비로소 오래 가다 / 일의(一疑) : 하나의 의문, 의심, 회의 / 상참감(相參勘) :
서로 참작하여 결정함, 서로 대조하여 생각해 보는 것.

75
마음은 비어 있지 않으면 안 된다.

마음은 비어 있지 않으면 안 된다. 비어 있어야 의리가 와서 머물 수 있는 것이다. 마음은 차 있지 않으면 안 된다. 꽉 차 있어야 물욕이 들어오지 못하는 것이다.

心不可不虛니 虛則義理來居하고 心不可不實이니
심 불 가 불 허   허 칙 의 리 래 거   심 불 가 불 실

實則物欲不入이니라.
실 칙 물 욕 불 입

❈ 주해 불가불(不可不) : ~하지 않으면 안 된다 / 허(虛) : 마음을 비운 상태 / 의리(義理) : 올바른 도리, 정의와 진실 / 실(實) : 올바른 도리로 차 있음 / 물욕(物欲) : 바깥 사물에 대한 욕망(欲望), 욕(欲:하고자 함)은 욕(慾:욕심)과 통(通)함.

76
물이 너무 맑으면 고기가 살지 않는다

 땅이 지저분하면 생물이 잘 자라지만 물이 너무 맑으면 언제나 고기가 살지 않는다. 그러므로 군자는 마땅히 때묻고 더러운 것을 받아들이는 아량을 지녀야 하며, 깨끗한 것을 좋아하며 혼자만이 유별나게 행하려는 지조를 가져서는 아니되는 것이다.

地之穢者는 多生物하고 水之清者는 常無魚라.
지 지 예 자   다 생 물   수 지 청 자   상 무 어

故로 君子는 當存含垢納汚之量하고 不可持好潔獨行之操니라.
고   군 자   당 존 함 구 납 오 지 량   불 가 지 호 결 독 행 지 조

✿ 주해 지지예자(地之穢者) : 거름이 많고 지저분한 땅, 예(穢)는 더럽다, 거칠다의 뜻 /
   함구납오(含垢納汚) : 때 묻고 더러운 것을 받아들임 / 양(量) : 아량, 도량 / 지(持) :
   지니다, 간직하다 / 조(操) : 절조, 지조.

77
수레를 뒤엎는 사나운 말도 길들이면

수레를 뒤엎는 사나운 말도 길들이면 부릴 수 있고 마구 튀는 쇳물도 끝내 그릇틀에 부어지게 된다. 언제나 결단력이 없어 분발하지 못한다면 평생 한 치의 발전도 없을 것이다. 백사가 이르기를 "사람이 병 많음이 부끄러운 것이 아니라 한평생 병이 없음이 나의 근심이다"했는데, 이는 참으로 옳은 말이다.

泛駕之馬도 可就驅馳요 躍冶之金도 終歸型範이니
봉 가 지 마   가 취 구 치   약 야 지 금   종 귀 형 범

只一優游不振이면 便終身無個進步라.
지 일 우 유 부 진   변 종 신 무 개 진 보

白沙云하되 爲人多病未足羞나
백 사 운   위 인 다 병 미 족 수

一生無病是吾憂라 하니 眞確論也로다.
일 생 무 병 시 오 우   진 확 론 야

❀ **주해** 봉가지마(泛駕之馬) : 수레를 뒤엎는 성미가 사나운 말 / 가취구치(可就驅馳) : 자유자재로 말을 몰다, 자유롭게 말을 부릴 수 있음 / 약야지금(躍冶之金) : 펄펄 끓여 틀에 부으면 마구 튀는 품질이 나쁜 쇳물 / 종귀형범(終歸型範) : 마침내 틀에 부어지게 되다. 형범(型範)은 틀을 뜻함 / 지일(只一) : 다만 한결같이, 언제나 한결같이 / 우유(優游) : 겁이 많고 결단력이 없어 우물쭈물함 / 부진(不振) : 떨치지 못함, 분발하지 않음 / 백사(白沙) : 명(明)의 선비 진헌장(1428~1499)의 호, 자(字)는 공보(公甫). 신회의 백사리(白沙里)에 거주, 서책에 의지했으나 얻어지는 것이 없자 정좌(靜坐)를 통해 사물의 이(理)를 체득함. 주자학과 선학(禪學)을 아울러 받아들여 독자적인 철학을 이룸 / 다병(白沙) : 육신의 병 / 미족(未足) : ~하기에 충분하지 못함 / 수(羞) : 부끄러움, 수치 / 무병(無病) : 정신적인 고뇌가 없음, 정신적으로 방황하거나 고민이 없음 / 진확론(眞確論) : 참으로 옳은 말.

78
옛사람들은 탐욕을 멀리함을

사람이 한번 사리사욕을 채우려는 마음을 품게 되면, 의연한 기상은 녹아 나약해지고, 슬기로움은 막혀 어리석게 되며 은혜로운 마음은 변하여 혹독해지고, 깨끗함은 물들어 더러워지니 평생의 인품을 허물어뜨리는 것이다. 그러므로 옛사람들은 탐욕을 멀리함을 보배로 삼았으니 이것이 바로 이 세상을 초월하는 방도인 것이다.

人只一念貪私하면 便鎖剛爲柔하고 塞智爲昏하며
인 지 일 념 탐 사   변 소 강 위 유   색 지 위 혼

變恩爲慘하고 染潔爲汚하며 壞了一生人品하나니
변 은 위 참   염 결 위 오   괴 료 일 생 인 품

故로 古人은 以不貪爲寶하니 所以度越一世니라.
고   고 인   이 불 탐 위 보   소 이 도 월 일 세

☼ **주해** 지(只) : 다만, 오직 / 일념(一念) : 한 가지의 생각 / 탐사(貪私) : 사사로운 이익의 추구에 집착함, 사리를 탐함 / 소강(鎖剛) : 굳센 기품을 녹임 / 위유(爲柔) : 나약해짐, 유약해짐 / 책지위혼(塞智爲昏) : 슬기가 막혀 어리석어짐 / 변은위참(變恩爲慘) : 은덕을 베풀던 마음이 변하여 가혹해짐 / 염결위오(染潔爲汚) : 깨끗한 마음이 더러움에 물듦 / 괴료(壞了) : 허물어지다, 파괴하다, 료(了)는 완료형 조동사 / 일생인품(一生人品) : 한평생의 품성, 인격 / 소이(所以) : 방법, 방도 / 도월(度越) : 뛰어넘다, 초월하다, 초극하다 / 일세(一世) : 한세상, 자신에게 주어진 한평생.

79
정욕과 의식은 안에 도사린 적이다.

　귀와 눈이 보고 들은 것은 바깥에서 오는 적이요, 정욕과 의식은 안에 도사린 적이다. 다만 주인 되는 본디 마음이 맑게 개어 있어 뚜렷이 안채에 홀로 자리 잡고 있으면, 적들도 문득 변하여 한 집 식구가 되는 것이다.

耳目見聞은 爲外賊이요 情欲意識은 爲內賊이니.
이 목 견 문　　 위 외 적　　 　정 욕 의 식　　 위 내 적

只是主人翁이 惺惺不昧하여 獨坐中堂하면
지 시 주 인 옹　　 성 성 불 매　　　　 독 좌 중 당

賊便化爲家人矣니라.
적 변 화 위 가 인 의

❀ 주해 견문(見聞) : 보고 듣는 것 / 위(爲) : ~이 되다, ~이다 / 정욕(情欲) : 이성에 대한 육체적 욕망 / 의식(意識) : 마음의 작용, 사욕 / 주인옹(主人翁) : 주인 늙은이, 마음의 주인, 본심(本心)을 의인화한 말임 / 성성(惺惺) : 맑게 깨어 있음 / 불매(不昧) : 어둡지 않음, 어리석지 않음, 사리판단에 대한 분별력이 있음 / 중당(中堂) : 안채, 내당, 중심, 본문에서는 마음이 자리잡고 있는 곳 / 가인(家人) : 식구, 가족, 하인.

80
이미 지나간 잘못을 뉘우치는 것은

  아직 이루지 못한 공을 기획(企劃)하는 것은 이미 쌓아올린 공적을 잘 보전하는 것만 못하고, 이미 지나간 잘못을 뉘우치는 것은 장차 다가올 과오를 미리 막는 것만 못한 것이다.

圖未就之功은 不如保已成之業이요.
도 미 취 지 공 　 불 여 보 이 성 지 업

悔旣往之失은 不如防將來之非니라.
회 기 왕 지 실 　 불 여 방 장 래 지 비

❋ 주해　도(圖) : 도모하다. 꾀하다. 기도(企圖)하다 / 미취(未就) : 착수하지 않은, 아직 이루지 못한 / 보(保) : 보전하다. 지키다 / 이성지업(已成之業) : 이미 이룩한 일, 이미 쌓아올린 공적 / 회(悔) : 뉘우치다. 후회하다 / 기왕지실(旣往之失) : 이미 지나간 잘못 / 불여(不如) : ~함만 같지 못하다 / 방(防) : 대비하다, 대처하다, 막아내다 / 장래지비(將來之非) : 장차 다가올 과오, 장차 저지를 수 있는 실수.

81
기상은 높고도 넓어야 하지만

기상은 높고도 넓어야 하지만 허술하거나 거칠어서는 안 되며, 마음은 치밀해야 하지만 잘고 좀스러워서는 안 되고, 취미는 깨끗하고 맑아야 하지만 지나치게 치우치거나 메말라서는 안 되며, 지조를 지킴에는 엄하고 공명정대해야 하지만 과격해서는 안 된다.

氣象은 要高曠이나 而不可疎狂하고
기 상   요 고 광   이 불 가 소 광

心思는 要縝密이로되 而不可瑣屑하며
심 사   요 진 밀   이 불 가 쇄 설

趣味는 要冲淡이나 而不可偏枯하고
취 미   요 충 담   이 불 가 편 고

操守는 要嚴明이로되 而不可激烈이니라.
조 수   요 엄 명   이 불 가 격 렬

❄ **주해** 기상(氣象) : 타고난 기질, 선천적인 성정 / 고광(高曠) : 높고 넓음 / 소광(疎狂) : 엉성하고 거침, 세상물정에 어둡고 행동이 거침 / 진밀(縝密) : 마음이 세심한 데까지 미치는 것, 치밀하여 빈틈이 없음 / 쇄설(瑣屑) : 작은 일에 구애받음, 마음이 자질구레하고 좀스러운 것 / 충담(冲淡) : 텅 비고 담담함, 담백하고 소탈함, 욕심이 없어 집착하지 않음 / 편고(偏枯) : 마음이 좁아서 한쪽으로 치우치고 메마른 것 / 조수(操守) : 지조를 지킴 / 엄명(嚴明) : 엄정하고 밝음 / 격렬(激烈) : 지나치게 격한 것.

82
군자는 일이 닥쳐야 비로소 마음이 나타나고

바람이 성긴 대밭에 불어와도 지나가고 나면 대밭은 그 소리를 남기지 않고, 기러기가 찬 연못을 건너가도 가 버리고 나면 연못은 그 그림자를 남기지 않는다. 그러므로 군자는 일이 닥쳐야 비로소 마음이 나타나고, 일이 지나고 나면 마음도 또한 비게 되는 것이다.

風來疎竹에 風過而竹不留聲하고
풍 래 소 죽　　풍 과 이 죽 불 류 성

雁度寒潭에 雁去而潭不留影이니라.
안 도 한 담　　안 거 이 담 불 류 영

故로 君子는 事來而心始現하고
고　　군 자　사 래 이 심 시 현

事去而心隨空하나니라.
사 거 이 심 수 공

✤ **주해** 소죽(疎竹) : 드문드문 난 대밭, 성긴 대숲 / 불류성(不留聲) : 소리를 남기지 않음 / 도(度) : 지나가다, 건너가다, 도(度)=도(渡) / 한담(寒潭) : 찬 연못, 늦가을의 쓸쓸한 정취가 담겨 있음 / 불류영(不留影) : 그림자를 남기지 않음 / 사래(事來) : 일이 생기면 / 심시현(心始現) : 마음에 비로소 나타남 / 사거(事去) : 일이 끝나고 나면 / 심수공(心隨空) : 마음도 따라서 비게 됨.

83
곧으면서도 너무 바른 데 치우치지 않으면

청렴하면서도 포용력이 있고, 어질면서도 결단력이 있으며, 총명하면서도 남의 과오를 지나치게 들추어 내지 않고, 곧으면서도 너무 바른 데 치우치지 않는다면, 이는 마치 꿀 바른 음식이 달지 않고 해산물이면서도 짜지 않음이니 그야말로 아름다운 덕인 것이다.

清能有容하고 仁能善斷하며 明不傷察하고
청 능 유 용   인 능 선 단   명 불 상 찰

直不過矯하면 是謂蜜餞不甛이요
직 불 과 교   시 위 밀 전 불 첨

海味不鹹이니 纔是懿德이니라.
해 미 불 함   재 시 의 덕

❀ **주해**　청(淸) : 청렴결백 / 유용(有容) : 너그럽게 받아들임, 포용력이 있음 / 선단(善斷) : 결단을 잘함, 결단력이 있음 / 상찰(傷察) : 지나치게 남의 과오를 살핌 / 직(直) : 곧고 올바름 / 과교(過矯) : 지나치게 바른 데 치우치는 것 / 밀전(蜜餞) : 꿀을 넣은 음식 / 첨(甛) : 단맛 / 해미(海味) : 해산물, 해산물의 맛 / 불함(不鹹) : 맛이 짜지 않음, 함(鹹:짤함)은 함(鹹)과 같음 / 재(纔) : 겨우 / 의덕(懿德) : 아름다운 덕, 훌륭한 덕.

84
가난한 집안도 청결하게 쓸고

가난한 집안도 청결하게 쓸고, 가난한 집 여인도 단정하게 머리를 빗으면 모습이 비록 예쁘고 아름답지는 못하더라도 기품과 멋이 저절로 배어나리라. 선비가 한때 곤궁함과 적막함을 당했다고 해서 어찌 스스로를 포기할 수 있겠는가.

貧家도 淨拂地하고 貧女도 淨梳頭하면
빈 가   정 불 지   빈 녀   정 소 두

景色은 雖不艶麗나 氣度는 自是風雅니
경 색   수 불 염 려   기 도   자 시 풍 아

士君子가 一當窮愁寥落이언정 奈何輒自廢弛栽리오.
사 군 자   일 당 궁 수 요 락   내 하 첩 자 폐 이 재

🌸 **주해** 불지(拂地) : 땅을 쓰는 것, 청소함 / 빈녀(貧女) : 가난한 여인 / 소두(梳頭) : 머리를 빗다, 소(梳)는 머리빗 / 경색(景色) : 풍경, 경치, 모양, 모습 / 수불(雖不) : 비록〜하지는 못할지라도 / 염려(艶麗) : 예쁘고 화려함, 아름답고 화려함 / 기도(氣度) : 풍도, 기품 / 풍아(風雅) : 멋, 아취, 풍류 / 궁수(窮愁) : 궁색하고 슬픈 것, 곤궁하여 시름에 잠김 / 요락(寥落) : 영락하여 쓸쓸하게 지냄, 몰락하여 적막함 / 내하(奈何) : 어찌〜할 수 있겠는가 / 첩(輒) : 곧, 문득 / 페이(廢弛) : 스스로를 포기함, 선비의 본분을 저버림.

85
어둠 속에서 속이거나 감추는 일이 없으면

　한가할 때에 시간을 낭비하지 아니하면 급할 때 도움이 되고, 고요할 때에 공상에 빠지지 아니하면 활동할 때 쓸모가 있게 되며, 어둠 속에서 속이거나 감추는 일이 없으면 밝은 곳에서 신임을 얻게 된다.

閑中에 不放過면 忙處에 有受用하고
한 중　　불 방 과　　망 처　　유 수 용

靜中에 不落空이면 動處에 有受用하며
정 중　　불 락 공　　동 처　　유 수 용

暗中에 不欺恩이면 明處에 有受用하나니라.
암 중　　불 기 은　　명 처　　유 수 용

❀ **주해**　한중(閑中) : 시간 여유가 있을 때, 한가한 때 / 방과(放過) : 헛되이 보내는 것, 아무런 대책없이 시간을 낭비함 / 망처(忙處) : 바쁠 때에, 급할 때에 / 수용(受用) : 쓸모, 받아서 씀 / 정중(靜中) : 고요할 때에 / 낙공(落空) : 마음이 공허한 데로 빠짐 / 동처(動處) : 활동할 때에 / 기은(欺恩) : 속이고 숨김, 기만하고 은닉함.

86
생각이 일어나자마자 깨닫고

생각이 일어날 때에 조금이라도 욕망의 길로 달려감을 깨닫게 되면 곧 이성의 길로 따라오게 이끌어라. 생각이 일어나자마자 깨닫고, 깨닫자마자 돌려야 할 것이니, 이것이 바로 재앙을 복으로 돌리고 죽음에서 일어나 삶으로 되돌아오게 하는 관문이다. 진실로 가볍게 대할 일이 아니다.

念頭起處에 纔覺向欲路上去면 便挽從理路上來하라.
염 두 기 처   재 각 향 욕 로 상 거   변 만 종 이 노 상 래

一起便覺하고 一覺便轉이니 此是轉禍爲福하며
일 기 변 각   일 각 변 전   차 시 전 화 위 복

起死回生的關頭니 切莫輕易放過니라.
기 사 회 생 적 관 두   절 막 경 이 방 과

❀ **주해** 염두(念頭) : 마음, 생각, 사념(思念) / 재(纔) : 문득 / 욕로(欲路) : 욕구충족의 길 / 만(挽) : 이끌다, 당기다 / 이로(理路) : 도리에 맞는 올바른 길 / 변(便) : 곧, 문득 / 차시(此是) : 이것이 ~이다 / 전화위복(轉禍爲福) : 재앙이 변하여 복이 됨 / 기사회생(起死回生) : 죽음의 길에서 벗어나 삶으로 되돌아 옴 / 적(的) : ~의(접속사) / 관두(關頭) : 관건, 열쇠. 관문 / 절막(切莫) : 참으로 ~해서는 안 된다. 진실로 ~ 할 일이 아니다 / 경이(輕易) : 가볍게 봄, 쉽게 생각함 / 방과(放過) : 방심한 채 지나쳐 버림.

87
고요한 가운데 생각이 맑고 깨끗하면

고요한 가운데 생각이 맑고 깨끗하면 마음의 본바탕을 볼 것이
요, 한가한 가운데 기상이 조용하면 마음의 미묘한 움직임을 알게
될 것이며, 담담한 가운데 취미가 깨끗하고 안정되어 있으면 마음
의 참맛을 얻게 될 것이나, 마음을 살펴보고 도를 증험하는 데에
이 세 가지만한 것이 없다.

靜中에 念慮澄徹이면 見心之眞體하고
정 중　　염 려 징 철　　　　견 심 지 진 체

閑中에 氣象從容이면 識心之眞機하며
한 중　　기 상 종 용　　　　식 심 지 진 기

淡中에 意趣沖夷면 得心之眞味하니
담 중　　의 취 충 이　　　득 심 지 진 미

觀心證道는 無如此三者니라.
관 심 증 도　　　무 여 차 삼 자

❀ 주해　염려(念慮) : 생각, 사념(思念) / 징철(澄徹) : 맑고 깨끗하여 밑바닥까지 환히 들여다
보임 / 진체(眞體) : 참된 모습, 본체, 본바탕 / 기상(氣象) : 기운의 모습, 기운의 형상 / 종
용(從容) : 조용함 / 식(識) : 알다, 인식하다, 인지하다 / 진기(眞機) : 참된 기미, 참된 활동,
미묘한 움직임 / 담중(淡中) : 담담한 가운데, 담박한 가운데 / 의취(意趣) : 취미 / 충이(沖
夷) : 깨끗하고 안정됨, 깨끗하고 편안함 / 진미(眞味) : 참된 맛, 진짜 맛 / 관심(觀心) : 자
신의 마음을 살펴봄. 자기 스스로를 관찰하고 반성함 / 증도(證道) : 도를 증험함, 진리를
몸소 체험하는 것.

88
괴로움 속에서 즐거움을 얻을 수 있어야만

고요함 속의 고요함은 참다운 고요함이 아니니, 분주함 속에서 고요함을 얻을 수 있어야만 비로소 타고난 성품의 진정한 경지에 이르게 될 것이다. 즐거움 속에서의 즐거움은 참된 즐거움이 아니니, 괴로움 속에서 즐거움을 얻을 수 있어야만 비로소 마음의 진정한 움직임을 볼 수 있는 것이다.

靜中靜은 非眞靜이니 動處에 靜得來라야
정 중 정　　 비 진 정　　 동 처　 정 득 래

纔是性天之眞境이며
재 시 성 천 지 진 경

樂處樂은 非眞樂이니 苦中에 樂得來라야
낙 처 락　　 비 진 락　　 고 중　 락 득 래

纔見心體之眞機니라.
재 견 심 체 지 진 기

✸ 주해　동처(動處) : 바쁜 곳, 분주한 곳 / 재시(纔是) : 곧~이다 / 성천(性天) : 선천적인 성품, 본성, 천성 / 진경(眞境) : 참된 경지 / 고중(苦中) : 괴로움 속에서 / 심체(心體) : 마음의 본바탕 / 진기(眞機) : 참다운 기틀, 참된 기미, 참다운 움직임.

89
남에게 은덕을 베풀었거든

자기를 버리기로 하였으면 그 일에 의혹을 품지 말라. 의혹을 품게 되면 버린 마음에 부끄러움이 많을 것이다. 남에게 은덕을 베풀었거든 갚아 주기를 바라지 말라. 갚아주기를 바라게 되면 은 덕을 베푼 마음까지 아울러 그르치게 될 것이다.

舍己어든 毋處其疑하라.
사 기   무 처 기 의

處其疑면 卽所舍之志多愧矣니라.
처 기 의   즉 소 사 지 지 다 괴 의

施人커든 毋責其報하라.
시 인   무 책 기 보

責其報면 倂所施之心俱非矣니라.
책 기 보   병 소 시 지 심 구 비 의

🌸 **주해** 사기(舍己) : 자기의 몸을 버림, 스스로 희생하는 것, 사(舍)는 사(捨)의 뜻으로 쓰이고 있음 / 무처기의(毋處其疑) : 그것에 의심을 품지 말라 / 즉(卽) : 곧 / 소사지지(所舍之志) : 버리기로 한 그 뜻, 희생키로 한 그 마음 / 다괴(多愧) : 부끄러움이 많음 / 시인(施人) : 남에게 은덕을 베품 / 책기보(責其報) : 보답하기를 따짐, 갚아 주기를 바람 / 소시지심(所施之心) : 은덕을 베푼 그 마음 / 비(非) : 그르침, 잘못됨.

90
하늘이 내 몸을 괴롭힌다면

하늘이 내게 복을 박하게 준다면 나는 내 덕을 두터이 하여 이를 맞을 것이고, 하늘이 내 몸을 괴롭힌다면 나는 내 마음을 안정케 하여 이를 도울 것이며, 하늘이 내 처지를 궁색하게 한다면 나는 내 도를 깨우쳐 이를 형통케 할 것이니, 하늘인들 나를 어찌할 수 있겠는가.

天이 薄我以福이어든 吾는 厚吾德以迓之하고
천   박 아 이 복   오   후 오 덕 이 아 지

天이 勞我以形이어든 吾는 逸吾心以補之하며
천   노 아 이 형   오   일 오 심 이 보 지

天이 阨我以遇이어든 吾는 亨吾道以通之면
천   액 아 이 우   오   형 오 도 이 통 지

天且我에 奈何哉리오.
천 차 아   내 하 재

❁ **주해** 박아이복(薄我以福) : 나에게 복을 박하게 주다, 나에게 복을 적게 내림, 박(薄)은 얇은 박 / 아지(迓之) : 이를 맞이함 / 노아이형(勞我以形) : 내 몸을 수고롭게 함, 내 육신을 괴로힘 / 보지(補之) : 이를 도움, 그것을 보충함, 지(之)는 대명사임 / 액아이우(阨我以遇) : 내 처지를 궁색하게 함, 내 입장을 곤란하게 함 / 형(亨) : 형통하다, 뜻대로 되다 / 천차아(天且我) : 하늘인들 나를 ~, 하늘조차 나를~, 차(且)는 또 차 / 내하(奈何) : 어찌 ~할 수 있겠는가.

91
사람의 슬기와 잔재주가

곧은 선비는 복을 구하려는 마음이 없으므로 하늘이 그 무심한
곳으로 찾아가 속마음을 열어 주고, 음흉한 사람은 화를 피하려고
애쓰지만 하늘은 그 애쓰는 마음에 화를 내려 그 넋을 빼앗고야 만
다. 그러니 하늘 권세의 신령함을 가히 볼 수 있도다. 사람의 슬기
와 잔재주가 무슨 소용이 있으리오.

貞士는 無心徼福이라 天卽就無心處하여 牖其衷하고
정 사   무 심 요 복   천 즉 취 무 심 처   유 기 충

憸人은 著意避禍라 天卽就著意中하여 奪其魄하나니
험 인   착 의 피 화   천 즉 취 저 의 중   탈 기 백

可見天之機權이 最神이니 人之智巧가 何益이리오.
가 견 천 지 기 권   최 신   인 지 지 교   하 익

❀ 주해 정사(貞士) : 자조 있는 선비, 절의를 숭상하는 선비 / 요복(徼福) : 복을 구하다, 복
음 바람 / 즉취(卽就) : 나아감 / 무심처(無心處) : 복을 구하는 마음이 없음, 담박하여 복을
구하는 욕심이 없음 / 유기충(牖其衷) : 속마음을 열어 줌, 유(牖)는 창문 열다의 뜻임. 충
(衷)은 본심 / 험인(憸人) : 음흉한 사람, 간사한 사람 / 착의(著意) : 뜻을 두는 것, 마음을
씀, 급급함 / 탈기백(奪其魄) : 그 넋을 빼앗음 / 기권(機權) : 작용과 권세 / 최신(最神) :
가장 신묘함 / 지교(智巧) : 지혜와 기교, 슬기와 잔꾀.

92
사람을 보려거든

 기녀일지라도 늘그막에 한 남편을 섬긴다면 한평생의 분냄새가 허물이 되지 않을 것이요, 정숙한 부인일지라도 머리가 하얗게 센 뒤에 정조를 잃는다면 반평생의 절개가 모두 헛된 일이 될 것이다. 속담에 이르기에 '사람을 보려거든 다만 그 후반을 보라'고 했는데 이는 진실로 명언인 것이다.

聲妓도 晩景從良하면 一世之臙花無碍요
성기   만경종량   일세지연화무애

貞婦도 白頭失守하면 半生之淸苦俱非니라.
정부   백두실수   반생지청고구비

語에 云하되 看人只看後半截하라 하니 眞名言也로다.
어   운   간인지간후반절   진명언야

❀ 주해 성기(聲妓) ; 기생, 기녀 / 만경(晩景) : 늘그막, 만년, 말년 / 종량(從良) : 지아비를 따르고 섬김, 양(良)은 양인(良人), 즉 남편의 뜻함 / 일세(一世) : 한평생 / 연화(臙花) : 백분(白粉), 화류계에 몸을 담고 있음 / 무애(無碍) : 허물이 되지 않음, 거리낄 것이 없음 / 정부(貞婦) : 수절하는 여인 / 백두(白頭) : 머리털이 희어짐, 늘그막 / 실수(失守) : 절개를 지키지 못함 / 반생(半生) : 반평생 / 청고(淸苦) : 절개를 지키며 고생함 / 어운(語云) : 옛말에 이르기를~, 속담에서 말하기를 / 후반절(後半截) : 후반생.

93
덕을 쌓고 은혜를 베풀면

　평민이라도 즐거운 마음으로 덕을 쌓고 은혜를 베풀면 곧 지위 없는 정승이요, 사대부라도 공연히 권세를 탐내고 총애를 팔면 끝내 벼슬하는 거지가 될 뿐이다.

平民도 肯種德施惠하면
평 민　긍 종 덕 시 혜

便是無位的公相이요.
변 시 무 위 적 공 상

士夫도 徒貪權市寵하면
사 부　도 탐 권 시 총

竟成有爵的乞人이니라.
경 성 유 작 적 걸 인

🌀 **주해**　긍(肯) : 기꺼이, 즐겁게 / 종덕(種德) ; 덕을 심다, 덕을 쌓다 / 변(便) : 곧 / 공상(公相) : 삼공(三公)과 재상 / 사부(士夫) : 사(士:선비, 즉 지식인)와 대부(大夫:장관급) / 도(徒) : 한갓, 헛되이, 공연히 / 시총(市寵) : 총애를 파고 사는 것(매관매직, 이권개입 등의 부정 행위를 말함) / 경(竟) : 마침내 / 유작적걸인(有爵的乞人) : 벼슬하는 거지.

94
조상의 은덕을 묻는다면

조상의 은덕을 묻는다면 내 몸이 누리고 있는 바가 그것이니, 마땅히 그 쌓기 어려움을 명심해야 한다. 자손의 복지를 묻는다면 내 몸이 끼쳐 주는 바가 그것이니, 요컨대 그 기울고 넘어짐이 쉬움을 생각해야 한다.

問祖宗之德澤하면 吾身所享者가 是니
문 조 종 지 덕 택　　　　오 신 소 향 자　　시

當念其積累之難하고
당 염 기 적 루 지 난

問子孫之福祉면 吾身所貽者가 是니
문 자 손 지 복 지　　　　오 신 소 이 자　　시

要思其傾覆之易니라.
요 사 기 경 복 지 이

✿ **주해**　조종(祖宗) : 조상, 선조 / 소향자(所享者) : 누리고 있는 것 / 적루지난(積累之難) : 쌓아올리는 것의 어려움 / 복지(福祉) : 행복 / 소이자(所貽者) : 자손에게 물려주는 것 / 경복(傾覆) : 기울고 넘어지는 것 / 이(易) : 쉬움, 용이함.

95
군자가 절개를 바꾸는 것은

군자가 위선을 행하는 것은 소인이 악을 거리낌없이 행함과 다름이 없고, 군자가 절개를 바꾸는 것은 소인이 스스로 새롭게 되는 것만 못하다.

君子而詐善은 無異小人之肆惡이요
군 자 이 사 선　　무 이 소 인 지 사 악

君子而改節은 不及小人之自新이니라.
군 자 이 개 절　　불 급 소 인 지 자 신

❀ 주해 사선(詐善) : 착한 척하며 속이는 것 / 무이(無異) : 다를 것이 없음, 동일함 / 사악(肆惡) : 거리낌없이 악을 행하는 것 / 개절(改節) : 변절행위, 훼절함, 절개를 잃음 / 자신(自新) : 과오를 뉘우치고 스스로 새사람이 됨.

96
오늘 깨닫지 못하거든

　집안 식구에게 잘못이 있거든 너무 거칠게 화를 내어서는 안 되며 가벼이 내버려 두어서도 아니 된다. 그 일을 바로 말하기 곤란하면 다른 일을 비유하여 은근히 일깨워 주어야 하며, 오늘 깨닫지 못하거든 내일을 기다려 다시 깨우쳐 주어서 마치 봄바람이 얼어붙은 것을 풀고, 따뜻한 기운이 얼음을 녹이듯 하라. 이것이 곧 가정의 규범이다.

家人有過어든 不宜暴怒하고 不宜輕棄니라.
가 인 유 과　　　불 의 폭 노　　　불 의 경 기

此事難言이어든 借他事隱諷之하여 今日不悟어든
차 사 난 언　　　차 타 사 은 풍 지　　　금 일 불 오

俟來日再警之하되 如春風解凍하고
사 내 일 재 경 지　　　여 춘 풍 해 동

如和氣消氷하면 纔是家庭的型範이니라.
여 화 기 소 빙　　　재 시 가 정 적 형 범

☸ **주해** 불의폭노(不宜暴怒) : 너무 사납게 화를 내어서는 안 됨 / 경기(輕棄) : 가벼이 버려 둠 / 은풍(隱諷) : 비유로 은근히 깨우쳐 줌 / 불오(不悟) : 깨닫지 못함 / 사(俟) : 기다리는 것 / 경지(警之) : 이를 경고함, 이것을 깨우쳐 줌 / 형범(型範) : 틀, 규범, 본보기, 법도, 모범.

마음을 항상 너그럽고 평온하게

이 마음을 살펴보아 늘 원만함을 지닐 수 있으면 천하는 저절로 결함이 없는 세계가 될 것이요, 이 마음을 항상 너그럽고 평온하게 내어 놓을 수 있으면 천하도 저절로 사나운 인정이 사라지게 될 것이다.

此心이 常看得圓滿하면 天下는 自無缺陷之世界요
차 심　　상 간 득 원 만　　　천 하　　자 무 결 함 지 세 계

此心이 常放得寬平하면 天下에 自無險側之人情이니라.
차 심　　상 방 득 관 평　　　천 하　　자 무 험 측 지 인 정

❀ **주해**　차심(此心) : 자신의 마음 / 결함(缺陷) : 결점, 이저리지고 부족함 / 관평(寬平) : 관대하고 화평함, 너그럽고 평온한 것 / 험측(險側) : 험악한 것, 흉측함.

98

지조를 바꾸지 말 것이며

청렴결백한 선비는 반드시 호화생활자의 의심하는바 되며, 행실이 엄격한 사람은 흔히 방종한 자의 꺼리는 바 되나, 군자는 이런 경우에 조금이라도 그 지조를 바꾸지 말 것이며, 또한 그 서슬을 지나치게 드러내지도 말아야 한다.

澹泊之士는 必爲濃艶者所疑요 檢飭之人은 多爲放肆者所忌니
담 박 지 사   필 위 농 염 자 소 의   검 칙 지 인   다 위 방 사 자 소 기

君子處此에 固不可少變其操履하고 亦不可太露其鋒芒이니라.
군 자 처 차   고 불 가 소 변 기 조 리   역 불 가 태 로 기 봉 망

❀ **주해** 담박(澹泊) : 욕심이 없고 깨끗함, 청렴함 / 농염(濃艶) : 호화롭고 사치함 / 검칙지인 (檢飭之人) : 몸가짐이 엄격하고 신중한 사람 / 방사(放肆) : 방종, 방자 / 조리(操履) : 지조 와 행실, 지조를 지키며 몸소 실천함 / 봉망(鋒芒) : 서슬, 창끝.

99
역경에 처했을 때에는

가혹한 환경에 처했을 때에는 주위가 모두 침이요, 약인지라 절조를 닦고 행실을 바로잡게 되나, 이를 의식하지 못한다. 순탄한 환경에 처했을 때에도 눈앞이 모두 칼과 창이라 기름을 녹이고 뼈를 깎아도, 이를 알지 못하는 것이다.

居逆境中이면 周身이 皆鍼砭藥石이라 砥節礪行而不覺하고
거 역 경 중   주 신   개 침 폄 약 석   지 절 려 행 이 불 각

處順境內면 眼前이 盡兵刃戈矛라 銷膏靡骨而不知니라.
처 순 경 내   안 전   진 병 인 과 모   소 고 마 골 이 부 지

❀ 주해 역경(逆境) : 일이 뜻대로 되지 않아 어려움에 허덕이는 경우 / 주신(周身) : 몸 주위 / 침폄(鍼砭) : 침(鍼)은 쇠침, 폄(砭)은 돌침 / 지절(砥節) : 절조를 닦음 / 여행(礪行) : 행실을 바르게 함 / 불각(不覺) : 깨닫지 못함, 의식하지 못함 / 순경(順境) : 일이 뜻대로 잘 되는 경우 / 병인(兵刃) : 무기, 칼날 / 과모(戈矛) : 창 / 소고(銷膏) : 기름을 녹이는 것 / 미골(靡骨) : 뼈를 깎는 것.

100
장차 자신을 불태워버리게 되리라

넉넉하고 귀한 환경에서 자라난 사람은 그 욕심이 거세게 타오르는 불길과 같고 그 권세는 사나운 불꽃과 흡사하다.

만약 조금쯤은 맑고 서늘한 기미를 지니지 않는다면 그 불꽃은 남을 태우게 되지는 않는다고 할지라도 장차 반드시 자신을 불태워 버리게 될 것이다.

生長富貴叢中的은
생 장 부 귀 총 중 적

嗜欲이 如猛火하고 權勢가 似烈焰하나니
기 욕　　여 맹 화　　권 세　　사 열 염

若不帶些淸冷氣味하면 其火焰이 不至焚人이나
약 부 대 사 청 랭 기 미　　기 화 염　　부 지 분 인

必將自爍矣니라.
필 장 자 삭 의

❀ 주해　생장(生長) : 태어나서 자라남, 출생하여 성장함 / 부귀총중(富貴叢中): 부귀한 환경 / 기욕(嗜欲) : 물질적인 욕망을 즐기는 것 / 맹화(猛火) : 거센 불길, 세찬 불길 / 열염(烈焰) : 사나운 불꽃, 맹력한 불꽃 / 부대(不帶) : 지니지 않는다면 / 청랭(淸冷) : 맑고 서늘한 / 부지분인(焚人) : 남을 태우기에는 이르지 않음 / 자삭(自爍) : 스스로를 불태워 버리는 것.

101
사람의 마음이 한결같이 참되면

사람의 마음이 한결같이 참되면 곧 서리도 내리게 할 수 있고, 성도 무너뜨릴 수 있으며 무쇠와 바위도 꿰뚫을 수 있다. 그러나 거짓된 사람은 한갓 형체만 갖추었을 뿐, 참된 마음은 이미 사라졌으므로 남을 대하면 얼굴이 밉살스럽고, 홀로 있으면 형체와 그림자가 스스로 부끄러워지는 것이다.

人心一眞은 便霜可飛하고 城可隕하며 金石可貫이나
인 심 일 진　　변 상 가 비　　성 가 운　　금 석 가 관

若僞妄之人은 形骸徒具나 眞宰已亡이라
약 위 망 지 인　　형 해 도 구　　진 재 이 망

對人則面目이 可憎하고 獨居則形影이 自媿니라.
대 인 칙 면 목　　가 증　　독 거 칙 형 영　　자 괴

❀ **주해** 일진(一眞) : 한결같이 진실함 / 상가비(城可隕) : 서리를 내리게 함. 오덕종시설(五德終始設)로 유명한 제나라의 학자 추연(皺衍)의 고사임(회남자에 수록됨). 연의 혜왕을 충성으로 섬기 연(衍)이 주위의 참소로 인해 옥에 갇히자 그는 하늘을 우러러 통곡하였다. 연의 억울함을 하늘이 알았음인지 여름철인 5월(음)에 서리가 내렸다고 함 / 성가운(城可隕) : 성을 무너뜨림. 왕 충의 논형에 수록된 기량의 아내에 관한 고사임. 제나라의 기량(杞梁)이 싸움터에서 죽자 그의 아내가 목을 놓아 우니 하늘이 감동하였음인지 성이 무너졌다고 함 / 금석가관(金石可貫) : 쇠와 돌도 꿰뚫을 수 있음. 송대(宋代) 성리학의 집대성자인 주희의 시에 '양기가 발하는 곳에서는 무쇠와 돌도 또한 꿰뚫어진다. 사람이 정신을 한번 집중시킨다면 무슨 일인들 이루지 못할 것인가?'(陽氣發處 金石亦透 精神一到 何事不成)라고 했음 / 위망(僞妄) : 허위, 거짓됨 / 형해(形骸) : 형체, 육신 / 도(徒) : 헛되이, 한갓 / 진재(眞宰) : 진정한 주재자, 참된 주인, 마음의 본체 / 면목(面目) : 얼굴 / 가증(可憎) : 밉살스러움 / 형영(形影) : 형체와 그림자 / 자괴(自媿) : 스스로 부끄러워함.

102
인품이 궁극의 경지에 이르면

  문장이 궁극의 경지에 이르면 별다른 기이함이 있는 것이 아니라 다만 알맞을 뿐이고, 인품이 궁극의 경지에 이르면 별다른 특이함이 있는 것이 아니라 다만 타고난 그대로의 모습일 뿐이다.

文章이 做到極處하면 無有他奇요 只是恰好하며
문 장　　주 도 극 처　　　무 유 타 기　　지 시 흡 호

人品이 做到極處하면 無有他異요 只是本然이니라.
인 품　　주 도 극 처　　　무 유 타 이　　지 시 본 연

✤ **주해** 주도(做到) : ~에 이름, ~에 도달함 / 극처(極處) : 궁극의 경지, 극치(極致), 절정 / 무유(無有) : 있는 것이 아님, 없음 / 타기(他奇) : 별다른 기이함 / 지(只) : 다만, 단지 / 흡호(恰好) : 알맞음, 적절함, 사람의 품성 / 타이(他異) : 별다른 특이함, 별다른 이상함 / 본연(然) : 타고난 본래의 모습.

103
세상의 멍에에서 벗어날 수도

이 세상을 가상의 형적으로 본다면 부귀와 공명은 말할 것도 없이 내 몸조차 잠시 빌린 것이요, 실체의 경지에서 본다면 부모와 형제는 말할 것도 없이 만물에 모두 나와 한 몸이다. 사람이 능히 이런 이치를 깨닫고 체득할 수 있으면 천하의 짐도 질 수 있고 세상의 멍에에서 벗어날 수도 있을 것이다.

以幻迹言이면 無論功名富貴하고 卽肢體도 亦屬委形이요
이 환 적 언　　　　무 론 공 명 부 귀　　　즉 지 체　　　역 속 위 형

以眞境言이면 無論父母兄弟하고 卽 萬物이 皆吾一體니
이 진 경 언　　　　무 론 부 모 형 제　　　즉　만 물

人能看得破하고 認得眞이면
인 능 간 득 파　　　인 득 진

纔可任天下之負擔하고 亦可脫世間之韁鎖니라.
재 가 임 천 하 지 부 담　　　역 가 탈 세 간 지 강 쇄

❀ **주해**　환적(幻迹) : 가상계(假象界)의 형적, 만물의 형상 / 지체(肢體) : 육신, 신체 / 위형(委形) : 잠시 동안 빌린 형체 / 진경(眞境) : 참다운 세계, 실체의 경지 / 간득파(看得破) : 간파, 보고 깨달음 / 인득진(認得眞) : 참다운 세계를 앎 / 부담(負擔) : 책임 / 강쇄(韁鎖) : 고삐와 사슬, 즉 억압이나 속박을 뜻함.

104
마음을 기쁘게 하는 일은

입을 상쾌하게 하는 음식은 모두 창자를 녹이고 뼈를 썩게 하는 극약이니 반쯤 먹어야만 재앙이 없고, 마음을 기쁘게 하는 일은 모두 몸을 망치고 덕을 잃게 하는 매개체이니 절반에서 그쳐야 뉘우칠 일이 없을 것이다.

爽口之味는 皆爛腸腐骨之藥이니 五分이면 便無殃이요
상구지미　　개란장부골지약　　오분　　　변무앙

快心之事는 悉敗身喪德之媒니 五分이면 便無悔니라.
쾌심지사　　실패신상덕지매　　오분　　　변무회

❀ 주해　상구지미(爽口之味) : 입에 맞는 음식, 맛있는 음식 / 난장(爛腸) : 내장을 곯게 함 / 부골(腐骨) : 뼈를 썩게 함 / 약(藥) : 극약, 독약 / 오분(五分) : 반, 절반 / 무앙(無殃) : 재앙이 없음, 탈이 없음 / 쾌심지사(快心之事) : 마음을 유쾌하게 하는 일, 마음에 즐거운 일 / 패신(敗身) : 몸을 망침 / 상덕(喪德) : 덕을 잃게 함 / 매(媒) : 매개체 / 무회(無悔) : 뉘우칠 일이 없음.

105
남의 사사로운 비밀을 들추지 말고

남의 작은 과오는 꾸짖지 말고, 남의 사사로운 비밀은 들추어내지 말며, 남의 지난날의 허물은 마음에 새겨 두지 말라.

이 세 가지로 능히 덕을 기를 수 있고 또한 해악을 멀리할 수 있는 것이다.

不責人小過하고 不發人陰私하며 不念人舊惡하라.
불 책 인 소 과   불 발 인 음 사   불 염 인 구 악

三者는 可以養德하고 亦可以遠害니라.
삼 자   가 이 양 덕   역 가 이 원 해

❁ **주해** 불책(不責) : 꾸짖지 않음, 책망하지 않음 / 소과(小過) ; 사소한 잘못, 작은 과오 / 불발(不發) : 들추어내지 않음, 폴로하지 않음, 발설하지 않음 / 음사(陰私) : 사사로운 비밀, 개인의 비밀 / 구악(舊惡) : 지난날의 잘못 / 양덕(養德) : 덕성을 기름. 덕성을 함양함 / 원해(遠害) : 재앙을 멀리함, 해악을 멀리함.

106
선비와 군자는 몸가짐을

선비와 군자는 몸가짐을 가벼이 해서는 아니 된다. 가벼이 하면 곧 사물이 나를 흔들어 한가롭고 한정된 맛이 없어진다.

또한 마음 씀씀이를 너무 무겁게 해서는 아니 된다. 무거우면 곧 내가 사물에 얽매여 시원스럽고 활달한 기상이 없어지게 된다.

士君子는 持身을 不可輕이니
사 군 자　　지 신　　불 가 경

輕則物能撓我하여 而無悠閑鎭定之趣요
경 칙 물 능 요 아　　이 무 유 한 진 정 지 취

用意를 不可重이니 重則我爲物泥하여
용 의　　불 가 중　　중 칙 아 위 물 니

而無蕭灑活潑之機니라.
이 무 소 쇄 활 발 지 기

❋ **주해**　사군자(士君子) : 선비와 군자 / 지신(持身) : 몸가짐 / 물(物) : 사물 / 요아(撓我) : 나를 흔들다, 나를 동요케 하다 / 유한(悠閑) : 유유하고 한가함, 서두르지 않고 여유가 있음 / 진정(鎭定) : 마음이 안정되어 침착함 / 용의(用意) : 마음 씀씀이 / 이(泥) : 진흙, 얽매이는 것, 구속 / 소쇄(蕭灑) : 시원스럽고 씩씩함 / 활발지기(活潑之機) : 생기발랄한 기상, 활달한 기상.

107
삶의 즐거움을 몰라서는

하늘과 땅은 영구히 있으되 이 몸은 두 번 태어날 수 없고, 삶은 단지 백 년 뿐이로되, 이 하구는 참으로 쉽사리 지나간다. 다행이 그 사이에 태어난 사람으로서 삶의 즐거움을 몰라서는 아니 되며, 또한 헛되이 사는 것에 대한 근심을 품지 않아서도 아니 되는 것이다.

天地는 有萬古나 此身은 不再得이요
천 지   유 만 고   차 신   부 재 득

人生은 只百年이나 此日은 最易過니라.
인 생   지 백 년   차 일   최 이 과

幸生其間者는 不可不知有生之樂하고
행 생 기 간 자   불 가 불 지 유 생 지 락

亦不可不懷虛生之憂니라.
역 불 가 불 회 허 생 지 우

💮 주해 유(有) : 존재함 / 만고(萬古) : 영원함 / 부재득(不再得) : 다시 얻지 못함, 두 번 태어날 수 없음 / 지(只) : 다만, 단지 / 차일(此日) : 이 하루, 오늘 하루 / 최이과(最易過) : 가장 쉽게 지나감, 아주 빨리 지나감 / 행(幸) : 다행이 / 불가불(不可不) : ~하지 않을 수 없다 / 유생지락(有生之樂) : 사람으로서 생을 누리는 즐거움 / 허생지우(虛生之憂) : 헛되이 사는 것에 대한 근심, 보람 없이 사는 것에 대한 번민.

108
원수는 은혜로 인해 생겨난다.

원한은 덕으로 인해 나타난다. 그러므로 남들로 하여금 나를 덕 있다고 여기게 하는 것은 덕과 원한 양쪽을 다 잊게 하느니만 못한 것이다. 원수는 은혜로 인해 생겨난다. 그러므로 남들로 하여금 나의 은혜를 알게 하는 것은 은혜와 원수를 둘 다 없게 하느니만 못한 것이다.

怨因德彰이라.
원 인 덕 창

故로 使人德我로는 不若德怨之兩忘이요
고   사 인 덕 아   불 약 덕 원 지 양 망

仇因恩立이라.
구 인 은 립

故로 使人知恩으로는 不若恩仇之俱泯이니라.
고   사 인 지 은   불 약 은 구 지 구 민

✿ 주해 원인덕창(怨因德彰) : 원한은 덕으로 인해 드러남 / 불약(不若) : ~하는 것만 같지 못하며, ~하는 것이 훨씬 낫고 / 양망(兩忘) : 두 가지를 다 잊음 / 구인은립(仇因恩立) : 원수는 은혜로 인해 생겨남 / 구민(俱泯) : 모두 없애다.

109
군자는 흥왕하고 절정기에 있을 때

늙어서 생기는 질병은 모두 젊었을 때 불러들인 것이요, 쇠퇴한 뒤의 재앙은 모두 흥왕할 때에 지은 것이다. 그러므로 군자는 흥왕하고 절정기에 있을 때 더욱 조심하는 것이다.

老來疾炳은 都是壯時招的이요
노 래 질 병   도 시 장 시 초 적

衰後罪孼은 都是盛時作的이니
쇠 후 죄 얼   도 시 성 시 작 적

故로 持盈履滿은 君子尤兢兢焉하나니라.
고   지 영 리 만   군 자 우 긍 긍 언

❀ **주해** 노래질병(老來疾炳) : 늙어서 생기는 여러 가지 질병 / 도시(都是) : 모두 ～이다 / 장시(壯時) : 젊었을 때, 청장년기에 / 초적(招的) : 불러들인 것 / 쇠후(衰後) : 쇠퇴한 뒤 / 죄얼(罪孼) : 저지른 죄, 재앙 / 성시(盛時) : 흥한 때, 번성할 때 / 지영이만(持盈履滿) : 가득 차 있는 것을 지니고 밟음, 충만함, 흥왕하여 절정기에 있음 / 우(尤) : 더욱 / 긍긍(兢兢) : 두려워하고 조심함, 무서워서 몸을 움츠림. 두려워하고 조심하여 깊은 못에 이른 듯하고, 엷은 얼음을 밟는 듯하다〈시경, 소아, 소민편(小旻篇)〉.

110
새로운 친구를 사귀는 것은

사사로운 은혜를 파는 것은 공명정대한 의론을 붙드니만 못하고 새로운 친구를 사귀는 것은 옛 친구와의 정을 두터이 하느니만 못하며, 영화로운 이름을 세우는 것은 숨은 공덕을 심느니만 못하고, 뛰어난 절의를 숭상하는 것은 일상의 행실을 삼가느니만 못한 것이다.

市私恩은 不如扶公議요
시 사 은   불 여 부 공 의

結新知는 不如敦舊好요
결 신 지   불 여 돈 구 호

立榮名은 不如種隱德이요
입 영 명   불 여 종 은 덕

尙奇節은 不如謹庸行이니라.
상 기 절   불 여 근 용 행

❀ **주해** 시(市) : 시장, 파는 것 / 사은(私恩) : 사사로운 은혜, 개인적인 정(情)에 의하면 베푸는 은덕 / 부(扶) : 붙잡다, 편들다, 돕다 / 공의(公議) : 공론, 중론, 공명정대한 의론 / 결(結) : 맺다, 사귀다 / 신지(新知) : 새로운 친구 / 돈구호(敦舊好) : 옛 친구와의 우정을 두터이 함 / 입영명(立榮名) : 영광스러운 이름을 내세움, 명예를 떨침 / 종은덕(種隱德) : 남 몰래 공덕을 쌓음. 종(種)은 심다, 쌓다의 뜻 / 상기절(尙奇節) : 기이한 절조, 뛰어난 절개를 숭상함. 상(尙)은 높이다, 숭상하다, 숭배하다의 뜻 / 근(謹) : 삼가다, 조심하다 / 용행(庸行) : 평상시의 보통 행동, 일상의 평범한 행실. 용(庸)은 평(平), 상(常)의 뜻.

권세 있는 가문과 모리배의 소굴에는

공평하고 올바른 의론에는 손을 대지 말 것이니, 한 번 손을 대면 곧 부끄러움을 만세에 남기게 된다. 권세 있는 가문과 모리배의 소굴에는 발을 붙이지 말 것이니, 한 번 발을 붙이게 되면 곧 더러움에 평생 물들게 된다.

公平正論은 不可犯手니 一犯則貽羞萬世하고
공 평 정 론　　불 가 범 수　　일 범 칙 이 수 만 세

權門私竇는 不可著脚이니 一著則點汚終身이니라.
권 문 사 두　　불 가 착 각　　일 저 칙 점 오 종 신

❀ 주해　공평정론(公平正論) : 공평하고 올바른 의론 / 범수(犯手) : 손을 댐, 범하는 것 / 일
(一) : 일단, 한 번 / 이수(貽羞) : 수치를 남김, 부끄러움을 남기는 것 / 만세(萬世) : 만대,
오랜 세월 / 사두(私竇) : 사욕의 집, 모리배의 소굴 / 착각(著脚) : 발을 붙임, 발을 들여 놓
는 것. 착(著)은 착(着)과 동일함 / 점오(點汚) : 더러움에 물듦 / 종신(終身) : 평생.

112
남의 찬양을 받는 것은

뜻을 굽혀서 남을 기쁘게 해 주는 것은 몸가짐을 바르게 하여 남의 미움을 받으니만 못하고, 착한 일을 한 것도 없이 남의 찬양을 받는 것은 나쁜 일을 저지르지 않고도 남의 비방을 받으니만 못한 것이다.

曲意而使人喜는 不若直躬而使人忌요
곡 의 이 사 인 희   불 약 직 궁 이 사 인 기

無善而致人譽는 不若無惡而致人毀니라.
무 선 이 치 인 예   불 약 무 악 이 치 인 훼

❀ 주해 곡의(曲意) : 자신의 뜻을 굽히는 것 / 불약(不若) : ~만 못하다 / 직궁(直躬) : 몸가짐을 바르게 함, 품행이 방정함 / 예(譽) : 칭찬, 칭송, 찬양 / 치인훼(致人毀) : 남의 헐뜯음을 받음, 남의 비방을 받음.

113
친구의 허물을 보면

　부모형제와 같은 혈족의 변을 당하여서는 마땅히 침착하여 과격해져서는 아니 되고, 친구의 허물을 보면 당연히 간곡하게 충고하길 우물쭈물해서는 아니 되는 것이다.

處父兄骨肉之變에는　宜從容하고　不宜激烈하며
처 부 형 골 육 지 변　　　의 종 용　　　불 의 격 렬
遇朋友交遊之失에는　宜凱切하고　不宜優游니라.
우 붕 우 교 유 지 실　　　의 개 절　　　불 의 우 유

❋ **주해**　처(處) : 당하는 것, 처함 / 부형(父兄) : 부모형제 ; 골육(骨肉) 부모형제와 같은 혈육 사이 / 의(宜) : 마땅히, 당연히 / 종용(從容) : 침착함 / 우(遇) : 만남 / 붕우(朋友) : 벗, 친구 / 교유(交遊) : 사귐 / 실(失) : 과오 잘못 / 개절(凱切) : 간절함, 알맞게 충고함 / 우유(優游) : 주저함, 우물쭈물함, 우유부단함.

114
참된 대장부

　작은 일에도 빈틈이 없고 남이 보지 않는 곳에서도 속이거나 숨기지 않으며 일이 어긋났는데도 포기하지 않는다면 이런 사람이야말로 참된 대장부라고 할 수 있으리라.

小處에 不滲漏하고 暗中에 不欺隱하며
소 처　　불 삼 루　　　암 중　　불 기 은

末路에 不怠荒하면 纔是個眞正英雄이니라.
말 로　　불 태 황　　　재 시 개 진 정 영 웅

❀ **주해**　소처(小處) : 작은 일, 사소한 일 / 삼루(滲漏) : 물이 새어나옴, 일처리가 치밀하지 못하고 허술함 / 암중(暗中) : 남들이 보지 않는 곳에, 어둠 속에 / 불기은(不欺隱) : 속이거나 숨기지 않음 / 말로(末路) : 일이 실패로 끝장이 난 때, 말년, 만년 / 태황(怠荒) : 게으르고 거침, 태만하고 불성실함, 자포자기함.

대체로 사랑이 지나치면

　천금으로도 한때의 환심을 사기는 어려우나 한 그릇의 밥으로도
의외로 평생의 은혜를 이루는 수가 있다. 대체로 사랑이 지나치면
오히려 원한을 살 수가 있고, 대단히 작은 베풂이 도리어 큰 기쁨
이 되기도 하는 것이다.

千金도 難結一時之歡이요 一飯도 竟致終身之感이니
천금　　난결일시지환　　　일반　　경치종신지감

蓋愛重反爲仇요 薄極翻成喜也니라.
개 애 중 반 위 구　　박 극 번 성 희 야

※ **주해**　천금(千金) : 거금, 많은 돈 / 일시지환(一時之歡) : 당장의 환심, 한 때의 기쁨 / 일반
(一飯) : 한 끼의 밥, 한 그릇의 밥 / 종신지감(終身之感) : 평생토록 은혜를 잊지 않음 / 애
중(愛重) : 사랑이 지나침, 사랑이 분수에 넘침 / 박극(薄極) : 대단히 적은 도움, 대단히 적
은 은혜 / 번(翻) : 오히려, 도리어.

116
몸을 숨길 수 있는 세 개의 굴

교묘한 재주를 졸렬함 속에 감추고 어둠으로써 밝음을 드러내며, 청렴함을 혼탁함 속에 의지케 하고, 굽힘으로써 몸을 편다면 이것은 참으로 생존에 필요한 한 개의 항아리요, 몸을 숨길 수 있는 세 개의 굴인 것이다.

藏巧於拙하고 用晦而明하며 寓淸于濁하고
장 교 어 졸　　　용 회 이 명　　　우 청 우 탁

以屈爲伸은 眞涉世之一壺요 藏身之三窟也니라.
이 굴 위 신　　진 섭 세 지 일 호　　　장 신 지 삼 굴 야

✿ 주해　교(巧) : 교묘한 재주, 뛰어난 솜씨 / 졸(拙) : 졸렬함, 서툰 솜씨 / 용회이명(用晦而明) : 어둠으로써 밝음을 드러냄. 군자가 세상에 대해 밝은 지혜와 덕을 감추지만 그것은 결국 스스로 밝게 드러내는 것이다.(주역명이괘(周易明夷卦) / 우청우탁(用晦而明) : 깨끗한 지조를 지니고 있으면서도 자신을 고집하지 않고 세속과 어울려 원만하게 살아감 / 이굴위신(以屈爲伸) : 굽힘으로써 몸을 펴는 방책으로 함 / 진(眞) : 참으로 / 섭세(涉世) : 세상을 살아가는 것 / 일호(一壺) : 갈관자(鶡冠子)의 일호천금(一壺千金)에서 나온 말. 강 한가운데에서 배가 뒤집어질 때에 항아리에 매달리면 살 수 있으므로 천금의 값이 있다고 함. 목숨을 구해 주는 도구를 말함 / 장신(藏身) : 몸을 숨김, 몸을 보호함 / 삼굴(三窟) : 교활한 토끼는 굴을 세 개 파 놓은 후에야 목숨을 부지할 수 있다고 함. 전국책(戰國策)의 교토삼굴(狡土三窟)에서 인용한 말임.

117
새롭게 자라나는 움직임은

쇠잔한 모습은 번성함 속에 있고, 새롭게 자라나는 움직임은 시
듦 속에 있다. 그러므로 군자는 편안할 때에 마땅히 한 마음을 지
니고 후환을 염려해야 하며, 고난에 처하여서는 백 번 참는 마음
으로 성공을 도모하여야 하는 것이다.

就在盛滿中은 就在盛滿中하고
쇠 삽 적 경 상   취 재 성 만 중

發生的機緘은 即在零落內니
발 생 적 기 함   즉 재 영 락 내

故로 君子는
고   군 자

居安에 宜操一心以慮患하고
거 안   의 조 일 심 이 려 환

處變엔 當堅百忍以圖成이니라.
처 변   당 견 백 인 이 도 성

❀ **주해** 쇠삽(就在) : 쇠락하여 쓸쓸함, 쇠잔하여 소슬함 / 경상(滿中) : 모습, 풍경 / 성만(盛滿) : 번성하고 가득 차 있음, 절정기에 있음 / 기함(機緘) : 기미, 작용, 움직임 / 영락(零落) : 시들어 떨어짐, 쇠락함 / 조일심(操一心) : 곧고 바르게 지키는 한 마음 / 여환(慮患) : 뒷근심을 염려함, 후환을 근심함 / 당(當) : 마땅히 / 견백인(堅百忍) : 굳세게 몇 번이고 고난을 참음 / 도(圖) : 꾀함, 도모함, 기도함.

118
특이한 것을 즐거워함은

신기한 것에 놀라워하고 특이한 것을 즐거워함은 원대한 식견이 없는 것이요, 괴롭게 절개를 지키며 유별나게 홀로 행하는 것은 항구적인 지조가 아닐 것이다.

驚奇喜異者는 無遠大之識하고
경 기 희 이 자   무 원 대 지 식

苦節獨行者는 非恒久之操니라.
고 절 독 행 자   비 항 구 지 조

❀ **주해** 경기(驚奇) : 실기한 것을 보고 경탄함 / 희이(喜異) : 이상한 것을 좋아함, 별난 것을 보고 즐거워함 / 식(識) : 견식, 식견 / 고절(苦節) : 괴롭게 지키는 절개, 역경에서 지키는 절개 / 독행(獨行) : 세상을 등지고 홀로 자신의 길을 걸어감, 세상과 인연을 끊고 혼자만의 삶을 살아감 / 항구(恒久) : 영원, 영구, 불멸 / 조(操) : 지조.

119
노여움의 불길과 욕망의 물결이

　노여움의 불길과 욕망의 물결이 바야흐로 끓어오르는 때를 당하여 똑똑히 이를 알고, 또한 알면서도 이런 행위를 저지르는 수가 있으니, 아는 자는 누구이며 저지른 자는 또 누구인가? 이럴 때에 모질게 마음을 돌릴 수만 있다면 이 사악한 악마 같은 마음도 곧 변하여 참마음의 주인이 될 것이다.

當怒火慾水가　正騰沸處하여　明明知得하며
당 노 화 욕 수　　　정 등 비 처　　　　명 명 지 득

又明明犯著하나　知的是誰며　犯的又是誰오.
우 명 명 범 착　　　지 적 시 수　　　범 적 우 시 수

此處에　能猛然轉念하면　邪魔便爲眞君矣니라.
차 처　　　능 맹 연 전 념　　　　사 마 변 위 진 군 의

❀ 주해　노화욕수(怒火慾水) : 노여움의 불길과 욕망의 물결 / 정(正) : 바야흐로 / 등비(騰沸)
　　: 끓어오르는 것, 비등 / 명명(明明) : 분명히, 똑똑히, 명백히 / 범착(犯著) : 범함, 저지르는
　　것 / 맹연(猛然) : 맹렬히, 굳세게, 모질게 / 전념(轉念) : 마음을 돌리는 것 / 사마(邪魔) :
　　사악한 마귀 / 진군(眞君) : 참마음, 마음의 주인, 양심.

120
자기의 장점을 내세워

한 쪽 말만을 믿어 간악한 사람에게 속지 말고, 자신을 너무 믿고 만용을 부리지 말며, 자기의 장점을 내세워 남의 단점을 드러내지 말고, 자신의 서투름으로 남의 능력 있음을 시기하지는 말라.

毋偏信而爲奸所欺하고 **毋自任而爲氣所使**하면
무 편 신 이 위 간 소 기　　　　무 자 임 이 위 기 소 사

毋以己之長而形人之短하고 **毋因己之拙而忌人之能**하라.
무 이 기 지 장 이 형 인 지 단　　　무 인 기 지 졸 이 기 인 지 능

❀ 주해 무(毋) : ~말라. 무(無)와 같음. 금지를 나타냄 / 편신(偏信) : 한 쪽 말만 믿음 / 간(奸) : 간사한 사람, 사악한 사람 / 자임(自任) : 자기의 능력을 믿는 것. 자신의 능력을 과신함 / 기(氣) : 객기, 만용 / 형인지단(形人之短) : 남의 단점을 드러냄 / 졸(拙) : 서투름, 졸렬함, 미숙함, 세련되지 못함 / 기인지능(忌人之能) : 남의 유능함을 시기함.

121
만약 화를 내고 미워한다면

남의 단점을 될 수 있는 대로 감싸주어야 한다. 만일 그 것을 드러내어 세상에 알린다면 이는 단점으로서 단점을 치는 것이 된다. 남에게 완악한 점이 있으면 잘 타일러 깨우쳐 주어야 한다. 만약 화를 내고 미워한다면 이는 완악함으로써 완악함을 구제하려는 것이다.

人之短處는 要曲爲彌縫이니
인 지 단 처　　요 곡 위 미 봉

如暴而揚之하면 是는 以短攻短이요
여 폭 이 양 지　　시　 이 단 공 단

人有頑的이어든 要善爲化誨니
인 유 완 적　　　요 선 위 화 회

如忿而疾之면 是는 以頑濟頑이니라.
여 분 이 질 지　　시　 이 완 제 완

❀ **주해**　단처(短處) : 단점, 약점 / 곡(曲) : 곡진, 간곡, 완곡 / 미봉(彌縫) : 덮어줌, 감싸 줌, 꿰맴 / 여(如) : 만약, 만일 / 폭이양지(暴而揚之) : 폭로하여 세상에 알림, 드러내어 남에게 알림 / 이단공단(以短攻短) : 자신의 단점으로써 남의 단점을 공격함 / 완(頑) : 완고한, 완악한 / 선위화회(善爲化誨) : 잘 가르쳐 깨닫게 함 / 분이질지(忿而疾之) : 화를 내고 미워함. 질(疾)은 질(嫉)과 같은 뜻임 / 이완제완(以頑濟頑) : 완고함으로써 완고함을 건지려고 함, 완악함으로써 완악함을 구제하려고 함. 제(濟)는 건지다, 구제하다의 뜻임.

122
잘난 체하는 사람을 보거든

　음흉하게 말을 하지 않는 사람을 만나거든 마음을 털어 놓지 말고, 발끈하여 성을 잘 내고 잘난 체하는 사람을 보거든 모름지기 입을 다물어야 할 것이니라.

遇沈沈不語之士어든　且莫輸心하고
우 침 침 불 어 지 사　　　차 막 수 심

見悻悻自好之人이어든　應須防口하라.
견 행 행 자 호 지 인　　　응 수 방 구

❀ **주해**　침침(沈沈) : 음흉하게 말을 하지 않는 모습 / 차(且) : 또한, 아직 / 수심(輸心) : 마음을 털어놓는 것, 본심을 터놓음 / 행행(悻悻) : 발끈하여 성내는 모양 / 자호지인(自好之人) : 스스로 잘난 체하는 사람 / 응(應) : 응당 / 방구(防口) : 입조심, 입을 다무는 것.

123
마음이 어둡고 산만할 때에는

마음이 어둡고 산만할 때에는 일깨울 줄 알아야 하며, 긴장될 때에는 느슨하게 풀어 버릴 줄 알아야 한다. 만약 그렇지 못하면 어두운 증세는 가시더라도 조바심하는 괴로움은 다시 찾아올 것이다.

念頭昏散處에는 要知提醒하고
염두혼산처　　요지제성

念頭喫緊時에는 要知放下하라.
염두끽긴시　　요지방하

不然이면 恐去昏昏之病이라도
불연　　공거혼혼지병

又來憧憧之擾矣니라.
우래동동지요의

❁ 주해　염두(念頭) : 생각, 사념, 마음 / 혼산(昏散) : 어둡고 산만함, 혼미하고 산란한 것 / 제성(提醒) : 일깨움, 각성함 / 끽긴시(喫緊時) : 긴장할 때 / 방하(放下) : 긴장을 풀다 / 거(去) : 없애다, 제거하다 / 혼혼지병(昏昏之病) : 마음이 어두운 병, 마음이 혼미한 증세 / 동동(憧憧) : 마음이 조마조마하여 안정되지 못함 / 요(擾) : 괴로움.

124
밝은 달과 맑은 하늘로 변하니

갠 날 푸른 하늘도 삽시간에 변하여 우뢰가 울고 번개불이 번쩍이며, 사나운 바람, 세찬 비도 어느새 밝은 달과 맑은 하늘로 변하니, 천지의 움직임이 어찌 한결 같으리오! 그것은 한 터럭의 걸림 때문이다. 하늘이 어찌 한결 같으리오! 그것은 한 터럭의 막힘 때문이며, 사람의 마음의 본바탕도 또한 이와 같은 것이다.

霽日靑天이 倏變爲迅雷震電하고
제 일 청 천　　숙 변 위 신 뇌 진 전

疾風怒雨도 倏變爲朗月晴空하나니 氣機何常이리오
질 풍 노 우　　숙 변 위 낭 월 청 공　　　　　　기 기 하 상

一毫凝滯니 太虛何常이리오
일 호 응 체　　태 허 하 상

一毫障塞이니 人心之體도 亦當如是니라.
일 호 장 색　　　　인 심 지 체　　　역 당 여 시

주해 제일(霽日) : 맑게 개인 날 / 숙(倏) : 갑자기, 홀연히, 삽시간에 / 신뢰진전(迅雷震電) : 심한 우레와 번쩍이는 번개 / 질풍노우(疾風怒雨) : 사나운 바람과 성난 비 / 낭월청공(朗月晴空) : 밝은 달과 맑은 하늘 / 기기(氣機) : 하늘의 기미, 천지의 움직임 / 상(常) : 불변함, 언제나 변함이 없음 / 일호(一毫) : 한 터럭, 아주 작은 것을 가리킴 / 응체(凝滯) : 엉키고 막힘 / 태허(太虛) : 하늘 / 하상(何常) : 어찌 한결 같으리오 / 체(體) : 본체, 바탕.

125
한 자루의 지혜의 칼이니

　사사로운 정(情)과 물욕을 제어하는 일에 대하여 '일찍 알지 못하면 누르기가 쉽지 않다'고하는 이도 있고, '알았다 하더라도 참을성이 부족하다'고 하는 이도 있다. 대체로 안다는 것은 마귀를 비추는 한 알의 밝은 구슬이요, 누르는 힘은 마귀를 베는 한 자루의 지혜의 칼이니 이 둘은 모두 없어서는 아니 되는 것이다.

勝私制欲之功은 有曰 識不早면 力不易者하고
승 사 제 욕 지 공　　유 왈　식 부 조　　　역 불 이 자

有曰 識得破라고 忍不過者니 蓋識은 是一顆照魔的明珠요
유 왈　식 득 파　　　인 불 과 자　　개 식　시 일 과 조 마 적 명 주

力은 是一把斬魔的慧劍이니 兩不可少也니라.
역　　시 일 파 참 마 적 혜 검　　　양 불 가 소 야

🌑 **주해**　승사제욕(勝私制欲) : 사사로운 욕심을 이기고 누름 / 식(識) : 욕심의 실체를 인식하는 슬기 / 역불이(力不易) : 사욕을 누르는 힘을 기르기가 쉽지 않음 / 식득파(識得破) : 알아서 깨우침, 알아서 간파함 / 인불과(忍不過) : 참을성이 부족함 / 개(蓋) : 대개, 대체로 / 일과(一顆) : 한 알, 수사(數詞)임 / 마(魔) : 악마, 마귀 / 일파(一把) : 한자루 / 참마(斬魔) : 마귀를 벰 / 혜검(慧劍) : 지혜의 칼 / 불가소(不可少) : 없어서는 아니됨.

126
남의 업신여김을 받더라도

남의 속임수를 깨닫고도 말로 나타내지 아니하고, 남의 업신여김을 받더라도 낯빛이 변하지 아니하면 이 가운데에 무한한 의미가 있고 또한 다함이 없는 효용이 있는 것이다.

覺人之詐라도 不形於言하고
각 인 지 사　　　불 형 어 언

受人之侮라도 不動於色이면
수 인 지 모　　　부 동 어 색

此中에 有無窮意味하며 亦有無窮受用이니라.
차 중　　유 무 궁 의 미　　　역 유 무 궁 수 용

✿ **주해** 인(人) : 타인, 남 / 사(詐) : 속임수, 사기 / 불형(不形) : 표현하지 않음. 나타내지 않음 / 모(侮) : 모욕, 모멸, 업신여김 / 부동어색(不動於色) : 안색에 나타내지 않음, 얼굴빛이 변하지 않음 / 수용(受用) : 효용, 작용, 효능.

127
몸과 마음이 함께 이로울 것이요.

역경과 곤궁은 큰 인물을 단련하는 하나의 용광로와 망치이다. 능히 그 단련을 받으면 곧 그 몸과 마음이 함께 이로울 것이요, 그 단련을 받지 않으면 그 몸과 마음이 모두 해로울 것이다.

橫逆困窮은 是煆煉豪傑的一副鑪錘니 能受其煆煉하면
횡 역 곤 궁   시 하 련 호 걸 적 일 부 로 추   능 수 기 단 련

則心身交益하고 不受其煆煉하면 則心身交損이니라.
칙 심 신 교 익   불 수 기 단 련   칙 심 신 교 손

❀ 주해 횡역(橫逆) : 역경에 처함 / 하련(煆煉) : 단련(鍛鍊)을 뜻함, 쇠붙이를 달구어 두드림 / 일부(一副) : 한 개, 하나의 / 노추(鑪錘) : 용광로와 망치 / 교익(交益) : 함께 이로움, 모두 유익함 / 불수(不受) : 받아들이지 않음, 수용하지 못함 / 교손(交損) : 함께 해로움, 모두 손해를 봄.

128
천지는 하나의 큰 부모이다.

　나의 몸은 하나의 소우주이다. 기뻐함과 성냄에 허물이 없게 하고, 좋아함과 싫어함을 법도에 맞게 한다면 이는 곧 내 몸을 조화롭게 다스리는 공부가 된다. 천지는 하나의 큰 부모이다. 백성들로 하여금 원망과 탄식이 없게 하고, 만물로 하여금 병이 없게 한다면 이 또한 화목을 돈독히 하는 기상이 되는 것이다.

吾身은 一小天地也라
오 신　　일 소 천 지 야

使喜怒不愆하고 好惡有則하면 便是燮理的功夫요
사 희 노 불 건　　호 오 유 칙　　변 시 섭 리 적 공 부

天地는 一大父母也라
천 지　　일 대 부 모 야

使民無怨咨하고 物無氛疹하면 亦是敦睦的氣象이니라.
사 민 무 원 자　　물 무 분 진　　역 시 돈 목 적 기 상

💠 **주해** 소천지(小天地) : 작은 천지, 소우주 / 불건(不愆) : 허물이 없는 것, 과오나 비행을 저지르지 않는 것 / 호오(好惡) : 좋아함과 싫어함 / 유칙(有則) : 법도가 있음, 법도에 맞게 함 / 섭리(燮理) : 조화롭게 다스리는 것. 섭(燮)은 섭(爕 : 화할 섭)과 같음 / 물(物) : 만물 / 분진(氛疹) : 나쁜 병, 분(氛)은 나쁜 기운. 진(疹)은 두드러기, 열병 / 돈목(敦睦) : 화복을 두터이 함, 화목을 돈독히 함.

129
남을 해치려는 마음을

'남을 해치려는 마음을 가져서는 아니 되며, 남의 침해를 막으려는 마음이 없어서도 아니 된다'고 했는데 이것은 생각의 소홀함을 경계한 말이다. '차라리 남에게 속임을 당할지언정 남이 자신을 속일 것이라고 미리 염려하지는 말라'고 했는데 이것은 지나치게 살피는 것의 손상됨을 경계한 말이다. 이 두 가지 말을 아울러 간직한다면 생각은 밝아지고 덕은 두터워질 것이다.

害人之心은 不可有하고 防人之心은 不可無라 하니
해 인 지 심　　　불 가 유　　　방 인 지 심　　　불 가 무

此는 戒疎於慮也요
차　　계 소 어 려 야

寧受人之欺언정 毋逆人之詐라 하니
영 수 인 지 사　　　무 역 인 지 사

此는 警傷於察也라.
차　　경 상 어 찰 야

二語並存하면 精明而渾厚矣리라.
이 어 병 존　　　정 명 이 혼 후 의

❀ **주해** 해인지심(害人之心) : 다른 사람을 해치려는 마음 / 불가유(不可有) : 있어서는 안 됨 / 방인지심(防人之心) : 남의 침해를 막으려는 마음 / 불가무(不可無) : 없어서는 안 됨 / 소어려(疎於慮) : 생각에 소홀함이 있음 / 영(寧)~무(毋) : 차라리 ~할지언정 ~하지는 말라 / 역인지사(逆人之詐) : 남이 자신을 속일 것이라고 예상함 / 상어찰(傷於察) : 과도하게 살핌으로써 자기의 덕을 다치게 함 / 이어병존(二語並存) : 두 가지 말을 아울러 간직함 / 정명(精明) : 정밀하고 밝음 / 혼후(渾厚) : 원만하고 두터운 것, 원만하고 돈독함.

130
남의 말을 물리치지는 말라.

여러 사람들이 의심한다고 하여 자신의 소신을 꺾지는 말고, 자신의 의사만을 믿어 남의 말을 물리치지는 말라 사소한 은혜에 이끌려 대국을 그르치지는 말며, 공론을 빌어서 사사로운 정을 풀려고 하지도 말라.

毋因群疑而阻獨見하고　毋任己意而廢人言하며
무 인 군 의 이 조 독 견　　　무 임 기 의 이 폐 인 언

毋私小惠而傷大體하고　毋借公論而快私情하라.
무 사 소 혜 이 상 대 체　　　무 차 공 론 이 쾌 사 정

🌸 **주해** 무(毋) : ~하지는 말라 / 군의(群疑) : 뭇사람이 의심함 / 조(阻) : 소신을 꺾음, 뜻을 굽힘 / 독견(獨見) : 자신의 의견, 자기의 의사 / 임(任) : 맡기는 것 / 폐(廢) : 폐함, 물리침 / 사(私) : 사사로운 정(情)에 얽매이는 것 / 대체(大體) : 대국(大局) / 차(借) : 빌림, 이용함, 빙자함, 핑계를 댐 / 공론(公論) : 여론, 여러 사람의 의견 / 쾌(快) : 만족케 함, 해결함 / 사정(私情) : 사사로운 감정, 개인 감정.

131
간악한 참소가 있을까

착한 사람과 빨리 친할 수 없거든 미리 칭찬하지는 말라, 간악한 참소가 있을까 두렵다. 악한 사람을 쉽게 내쫓을 수 없거든 먼저 발설하지는 말라. 뜻밖의 재앙을 부를까 염려된다.

善人을 未能急親이어든 不宜預揚이니 恐來讒譖之奸이요
선인   미능급친   불의예양   공래참참지간

惡人을 未能輕去어든 不宜先發이니 恐招媒蘗之禍니라.
악인   미능경거   불의선발   공초매얼지화

❀ 주해 미능급친(未能急親) : 빨리 사귈 수는 없다, 급히 친해질 수는 없다 / 불의(不宜) : ∼함이 옳지 않다 / 예양(預揚) : 미리 칭양(稱揚)함, 미리 칭찬함 / 공래(恐來) : ∼이 올까 두렵다, ∼이 있을까 염려 된다 / 참참(讒譖) : 헐뜯고 중상모략하는 간사한 사람. 참소, 모함 / 미능경거(未能輕去) : 쉽게 멀리할 수 없음, 가볍게 내쫓을 수 없음 / 선발(先發) : 미리 발설함 / 공초(恐招) : ∼를 부를까 두렵다, ∼이 올까 염려 된다 / 매얼(媒蘗) : 누룩, 재앙을 양성함, 화근(禍根)을 기름.

132
얇은 얼음을 밟듯이

  푸른 하늘에 빛나는 태양과 같은 절의는 어두운 방구석에서 길러 낸 것이요, 세상을 쥐고 흔드는 탁월한 경륜은 깊은 못가에 서고, 얇은 얼음을 밟듯이 하여 나온 것이다.

青天白日的節義는 自暗室屋漏中培來하고
청 천 백 일 적 절 의　　　자 암 실 옥 루 중 배 래

旋乾轉坤的經綸은 自臨深履薄處操出이니라.
선 건 전 곤 적 경 륜　　　자 임 심 리 박 처 조 출

❀ 주해　옥루(屋漏) : 방의 서북쪽 어두컴컴한 구석 / 배래(培來) : 길러 냄, 배양됨 / 선건전곤(旋乾轉坤) : 하늘과 땅을 마음대로 뒤흔드는 것 / 경륜(經綸) : 세상을 다스리는 수완과 능력 / 임심이박(臨深履薄) : 깊은 못가에서 살얼음을 밟듯이 조심함(시경, 소아, 소민편의 如臨深淵 如履薄氷이라는 시구에서 나온 말임) / 조출(操出) : 끌어냄.

133
만일 베푸는 자가 덕으로 여기고

아버지는 인자하고 아들은 효도하며, 형은 우애가 있고 아우는 공손한 것이 비록 지극한 경지에 도달했다고 할지라도, 그것은 당연히 그러해야 할 것이니 털끝만큼이라도 감격스런 마음으로 볼 것이 아니다.

만일 베푸는 자가 덕으로 여기고, 받는 자가 은혜로 생각한다면 그것은 곧 거리에서 우연히 만난 사람과 다름없으니 문득 장사꾼의 거래가 되고 마는 것이다.

父慈子孝하고 兄友弟恭하여 終做到極處라도 俱是合當如此니
부 자 자 효   형 우 제 공   종 주 도 극 처   구 시 합 당 여 차
著不得一毫感激的念頭라 如施者任德하고
착 부 득 일 호 감 격 적 염 두   여 시 자 임 덕
受者懷恩이면 便是路人이니 便成市道니라.
수 자 회 은   변 시 노 인   변 성 시 도

❀ **주해** 형우제공(兄友弟恭) : 형은 우애가 있고 아우는 공손함 / 종(終) : 비록 / 주도(做到) : 도달함 / 극처(極處) : 지극한 경지 / 합당여차(合當如此) : 이와 같이 하는 것이 마땅함, 당연히 그러해야 함 / 착부득(著不得) : ~로 볼 것이 못됨, ~로 볼 것이 아님 / 일호(一毫) : 털끝만큼, 아주 조금 / 감격적염두(感激的念頭) : 감격하는 마음, 감격스런 생각 / 여(如) : 만약, 만일 / 임덕(任德) : 스스로 덕을 베풀었다고 여김 / 희은(懷恩) : 은혜로 앎 / 노인(路人) : 길거리에서 우연히 만난 사람 / 시도(市道) : 상인의 도리, 장사꾼의 거래.

134
아름다운 것을 자랑하지 않는다면

아름다운 것이 있으면 반드시 추한 것이 있어 대(對)가 되니, 내 스스로 아름다운 것을 자랑하지 않는다면 누가 능히 나를 추하다고 하겠는가.

깨끗한 것이 있으면 반드시 더러운 것이 있어 대(對)가 되니, 내 스스로 깨끗한 것을 좋아하지 않는다면 누가 능히 나를 더럽다고 하겠는가.

有妍이면 必有醜하여 爲之對니
유 연　　필 유 추　　위 지 대

我不誇妍이면 誰能醜我리요.
아 부 과 연　　수 능 추 아

有潔이면 必有汚하여 爲之仇니
유 결　　필 유 오　　위 지 구

我不好潔이면 誰能汚我리요.
아 불 호 결　　수 능 오 아

❀ 주해　연(妍) : 고움, 아름다움(美) / 위지대(爲之對) : 대비가 됨, 상대가 됨 / 과(誇) : 자랑하다, 으스대다 / 위지구(爲之仇) : 짝이 됨, 상대가 됨, 구(仇)는 짝, 원수, 적, 상대(相對)를 뜻하는 말임.

135
부귀한 사람이 빈천한 사람보다

뜨거웠다 식었다 하는 변덕은 부귀한 사람이 빈천한 사람보다 더욱 심하고, 질투와 시기하는 마음은 친척이 남보다 더욱 사납다. 만일 이러한 가운데에서 냉정한 마음으로 대응하고 평정한 기운으로 누르지 못한다면 번뇌 속에 잠기지 않는 날이 드물 것이다.

炎凉之態는 富貴가 更甚於貧賤하고
염 량 지 태　　부 귀　　갱 심 어 빈 천

妬忌之心은 骨肉이 尤狠於外人이니
투 기 지 심　　골 육　　우 한 어 외 인

此處에 若不當以冷腸하고 御以平氣면
차 처　　약 부 당 이 냉 장　　　어 이 평 기

鮮不日坐煩惱障中矣리라.
선 불 일 좌 번 뇌 장 중 의

❀ **주해** 염량지태(炎凉之態) : 더웠다 식었다 하는 변덕스러운 인정을 말함 / 어(於) : ～보다 / 골육(骨肉) : 육친, 친족 / 우(尤) : 더욱 / 한(狠) : 사나움 / 냉장(冷腸) : 냉정한 마음, 냉철함 / 어(御) : 부리다, 몰다, 억제하다, 제어하다 / 평기(平氣) : 평정한 기운 화평한 기운, 안정된 기운 / 선(鮮) : 드물다 / 번뇌장(煩惱障) : 번뇌가 열반에 드는 데에 장애가 됨으로 생긴 말임.

136
은혜와 원한은

공로와 과실은 조금도 혼동하지 말 것이니, 혼동하면 사람들은
게으른 마음을 품게 된다. 은혜와 원한은 너무 밝히지 말 것이니,
만약 밝히게 되면 사람들은 이반할 마음을 일으키게 된다.

功過는 不容少混이니 混則人懷惰墮之心하고
공 과   불 용 소 혼   혼 칙 인 회 타 타 지 심
恩仇는 不可大明이니 明則人起携貳之志니라.
은 구   불 가 대 명   명 칙 인 기 휴 이 지 지

🌸 **주해** 공과(功過) : 공로와 과실 / 용(容) : 용납, 허용 / 소혼(少混) : 조금 혼동함 / 타타지
심(惰墮之心) : 게으른 마음, 태만한 마음 / 은구(恩仇) : 은인과 원수 / 대명(大明) : 너무
밝힘, 태명(太明)과 같음 / 휴이지지(携貳之志) : 두 마음을 품다, 이반할 마음을 품다.

137
탁월한 재능은

벼슬은 너무 높아서는 아니 되니, 너무 높으면 위태롭다. 탁월한 재능은 다 쓰지 말아야 할 것이니, 다 써 버리면 쇠퇴하게 된다. 행실은 지나치게 높이지 말 것이니, 너무 높으면 비방이 일어나고 헐뜯음이 오게 되는 것이다.

爵位는 不宜太盛이니 太盛則危하고
작 위　　불 의 태 성　　　태 성 칙 위

能事는 不宜盡畢이니 盡畢則衰하며
능 사　　불 의 진 필　　　진 필 칙 쇠

行誼는 不宜過高니 過高則謗興而毀來니라.
행 의　　불 의 과 고　　　과 고 칙 방 흥 이 훼 래

❈ **주해** 작위(爵位) : 벼슬의 지위, 관작(官爵) / 불의(不宜) : 마땅히 ~해서는 안 됨, ~하지 말아야 함 / 태성(太盛) : 지나치게 성함, 너무 높음 / 능사(能事) : 잘하는 일, 능숙한 일, 재능, 특기 / 진필(盡畢) : 다하여 마침 / 행의(行誼) : 올바른 행실, 도리에 맞는 떳떳한 행실 / 과고(過高) : 지나치게 높임 / 방흥(謗興) : 비방이 쏟아짐, 비방이 일어남 / 훼래(毀來) : 헐뜯음이 오게 됨.

138
드러난 선은 그 공이 작고

악은 그늘을 꺼리고 선은 겉에 나타나기를 꺼린다. 그러므로 드러난 악은 그 재앙이 얕고 숨어 있는 악은 그 재앙이 깊으며, 드러난 선은 그 공이 작고, 숨어있는 선은 그 공이 크다.

惡忌陰하고 善忌陽하나니 故로 惡之顯者는 禍淺하고
악 기 음   선 기 양   고   악 지 현 자   화 천

而隱者는 禍深하며 善之顯者는 功小하고 而隱者는 功大니라.
이 은 자   화 심   선 지 현 자   공 소   이 은 자   공 대

✿ **주해** 기음(忌陰) : 그늘이 있기를 싫어함. 그늘진 곳에 숨기를 꺼려함. 조만간 드러난다는 뜻임 / 기양(忌陽) : 햇볕에 드러나기를 싫어함. 겉에 드러나기를 꺼려함. 스스로 자랑하지 않는다는 뜻임 / 악지현자(惡之顯者) : 드러난 악. 폭로된 죄악 / 화천(禍淺) : 화가 얕음. 재앙이 적음 / 화심(禍深) : 재앙이 깊음 / 선지현자(善之顯者) : 드러난 선.

139
재능은 있으나 덕성이 없다면

덕성은 재능의 주인이요, 재능은 덕성의 종이다. 그러므로 재능
은 있으나 덕성이 없다면 마치 집안에 주인이 없고 종이 일을 멋대
로 하는 것과 같다. 어찌 도깨비가 날뛰지 않겠는가.

德者는 才之主요 才者는 德之奴니 有才無德이면
덕 자　　　재 지 주　　　재 자　　　덕 지 노　　　유 재 무 덕

如家無主而奴用事矣니 幾何不魍魎而猖狂이리오.
여 가 무 주 이 노 용 사 의　　기 하 불 망 량 이 창 광

❀ 주해　주(主) : 주인 / 노(奴) : 노예, 종 / 용사(用事) : 일을 주관함, 일을 경영함 / 기하(幾
何) : 어찌 ～하지 않겠는가 / 망량(魍魎) : 도깨비 / 창광(猖狂) : 마구 날뜀, 미쳐 날뛰는
모습.

140
아첨하는 무리를 막으려면

간악한 사람을 제거하고 아첨하는 무리를 막으려면 먼저 그들이 도망갈 한 가닥 길을 터놓아야 한다. 만약 조금도 이들을 용납할 곳을 없게 한다면 이는 쥐구멍을 틀어막는 것과 같다. 도망갈 길이 모두 막혀 버리면 소중한 물건을 다 물어뜯을 것이다.

鋤奸杜倖엔 要放他一條去路니
서 간 두 행   요 방 타 일 조 거 로

若使之一無所容이면 譬如塞鼠穴者라.
약 사 지 일 무 소 용   비 여 색 서 혈 자

一切去路都塞盡이면 則 一切好物俱咬破矣니라.
일 체 거 로 도 색 진   즉   일 체 호 물 구 교 파 의

❁ 주해 서간(鋤奸) : 간악한 사람을 제거함 / 두행(杜倖) : 아첨하는 무리를 막음 / 방타(放他) : 그에게 열어주다, 그에게 터 줌 / 거로(去路) : 물러갈 길 / 소용(所容) : 용납될 곳/ 색(塞) : 막음, 봉쇄함 / 서혈(穴者) : 쥐구멍 / 일체(一切) : 모두 / 색진(塞盡) : 모두 막음 / 호물(好物) : 좋은 물건, 소중한 물건 / 교파(咬破) : 물어뜯어 망가뜨림.

141
환난은 남과 함께 할지언정

허물은 남과 함께 할지언정 공로는 남과 함께 하지 말라. 공로를 함께 하면 서로 시의(猜疑)하게 된다.

환난은 남과 함께 할지언정 안락은 남과 함께 누리지 말라. 안락을 함께하면 서로 원수 사이가 된다.

當與人同過나 不當與人同功이니 同功則相忌요
당 여 인 동 과   부 당 여 인 동 공   동 공 칙 상 기

可與人共患難이나 不可與人共安樂이니 安樂則相仇니라.
가 여 인 공 환 난   불 가 여 인 공 안 락   안 락 칙 상 구

❀ **주해** 여인(與人) : 남과 함께 / 동과(同過) : 과오의 책임을 함께 나눔 / 상기(相忌) : 서로 꺼림, 서로 시기하고 의심함 / 공환난(共患難) : 근심과 고생을 함께함 / 안락(安樂) : 편안하고 즐거운 것 / 상구(相仇) : 서로 원수 사이가 됨.

142
선비가 가난하여

선비가 가난하여 비록 재물로 남을 구제하지는 못하더라도, 어리석은 사람이 미혹한 지경을 헤매고 있을 때 한마디 말로서 깨우쳐 주고, 위급한 처지에 있는 사람을 만났을 때 한마디 말로서 구제한다면, 이것 역시 크나큰 공덕이 된다.

士君子로 貧不能濟物者는
사 군 자　　빈 불 능 제 물 자

遇人痴迷處에 出一言提醒之하고
우 인 치 미 처　　출 일 언 제 성 지

遇人急難處에 出一言解救之면
우 인 급 난 처　　출 일 언 해 구 지

亦是無量功德이니라.
역 시 무 량 공 덕

✿ **주해** 제물(濟物) : 재물로 남을 구제함 / 인(人) : 타인, 남 / 치미(痴迷) : 어리석어 미혹에 빠짐 / 제성(提醒) : 이끌어 깨우쳐 줌, 이끌어 깨닫게 함 / 급난(急難) : 위급한 지경, 위급한 처지 / 해구(解救) : 풀어서 구해 주는 것 / 무량(無量) : 한량없는, 무한한 / 공덕(功德) : 남에게 베푸는 착한일, 보시.

143
잘사는 사람에게 아부함

굶주리면 달라붙고 배부르면 훌쩍 떠나며, 따뜻하면 모여들고
추우면 버리는 것, 이것이 바로 인정의 보편적 병폐이다.

饑則附하고 飽則颺하며 煖則趨하고 寒則棄는 人情通患也라.
기 칙 부　　　 포 칙 양　　　 욱 즉 추　　　 한 즉 기　　　 인 정 통 환 야

✿ 주해　부(附) : 달라붙는 것, 잘 사는 사람에게 아부함 / 양(颺) : 훌쩍 떠나감 / 욱즉추(煖則
趨) : 따뜻하면 모여듦 / 한즉기(寒則棄) : 추워지면 버림 / 통환(通患) : 보편적 병폐, 일반
적인 폐단.

144
냉철한 눈을 깨끗이 닦아야

군자는 마땅히 냉철한 눈을 깨끗이 닦아야 하며, 삼가 굳센 의
지를 가볍게 움직이지 말아야 한다.

君子는 宜淨拭冷眼이요 愼勿輕動剛腸이니라.
군 자　　 의 정 식 냉 안　　　 신 물 경 동 강 장

✿ 주해　의(宜) : 마땅히 / 정식(淨拭) : 깨끗이 닦음 / 냉안(冷眼) : 냉철한 지혜의 눈, 이지적
인 안목 / 신물(愼勿) : 함부로 ~하지 말라, 삼가 ~하지 말라 / 경동(輕動) : 가벼이 움직
이는 것 / 강장(剛腸) : 흔들리지 않는 신념, 꿋꿋한 의지.

145
덕을 두터이 하고자 하면

덕은 도량을 따라 앞으로 나아가고 도량은 식견으로 말미암아
자란다. 그러므로 덕을 두터이 하고자 하면 도량을 넓혀야 하고,
도량을 넓히고자 하면 먼저 식견을 키워야 하는 것이다.

德隨量進하고 量由識長하나니
덕 수 양 진　　　　양 유 식 장

故로 欲厚其德이면 不可不弘其量이요
고　　욕 후 기 덕　　　불 가 불 홍 기 량

欲弘其量이면 不可不大其識이니라.
욕 홍 기 량　　　불 가 불 대 기 식

✿ 주해　양(量) : 도량 / 식(識) : 식견 / 홍(弘) : 넓힘 / 불가불대기식(不可不大其識) : 그 식
　　견을 크게 하지 않을 수 없다. 식견을 키워야만 하는 것이다. 불가불(不可不)은 ~하지 않으
　　면 안 된다, ~하지 않을 수 없다, ~해야만 하는 것이다의 뜻임.

146
새벽꿈에서 막 깨어나

　등잔불이 희미하게 가물거리며 삼라만상이 고요한 밤은 우리들이 비로소 편안히 잠들 때이다. 새벽꿈에서 막 깨어나 모든 움직임이 아직 일어나지 않았으니 이는 우리들이 처음으로 혼돈에서 벗어날 때이다. 이때를 틈타 참된 마음으로 빛을 돌려 스스로를 비추어 보면 비로소 자신의 이목구비가 모두 차꼬와 수갑이요, 정욕과 기호가 다 마음을 해치는 기계임을 알 수 있는 것이다.

一燈螢然에 萬籟無聲은 此吾人初入宴寂時也요
일 등 형 연　만 뢰 무 성　　차 오 인 초 입 연 적 시 야

曉夢初醒에 群動未起는 此吾人初出混沌處也니
효 몽 초 성　군 동 미 기　차 오 인 초 출 혼 돈 처 야

乘此而一念廻光하여 炯然返照면
승 차 이 일 념 회 광　　　형 연 반 조

始知耳目口鼻가 皆桎梏이요
시 지 이 목 구 비　　개 질 곡

而情欲嗜好가 悉機械矣니라.
이 정 욕 기 호　　실 기 계 의

❀ **주해** 　형연(螢然) : 반딧불처럼 가물거림. 빛이 희미하게 깜박임 / 만뢰(萬籟) : 삼라만상의 소리, 이 세상의 모든 존재가 내는 소리 / 연적(宴寂) : 편안히 잠드는 것 / 효몽(曉夢) : 새벽꿈 / 초성(初醒) : 막 깨어나는 것 / 군동(群動) : 만물의 움직임 / 혼돈(混沌) :만물이 뒤범벅이 된 천지개벽 이전의 상태 / 일념(一念) : 한마음. 참된 마음. 본심 / 회광(廻光) : 빛을 안으로 돌림. 스스로를 깊이 반성함 / 질곡(桎梏) : 질(桎)은 발을 묶는 차꼬, 곡(梏)은 손목에 채우는 수갑 / 기계(機械) : 마음을 해치는 틀.

147
스스로를 반성하는 사람은

　스스로를 반성하는 사람은 부딪치는 일마다 전부 약이 될 것이고, 남을 탓하는 사람은 생각마다 다 창칼이 된다. 하나는 그것으로 모든 착한 일의 길을 열고, 하나는 그것으로 모든 나쁜 일의 근원을 파헤치니, 이 둘의 거리는 하늘과 땅 사이이다.

反己者는 觸事가 皆成藥石이요
반기자　　촉사　　개성약석

尤人者는 動念이 卽是戈矛니
우인자　　동념　　즉시과모

一以闢衆善之路하고 一以濬諸惡之源하니
일이벽중선지로　　　일이준제악지원

相去霄壤矣니라.
상거소양의

＊ **주해** 반기(反己) : 스스로를 반성함 / 촉사(觸事) : 부딪치는 일 / 약석(藥石) : 약 / 우인(尤人) : 남을 탓하는 것, 남을 원망함 / 동념(動念) : 생각마다 / 과모(戈矛) : 창 / 벽(闢) : 열다(開也) / 준(濬) : 깊이 파내는 것 / 소양(霄壤) : 하늘과 땅.

148
공명과 부귀는

사업과 문장은 육신과 함께 사라지지만 정신은 영원히 새롭다.
공명과 부귀는 세상을 따라 바뀌지만 절개는 천년이 하루 같으니,
군자는 진정 저것으로써 이것은 바꾸지 말아야 한다.

事業文章은 隨身銷毀하되 而精神은 萬古如新하고
사 업 문 장　　수 신 소 훼　　　이 정 신　　만 고 여 신

功名富貴는 逐世轉移하되 而氣絶은 千載一日하나니
공 명 부 귀　　축 세 전 이　　　이 기 절　　천 재 일 일

君子는 信不當以彼易此也니라.
군 자　　신 부 당 이 피 역 차 야

❁ **주해** 소훼(銷毀) : 녹아 없어지는 것, 사라짐, 소실 / 만고여신(萬古如新) : 영원히 새롭다
/ 축세(逐世) : 세상을 따라, 시대에 따라 / 전이(轉移) : 변함, 옮김, 바뀜 / 기절(氣絶) : 기
개와 절조 / 천재일일(千載一日) : 천 년이 하루와 같음, 영원히 변함이 없음 / 신(信) : 진
실로, 참으로, 진정 / 피(彼) : 저것(사업문장, 공명부귀를 뜻함) / 차(此) : 이것(정신, 기절을
말함).

149
계략 속에 또 계략이

고기를 잡는 그물 속에 기러기가 걸려들고, 사마귀가 먹이를 탐내는 곳에 참새가 또한 그 뒤를 노린다. 계략 속에 또 계략이 숨어 있고 이변 밖에 거듭 이면이 일어나니, 사람의 슬기와 계교를 어찌 믿을 수 있겠는가!

魚網之設에 鴻則罹其中하고
어 망 지 설　　홍 칙 리 기 중

螳螂之貪에 雀又乘其後하나니
당 랑 지 탐　　작 우 승 기 후

機裡藏機하고 變外生變이니
기 리 장 기　　변 외 생 변

智巧를 何足恃哉리오 .
지 교　　하 족 시 재

❀ **주해**　이(罹) : 걸리다 / 당랑(螳螂) : 사마귀 / 작(雀) : 참새 / 승(乘) : 기회를 노림 / 기리장기(機裡藏機) : 계략 속에 또 계략이 숨어 있음 / 변외생변(變外生變) : 이변 밖에 또 이변이 생김. 변고 밖에 다시 변고가 일어남 / 지교(智巧) : 슬기와 기교 / 하족시재(何足恃哉) : 어찌 능히 믿을 수 있겠는가?

150
사람됨에 참된 마음이 없으면

    사람됨에 한 점의 참된 마음이 없으면 이는 곧 거지와 같아 일마다 헛될 것이요, 세상을 살아감에 한 가닥 원활한 활동이 없으면 이는 곧 장승이니 곳곳마다 막힘이 있게 된다.

作人에 無點眞懇念頭면
작 인　　무 점 진 간 염 두

便成個花子니 事事皆虛하고
변 성 개 화 자　　사 사 개 허

涉世에 無段圓活機趣면
섭 세　　무 단 원 활 기 취

便是個木人이니 處處有碍니라.
변 시 개 목 인　　처 처 유 애

❀ **주해** 작인(作人) : 사람됨, 위인(爲人) / 점(點) : 한 점 / 진간(眞懇) : 참됨, 진실함, 간절함 / 염두(念頭) : 마음, 생각, 사유, 사념 / 개(個) : 일개, 한낱 / 화자(花子) : 거지 / 단(段) : 일단, 조금 / 원활기취(圓活機趣) : 원활한 활동, 원만하고 활발한 작용 / 목인(木人) : 장승 / 처처(處處) : 가는 곳마다, 곳곳마다 / 애(碍) : 막힘.

151
마음도 굳이 맑게 하려고

물은 파문이 일지 않으면 스스로 고요하고, 거울은 때가 끼지 않으면 스스로 밝은 것이다. 마음도 굳이 맑게 하려고 애쓸 필요가 없으니, 때를 없애 버리면 맑음이 저절로 나타나게 된다.

水不波則自定하고 鑑不翳則自明이라.
수 불 파 칙 자 정　　　감 불 예 칙 자 명

故로 心無可淸이니 去其混之者면
고　　심 무 가 청　　거 기 혼 지 자

而淸自現하고 樂不必尋이니
이 청 자 현　　낙 불 필 심

去其苦之者면 而樂自存이니라.
거 기 고 지 자　　이 락 자 존

※ **주해**　자정(自定) : 저절로 안정됨, 스스로 고요함 / 감(鑑) : 거울 / 예(翳) : 흐림, 먼지나 때가 낌 / 무가(無可) : 억지로 ~할 필요는 없다 / 자현(自現) : 저절로 드러남, 스스로 나타남 / 불필(不必) : 꼭 ~할 필요는 없다, 반드시 ~할 것은 없다 / 자존(自存) : 스스로 존재함, 저절로 있음.

152
한 마디 말로 천지의 조화를 깨뜨리며

한 번 생각으로 귀신의 금계(禁戒)를 범하고, 한 마디 말로 천지의 조화를 깨뜨리며, 한 가지 일로 자손의 재앙을 빚는 것이니, 마땅히 간절하게 경계해야만 한다.

有一念而犯鬼神之禁하고 一言而傷天地之和하며
유 일 념 이 범 귀 신 지 금　　　 일 언 이 상 천 지 지 화
一事而釀子孫之禍하나니 最宜切戒니라.
일 사 이 양 자 손 지 화　　　 최 의 절 계

✦ 주해　귀신(鬼神) : 본문에서는 천지신명을 말함 / 금(禁) ; 금계 / 상(傷) : 다치게 함. 해침 / 천지지화(地之和) : 천지의 조화 / 양(釀) : 빚다. 만듦 / 화(禍) : 재앙 / 의(宜) : 마땅히 / 절(切) : 간절하게 / 계(戒) : 경계.

153
지나치게 고집을 부려서

일을 급하게 서둘지 않으면 밝혀지지 않던 것도 더러 저절로 분명해지는 것이 있으니, 조급하게 하여 분노를 사지는 말라. 따르지 않던 사람도 내버려 두면 더러 저절로 감화되는 수가 있으니, 지나치게 고집을 부려서 그 고집을 더하게 하지는 말라.

事有急之不白者로되 寬之或自明하나니
사 유 급 지 불 백 자　　관 지 혹 자 명

毋躁急以速其忿하고
무 조 급 이 속 기 분

人有操之不從者로되 縱之或自化하나니
인 유 조 지 부 종 자　　종 지 혹 자 화

操切以益其頑하라.
조 절 이 익 기 완

❀ 주해 불백(不白) : 드러나지 않음, 밝혀지지 않음, 명백하지 않음 / 자명(自明) : 저절로 밝혀짐, 저절로 드러남 / 무(毋) : ～ 하지 말라 / 조급(躁急) : 참을성이 없이 급하게 서두르는 것 / 속기분(速其忿) : 분노를 불러들임 / 조(操) : 부리는 것, 조종 / 부종(不從) : 따르지 않음, 복종하지 않음 / 종(縱) : 놓아둠, 내버려 둠 / 자화(自化) : 스스로 감화되는 것 / 조절(操切) : 너무 심하게 부림 / 익기완(益其頑) : 그 완고함을 더하게 함, 그 고집을 더욱 세게 해줌.

154
덕으로 수양하지 않는다면

　절의가 청운을 내려다보고 문장이 백설보다 뛰어나더라도, 만약 덕으로써 이를 수양하지 않는다면 마침내 혈기의 사행(私行)과 말단의 기예로 끝나게 되리라.

節義는 傲青雲하고 文章은 高白雪이라도
절 의　　오 청 운　　　문 장　　　고 백 설

若不以德性陶鎔之면
약 불 이 덕 성 도 용 지

終爲血氣之私요 技能之末이니라.
종 위 혈 기 지 사 　　기 능 지 말

❀ **주해**　절의(節義) : 절개와 의리, 지조와 의리 / 오(傲) : 내려다봄, 깔봄 / 청운(青雲) : 신선이 사는 곳에 떠있는 푸른 구름을 말하며 원래 학문과 덕망이 높은 선비를 일컬어 청운객(青雲客), 청운지사(青雲之士)라고 함. 후세에 출세나 고관대작의 뜻으로 쓰임 / 백설(白雪) : 백설곡(白雪曲), 문선(文選)에 수록된 송옥의 대초왕문(對楚王問)에 있는 글귀임. 뛰어난 시를 지칭함 / 약(若) : 만약 / 도용(陶鎔) : 도야, 수양, 단련, 도(陶)는 흙을 열처리해 질그릇을 만드는 것. 용(鎔)은 쇠를 녹여 일용기구를 만드는 것 / 종위(終爲) : 마침내 ~가 되다 / 사(私) : 사사로운 행실, 사행(私行) / 기능(技能) : 기술, 기예, 재주 / 말(末) : 말단, 지엽, 끝.

155
하던 일을 그만두고

일을 그만두고 물러서려거든 마땅히 융성기에 해야 하고, 몸을 두려거든 마땅히 홀로 뒤진 자리에 두어야 할 것이니라.

謝事는 當謝於正盛之時하고
사 사　　당 사 어 정 성 지 시

居身은 宜居於獨後之也니라.
거 신　　의 거 어 독 후 지 야

❀ **주해**　사사(謝事) : 하던 일을 그만두고 물러나는 것 / 정성지시(正盛之時) : 전성기, 융성기 / 거신(居身) : 몸을 둠, 자리를 차지하는 것 / 독후지지(獨後之也) : 홀로 뒤진 자리, 남들이 탐내지 않는 한적한 자리.

156
아주 작은 일부터 삼갈 것이며

덕을 사가는 데는 모름지기 아주 작은 일부터 삼갈 것이며, 은혜 베풂은 힘써 갚지 못할 사람에게 베풀지니라.

謹德은 須謹於至微之事하고
근 덕　　수 근 어 지 미 지 사

施恩은 務施於不報之人하라.
시 은　　무 시 어 불 보 지 인

❁ 주해　근덕(謹德) : 덕행을 삼감 / 수(須) : 모름지기 / 지미지사(至微之事) : 극히 작은 일, 아주 작은 일 / 시은(施恩) : 은혜를 베푸는 것 / 무시(務施) : 힘써 베풀어라 / 불보지인(不報之人) : 갚을 능력이 없는 사람(매우 딱한 처지에 있는 사람).

오늘을 사는 사람의 부덕

시정의 사람과 사귀는 것은 산골의 늙은이를 벗 삼는 것만 같지 못하고, 고관대작의 집을 찾는 것은 초가집과 친숙함만 같지 못하며 거리의 뜬소문을 들음은 나무꾼과 목동의 노래에 귀 기울이는 것만 같지 못하고, 오늘을 사는 사람의 부덕과 과오를 논함은 옛사람의 아름다운 말씀과 착한 행실을 이야기하는 것만 같지 못하다.

交市人은 不如友山翁하고 謁朱門은 不如親白屋하며
교 시 인   불 여 우 산 옹   알 주 문   불 여 친 백 옥

聽街談巷語는 不如聞樵歌牧詠하고
청 가 담 항 어   불 여 문 초 가 목 영

談今人失德過擧는 不如述古人嘉言懿行이니라.
담 금 인 실 덕 과 거   불 여 술 고 인 가 언 의 행

❀ 주해 시인(市人) : 저자나 번화가에 사는 사람 / 산옹(山翁) : 두메산골에 사는 늙은이 / 알주문(謁朱門) : 고관을 찾아뵙는 것. 신분이 높은 사람의 집은 대분에 붉게 칠했음 / 백옥(白屋) : 초라한 오막살이, 초가집 / 가담항어(街談巷語) : 거리에 떠도는 뜬소문 / 초가목영(樵歌牧詠) : 나무꾼과 목동의 노래 / 과거(過擧) : 잘못된 행실 / 가언(嘉言) : 착한 말씀, 아름다운 말씀 / 의행(懿行) : 훌륭한 행실, 아름다운 행실, 착한 행실.

158
기초가 튼튼하지 못한 집

덕은 모든 사업의 기초가 되니, 기초가 튼튼하지 못한 집이 오래가는 일은 일찍이 없었노라.

德者는 事業之基니 未有基不固而棟宇堅久者니라.
덕 자　　사 업 지 기　　미 유 기 불 고 이 동 우 견 구 자

❀ **주해** 기(基) : 기초, 토대, 터 / 미유(未有) : 아직 ～한 일은 없었다 / 불고(不固) : 튼튼하지 못함, 견고지 못함 / 동우(棟宇) : 집 / 견구(堅久) : 튼튼하고 오래 견딤.

159
마음은 자손의 뿌리이니

마음은 자손의 뿌리이니, 뿌리를 심지 않고서도 가지와 잎이 무성한 일은 일찍이 없었노라.

心者는 後裔之根이니 未有根不植而枝葉榮茂者니라.
심 자　　후 예 지 근　　미 유 근 불 식 이 지 엽 영 무 자

❀ **주해** 후예(後裔) : 자손 / 근(根) : 뿌리 / 불식(不植) : 뿌리가 잘 심어지지 않음 / 지엽(枝葉) : 가지와 잎 / 영무(榮茂) : 번성함, 무성함, 번영함.

160
학문의 절실한 교훈

옛사람이 말하기를 '자기 집의 무진장한 재물을 내버려 두고, 밥 그릇을 들고 남의 집 문 앞에서 거지 흉내를 낸다'고 하였다. 또 말하기를 '벼락부자가 된 가난뱅이야! 꿈같은 이야기 그만두어라, 누구 집 부엌인들 불 때면 연기 나지 않으랴!'고 했다. 하나는 스스로 가지고 있으면서도 모르는 것을 경계한 것이요, 하나는 스스로 가진 것을 과시함을 경계한 것이니, 학문의 절실한 교훈으로 삼을 것이니라.

前人이 云하되 抛却自家無盡藏하고 沿門持鉢效貧兒라 하고
전 인   운   포 각 자 가 무 진 장   연 문 지 발 효 빈 아

又云하되 暴富貧兒休說夢하라.
우 운   폭 부 빈 아 휴 설 몽

誰家竈裡火無烟이리오 하니 一箴自昧所有요
수 가 조 리 화 무 연   일 잠 자 매 소 유

一箴自誇所有라 可爲學問切戒니라.
일 잠 자 과 소 유   가 위 학 문 절 계

❀ **주해** 전인(前人) : 명대(明代)의 왕수인[王守仁 : 1472~1528.자(字)는 백안(伯安),호(號)는 양명(陽明)]을 말함. 양명의 학설을 요약하면 다음과 같다. 사람의 모든 행위의 준칙은 이미 자신의 마음(心)에 갖추어져 있다. 그러므로 오로지 마음만을 밝히고 이것에 의해 법칙을 구하여야 한다. 성인의 고(道)는 우리의 본성에 완전히 구비되어 있으므로 종전의 이(理)를 사물에서 구한 것은 오류임. 그는 절대유심론(絕對惟心論)의 입장에서 치양지(致良知), 지행합일(知行合一)을 주장함. 양명은 앎(知)은 실천(行)의 시작이요, 실천은 앎(知)의

완성이다 하여 주자의 선지후행설(先知後行設)의 입장과는 대조를 이룸. 그의 학설은 서재의 산물이 아니며, 생사의 기로와 역경을 이겨 낸 수에 얻은 것임. 산중의 적은 물리치기 쉬우나 마음속의 적은 물리치기 어렵다고 했음. 저서에 전습록(傳習錄)이 있음 / 포각(抛却) : 버려두다, 포기함 / 무진장(無盡藏) : 무한함, 아무리 써도 바닥을 드러내지 않는 것 / 양지(良知) : 생각하지 않고도 아는 (知) 선천적인 은력, 모든 사람에게 동일하게 갖추어져 있음을 뜻함 / 연문(沿門) : 남의 집 대문을 기웃거림 / 발(鉢) : 바릿대, 사발, 밥그릇 / 효빈아(效嚬兒) : 거지 흉내를 냄 / 우운(又云) : 또 이르기를, 또 말하기를 / 폭부(暴富) : 벼락부자, 졸부 / 휴설(休說) : ~한 이야기는 하지 말라 / 조(竈) : 부엌 / 리(裡) : 속, 안 / 잠(箴) : 경계함 / 자매소유(自昧所有) : 가지고 있으면서도 (良知) 이를 스스로 깨닫지 못하는 것 / 자과소유(自誇所有) : 가지고 있는 것(재물, 잔재주)을 스스로 자랑함 / 절계(切戒) : 절실히 경계함, 간절한 깨우침.

161
마땅히 일마다 깨우치고

도는 만인의 것이니 마땅히 사람마다 이끌어 지키도록 할 것이요, 학문은 늘 먹는 밥과 같은 것이니, 마땅히 일마다 깨우치고 삼가야 할 것이다.

道는 是一重公衆物事니 當隨人而接引이요
도　　시 일 중 공 중 물 사　　당 수 인 이 접 인

學은 是一個尋常家飯이니 當隨事而警惕아니라.
학　　시 일 개 심 상 가 반　　당 수 사 이 경 척

✿ 주해 일중(一重) : 하나의 , 일종의 / 공중(公衆) : 많은 사람, 여러 사람, 만인 / 수인(隨人) : 사람마다 / 접인(接引) : 이끌어서 접촉하게 함, 이끌어서 실천하게 함 / 수사(隨事) : 일마다 / 경척(警惕) : 깨우치고 삼감, 경계하고 조심함.

162
남을 의심하는 사람은

　남을 믿는 사람은 남이 반드시 모두 성실해서가 아니라 자기만
은 홀로 성실하기 때문이요, 남을 의심하는 사람은 남이 반드시
모두 속여서가 아니라 자신이 먼저 속이기 때문이다.

信人者는 人未必盡誠이나 己則獨誠矣요
신 인 자　　인 미 필 진 성　　　기 칙 독 성 의

疑人者는 人未必皆詐나 己則先詐矣니라.
의 인 자　　인 미 필 개 사　　　기 칙 선 사 의

❀ 주해　인(人) : 남 / 미필(未必) : 꼭 ～한 것은 아니다. 반드시 ～하지는 않는다 / 기(己) :
　　자기 / 독성(獨誠) : 홀로 성실함 / 의인(疑人) : 남을 의심하는 것 / 개사(皆詐) : 모두 속임.

163
겨울의 찬바람이

마음이 너그럽고 후한 사람은 마치 봄바람이 따뜻하게 길러주는 것처럼 만물이 이를 만나면 살아나고, 마음이 의심 많고 각박한 사람은 마치 겨울의 찬바람이 얼어붙게 하는 것처럼 만물이 이를 만나면 죽게 된다.

念頭寬厚的은 如春風煦育하며 萬物이 遭之而生하고
염 두 관 후 적　　여 춘 풍 후 육　　만 물　　조 지 이 생

念頭忌刻的은 如朔雪陰凝하여 萬物이 遭之而死니라.
염 두 기 각 적　　여 삭 설 음 응　　만 물　　조 지 이 사

❀ **주해** 염두(念頭) : 생각, 마음 / 적(的) : 접미사. 본문에서는 사람(者)을 뜻함 / 후육(煦育) : 따뜻하게 기름 / 조(遭) : 만남, 조우(遭遇) / 기각(忌刻) : 시기하고 각박함. 의심 많고 각박함, 편협괴도 냉혹함 / 삭설(朔雪) : 북녘의 눈, 북풍한설. 삭(朔)은 북방을 뜻함 / 음응(陰凝) : 싸늘하게 얼어붙은 것.

164
모르는 사이에 절로 자라나고

착한 일을 하여도 그 이로움은 보이지 않지만 마치 풀섶의 동과처럼 모르는 사이에 절로 자라나고, 악한 일을 하여도 그 손해됨은 보이지 않지만 마치 뜰 앞의 봄눈처럼 반드시 모르는 사이에 절로 스러지게 된다.

爲善에 不見其益은
위선　불현기익

如草裡東瓜하여 自應暗長하고
여초리동과　자응암장

爲惡에 不見其損은
위악　불견기손

如庭前春雪하여 當必潛消니라.
여정전춘설　당필잠소

❀ **주해** 불현(不見) : 보이지 않음. 나타나지 않음. 드러나지 않음. 현(現)은 현(顯)과 같고 현(現)과 통함 / 동과(東瓜) : 동과(冬瓜). 박과에 속한 일년생 풀로 동아라고도 함. 한반도의 남부지방에 자생하며 그 열매는 식용으로 함 / 자응암장(自應暗長) : 모르는 사이에 저절로 자라남 / 위악(爲惡) : 악한 일을 함 / 춘설(春雪) : 봄눈 / 당필(當必) : 마땅히, 반드시 / 잠소(潛消) : 모르는 사이에 스러져 버림, 슬그머니 사라져 버림.

165
옛 친구를 만나거든

　옛 친구를 만나거든 의기를 더욱 새롭게 해야 하며, 은밀한 일을 당해서는 마음가짐을 더욱 뚜렷이 드러내어야 하고, 쇠락한 사람을 대하거든 은덕과 예우를 더욱 후하게 해야 한다.

遇故舊之交어든 意氣要愈新하고
우 고 구 지 교　　　의 기 요 유 신

處隱微之事어든 心迹宜愈顯하며
처 은 미 지 사　　　심 적 의 유 현

待衰朽之人이어는 恩禮當愈隆이니라.
대 쇠 후 지 인　　　은 례 당 유 륭

💠 주해　고구(故舊) : 옛 친구 / 의기(意氣) : 정의(情誼) / 유신(愈新) : 더욱 새롭게 함 / 은미지사(隱微之事) : 비밀히 하는 일 / 심적(心迹) : 마음의 태도, 마음의 자취, 마음가짐 / 유현(愈顯) : 더욱 뚜렷이 드러냄 / 쇠후(衰朽) : 몰락하고 늙음, 불우하고 늙음 / 은례(恩禮) : 은덕과 예우, 온정과 예우 / 유륭(愈隆) : 더욱 후하게 함, 더욱 융숭히 함.

166
군자의 수양법이

부지런함이란 도덕과 의리에 민첩한 것인데 세상 사람들은 부지런함을 빌어서 자신의 가난을 건지고 있다. 검소함이란 재물과 이권에 담박한 것인데 세상 사람들은 검소함을 빌어서 자신의 인색함을 꾸미고 있다. 군자의 수양법이 도리어 소인의 사리를 꾀하는 방편이 되고 있다. 애석한 일이다.

勤者는 敏於德義어늘 而世人은 借勤而濟其貧하고
근 자   민 어 덕 의   이 세 인   차 근 이 제 기 빈

儉者는 淡於貨利어늘 而世人은 假儉以飾其吝하니
검 자   담 어 화 리   이 세 인   가 검 이 식 기 린

君子持身之符가 反爲小人營私之具矣라 惜哉로다.
군 자 지 신 지 부   반 위 소 인 영 사 지 구 의   석 재

🌸 주해 덕의(德義) : 도덕과 의리 / 제(濟) : 건짐, 구제함 / 담(淡) : 담백함, 담박함, 깨끗하고 욕심이 없음, 맑고 깨끗함 / 화리(貨利) : 제물과 이익, 돈과 이권 / 가(假) : 빌림, 빙자함, 핑계를 댐 / 식(飾) : 꾸밈 / 린(吝) : 인색함 / 지신(持身) : 몸에 지님, 몸을 지킴, 수신, 수양 / 부(符) : 신표, 부적, 방법, 방편 / 반위(反爲) : 도리어 ~가 되다 / 영사(營私) : 사리사욕을 도모함, 사사로운 이익을 꾀함 / 석재(惜哉) : 애석하도다, 통탄할 일이로다.

영구히 빛나는 등불

마음 내키는 대로 시작한 일은 시작하자마자 곧 멈추게 되니, 어찌 뒤로 물러설 줄 모르는 수레바퀴가 되리오, 감정의 인식에 의해 깨달은 것은 깨닫자마자 곧 미혹하게 되니, 마침내 영구히 빛나는 등불이 되지는 못한다.

憑意興作爲者는 隨作則隨止니
빙 의 흥 작 위 자   수 작 칙 수 지

豈是不退之輪이리오.
기 시 불 퇴 지 륜

從情識解悟者는 有悟則有迷니
종 정 식 해 오 자   유 오 칙 유 미

終非常明之燈이니라.
종 비 상 명 지 등

❀ **주해** 빙(憑) : 의지하다, 빙자하다 / 의흥(興) : 즉흥, 뜻이 일어남, 마음이 내킴 / 작위(作爲) : 일을 함 / 불퇴지륜(不退之輪) : 뒤로 물러서지 않고 앞으로 나아가기만하는 수레바퀴. 법화경의 불퇴전법륜(不退轉法輪)에서 나온 말. 용맹하게 앞으로 나아가야 한다는 의미임 / 종(從) : ~을 따라, ~에 의해 / 정식(情識) : 감정에 의한 인식, 정감에 의한 지식 / 해오(解悟) : 미혹에서 벗어나 도를 깨달음 / 종비(終非) : 결국 ~는 아니다, 끝내 ~는 아니다 / 상명지등(常明之燈) : 영원히 빛나는 등불, 불변의 진리, 영원한 지혜.

168
남의 허물과 나의 허물

남의 허물은 마땅히 용서해야 하지만 나의 허물은 용서해서는 안 된다. 나의 곤궁은 마땅히 참아야 하지만 남의 곤궁은 참아서는 안 된다.

人之過誤는 宜恕로되 而在己則不可恕요
인 지 과 오 　 　 의 서 　 　이 재 기 칙 불 가 서

己之困辱은 當忍이로되 而在人則不可忍이니라.
기 지 곤 욕 　 　 당 인 　 　 이 재 인 칙 불 가 인

❀ **주해** 의(宜) : 마땅히 / 서(恕) : 용서함 / 곤욕(困辱) : 곤궁과 욕됨 / 불가인(不可忍) : 참아서는 아니 됨, 그냥 보아 넘겨서는 아니 됨, 방관하지 말라야 함.

169
세속의 더러움에 섞이지 않으면

능히 범속을 벗어날 수 있으면 이는 바로 기인이다. 애써서 기행을 숭상하는 자는 기인이 아니라 괴이한 사람이다. 세속의 더러움에 섞이지 않으면 이는 바로 청렴한 사람이다. 세속과 인연을 끊고 청렴을 구하는 자는 청렴한 것이 아니라 과격한 사람에 지나지 않는다.

能脫俗이 便是奇니
능 탈 속   변 시 기

作意尙奇者는 不爲奇而爲異하고
작 의 상 기 자   불 위 기 이 위 리

不合汚면 便是淸이니
불 합 오   변 시 청

絶俗求淸者는 不爲淸而爲激이니라.
절 속 구 청 자   불 위 청 이 위 격

🌼 주해 탈속(脫俗) : 세속을 벗어남, 범속을 벗어남 / 기(奇) : 기인 / 작의(作意) : 일부러, 짐짓, 애써서 / 상기(尙奇) : 기이함을 숭상함 / 불위(不爲) ~위(爲) : ~가 되지 못하고 ~가 된다.

170
위엄은 마땅히 엄하게 하다가

　은혜는 마땅히 엷게 베풀다가 차차 짙게 베풀어야 한다. 먼저 짙고 나중에 엷으면 사람들은 은혜를 잊게 된다. 위엄은 마땅히 엄하게 하다가 차차 너그러워져야 한다. 먼저 너그럽고 나중에 엄하면 사람들은 혹독함을 원망하게 된다.

恩宜自淡而濃이니
은 의 자 담 이 농

先濃後淡者는 人忘其惠하고
선 농 후 담 자　　인 망 기 혜

威宜自嚴而寬이니
위 의 자 엄 이 관

先寬後嚴者는 人怨其酷이니라.
선 관 후 엄 자　　인 원 기 혹

❀ 주해　자담이농(自淡而濃) : 엷음에서 차츰 짙음으로 나아감. 처음에는 박한 듯하나 점차 후하게 대함 / 자엄이관(自嚴而寬) : 엄하다가 차차 너그러워짐 / 혹(酷) : 가혹, 혹독.

171
뜻이 맑으면 마음도

마음을 비우면 본성이 나타나니, 마음을 안정케 하지 않으면서 본성보기를 구함은 마치 물결을 헤쳐 달을 찾는 것과 같다. 뜻이 맑으면 마음도 맑아지는 것인데, 뜻은 밝게 하지 않으면서 마음만 밝아지기를 구함은 마치 거울을 들여다보면서 먼지를 더하는 것과 같다.

心虛則性現하나니
심 허 칙 성 현

不息心而求見性은 如撥波覓月이요
불 식 심 이 구 견 성　　　여 발 파 멱 월

意淨則心淸하나니
의 정 칙 심 청

不了意而求明心은 如索鏡增塵이니라.
불 료 의 이 구 명 심　　　여 색 경 증 진

❀ **주해** 성(性) : 본성 / 불식(不息) : 쉬지 않음, 가라앉히지 않음. 진정시키지 않음 / 견성(見性) : 본성을 찾음, 본성을 깨닫는 것 / 발파(撥波) : 물결을 일으킴 / 멱월(覓月) : 달을 찾음 / 요의 (了意) : 뜻을 밝게 하다 / 색경(索鏡) : 거울을 찾음. 거울을 봄 / 증진(增塵) : 먼지를 더함.

172
본래의 나 자신을

　내가 높고 귀할 때 사람들이 나를 받드는 것은 이 높은 관과 큰 띠를 받드는 것이요, 내가 낮고 천할 때 사람들이 나를 업신여기는 것은 이 베옷과 짚신을 업신여기는 것이다. 그렇다면 본래의 나 자신을 받드는 것이 아니니 내가 무엇을 기뻐할 것이며, 본래의 나 자신을 업신여기는 것이 아니니 내가 무엇을 노여워하겠는가.

我貴而人奉之는 奉此峨冠大帶也요
아 귀 이 인 봉 지　　봉 차 아 관 대 대 야

我賤而人侮之는 侮此布衣草履也니라.
아 천 이 인 모 지　　모 차 포 의 초 리 야

然則原非奉我어니 我胡爲喜하며
연 즉 원 비 봉 아　　아 호 위 희

原非侮我어니 我胡爲怒리오.
원 비 모 아　　아 호 위 노

❀ **주해** 아관대대(峨冠大帶) : 높은 관과 큰 띠. 관리의 예복을 말함 / 모지(侮之) : 이것을 업신여기다. 지(之)는 대명사 / 포의초리(布衣草履) : 베옷과 짚신. 미천한 서민이나 가난한 선비의 옷차림을 말함 / 연즉(然則) : 그런즉. 그렇다면 곧 / 원(原) : 원래. 본래. 본시 / 호(胡) : 어찌.

173
부나비를 가엾게 여겨

　'쥐를 위해 늘 밥을 남겨 두고 부나비를 가엾게 여겨 등불을 켜지 않는다'고 하였으니, 옛사람의 이와 같은 마음은 바로 우리 인생이 나고 자라는 한 점의 기틀인 것이다. 이런 것이 없다면 이른바 흙이나 나무와 같은 형체에 지나지 않으리라.

爲鼠常留飯하고 憐蛾不點燈이라 하니
위 서 상 류 반　　연 아 부 점 등

古人此等念頭는 是吾人一點生生之機라.
고 인 차 등 염 두　　시 오 인 일 점 생 생 지 기

無此면 便所謂土木形骸而已니라.
무 차　　변 소 위 토 목 형 해 이 이

❀ 주해　유반(留飯) : 밥을 남김 / 연아(憐蛾) : 부나방을 불쌍히 여김 / 부점등(不點燈) : 등불을 켜지 않음 / 차등(此等) : 이와 같은 / 염두(念頭) : 생각, 마음 / 오인(吾人) : 우리들 / 일점(一點) : 한 점, 약간, 조금 / 생생지기(生生之機) : 나고 자라게 하는 기틀, 번성케 하는 활동력, 생생발전(生生發展)케 하는 작용, 기(機)는 기틀, 활동력, 작용을 뜻함 / 소위(所謂) : 이른바, 말하자면 / 형해(形骸) : 형체, 모습, 모양 / 이이(而已) : ～일 뿐 이다, ～일 따름 이다.

174
하늘과 한몸이 되는 것

마음의 본바탕은 바로 천체와 같다. 하나의 기쁨은 반짝이는 별이며 상서로운 구름이요, 하나의 노여움은 진동하는 우뢰이며 세찬 비요, 하나의 엄격함은 뜨거운 햇볕이며 가을 서리이니, 어느 것인들 없어서야 되겠는가! 다만 때에 따라 일어나고 때에 따라 스러져서 넓고 막힘이 없으면 곧 하늘과 한몸이 되는 것이다.

心體는 便是天體라. 一念之喜는 景星慶雲이요
심체　　　변시천체　　　일념지희　　　경성경운

一念之怒는 震雷暴雨요 一念之慈는 和風甘露요
일념지노　　　진뇌폭우　　　일념지자　　　화풍감로

一念之嚴은 烈日秋霜이니 何者少得이리오.
일념지엄　　　열일추상　　　하자소득

只要隨起隨滅하여 廓然無碍니 便與太虛同體니라.
지요수기수멸　　　확연무애　　　변여태허동체

❀ **주해** 심체(心體) : 마음의 본체, 마음의 본바탕 / 경성(景星) : 빛나는 별, 반짝이는 별 / 경운(慶雲) : 상서로운 구름 / 진뢰폭우(震雷暴雨) : 진동하는 우레와 세찬 비 / 자(慈) : 자비로움, 자애 / 화풍감로(和風甘露) : 따뜻한 바람과 단 이슬 / 열일(烈日) : 한여름의 뜨거운 햇볕 / 추상(秋霜) : 가을서리 / 하자소득(何者少得) : 그 어느 것도 없어서야 되겠는가, 그 어느 것도 적어서야 되겠는가, 소(少)는 적다는 뜻 / 수기(隨起) : 때에 따라 일어남 / 확연(廓然) : 넓고 텅 비어 있음 / 무애(無碍) : 막힘이 없음, 걸림이 없음, 장애가 없음 / 태허(太虛) : 가없이 넓은 하늘.

175
고요하고 밝은 슬기

　일이 없을 때에는 마음이 어두워지기 쉬우니, 마땅히 고요하고 밝은 슬기로서 비추어야 한다. 일이 있을 때에는 마음이 흩어지기 쉬우니, 마땅히 밝은 슬기로서 깨우치고 고요함을 으뜸삼아야 한다.

無事時엔 心易昏冥하나니 宜寂寂而照以惺惺하고
무 사 시　　심 이 혼 명　　　　의 적 적 이 조 이 성 성

有事時엔 心易奔逸하나니 宜惺惺而主以寂寂하라.
유 사 시　　심 이 분 일　　　　의 성 성 이 주 이 적 적

※ 주해　혼명(昏冥) : 어두컴컴함. 혼미함 / 의(宜) : 마땅히 / 적적(寂寂) : 고요함 / 성성(惺惺) : 마음의 밝은 슬기, 마음이 슬기롭게 깨어 있음 / 분일(奔逸) : 달아나 흩어지는 것.

176
자신을 일의 가운데에 두어

일을 논의하는 사람은 자신을 일의 밖에 두어 마땅히 이해의 실정을 알아야 하고, 일을 맡은 사람은 자신을 일의 가운데에 두어 마땅히 이해에 대한 생각을 잊어야 한다.

議事者는 身在事外하여 宜悉利害之情이요
의 사 자　　　신 재 사 외　　　　의 실 리 해 지 정

任事者는 身居事中하여 當忘利害之慮니라.
임 사 자　　　신 거 사 중　　　　당 망 리 해 지 려

❀ **주해** 의사(議事) : 일을 논의함, 일을 의논함 / 신재사외(身在事外) : 몸을 일의 밖에 둠, 객관적인 입장을 취함 / 실(悉) : 모두 / 정(情) : 실정, 실상 / 임사(任事) : 일을 맡음 / 신거사중(身居事中) : 몸을 일의 가운데에 둠, 일에 철저하게 몰두하는 것 / 여(慮) : 생각, 고려.

177
지조와 행실을 바르고 분명히

선비가 권세 있는 요직에 앉게 되면 지조와 행실을 바르고 분명히 해야 하고, 마음을 부드럽고 평이하게 해야 하며, 조금이라도 비린내 나는 무리를 가까이해서는 아니 되고 또한 과격하여 악랄한 무리의 독침을 건드리지도 말아야 한다.

士君子가 處權門要路면
사 군 자   처 권 문 요 로

操履要嚴明하고 心氣要和易하여
조 리 요 엄 명   심 기 요 화 이

毋少隨而近腥羶之黨하고
무 소 수 이 근 성 전 지 당

亦毋過激而犯蜂蠆之毒이니라.
역 무 과 격 이 범 봉 채 지 독

❀ 주해 사군자(士君子) : 학문과 덕행이 높은 선비 / 권문(權門) : 권세 있는 집안, 권문세가 / 요로(要路) : 중요한 지위, 요직 / 조리(操履) : 지조와 행실 / 요(要) : 마땅히, 모름지기 / 엄명(嚴明) : 엄정하고 분명함 / 심기(心氣) : 마음 / 화이(和易) : 온화하고 평이함, 부드럽고 태평함 / 소(少) : 조금도, 추호도 / 수(隨) : 기분에 따라, 멋대로 / 성전지당(腥羶之黨) : 비린내 나는 무리. 성(腥)은 생선 비린내, 전(羶)은 짐승고기의 비린내. 곧 이권과 사리사욕에 혈안이 된 자들 / 봉채지독(蜂蠆之毒) : 벌과 전갈의 독침, 소인들의 해악.

178
몸을 지키는 보배

절의를 내세우는 사람은 반드시 절의로 인해 헐뜯음을 받고, 도학을 내세우는 사람은 언제나 도학 때문에 허물을 부른다. 그러므로 군자는 나쁜 일을 가까이 하지 않을 뿐만 아니라 좋은 이름을 내세우지도 않으니, 다만 혼연한 화기만이 몸을 지키는 보배인 것이다.

標節義者는 必以節義受謗하고
표 절 의 자　　필 이 절 의 수 방

榜道學者는 常因道學招尤라.
방 도 학 자　　상 인 도 학 초 우

故로 君子는 不近惡事하고 亦不立善名하나니
고　 군 자　 불 근 악 사　　　역 불 립 선 명

只渾然和氣가 纔是居身之珍이니라.
지 혼 연 화 기　　재 시 거 신 지 진

❀ **주해** 　표(標) : 표방함, 내세우는 것 / 수방(受謗) : 비방을 당함, 헐뜯음을 받음 / 초우(招尤) : 허물을 부름 / 불립(不立) : 내세우지 않음 / 선명(善名) : 좋은 평판, 좋은 이름 / 혼연(渾然) : 후하여 모나지 않음, 잘 섞여 있음, 원만함 / 화기(和氣) : 부드러운 기운, 화평한 기운 / 거신(居身) : 몸을 지킴 / 진(珍) :보배.

179
진심으로 감동시켜라.

속이는 사람을 만나거든 성실한 마음으로 그들 감동시키고, 난폭한 사람을 만나거든 부드러운 기운으로 그를 감화시키며, 마음이 비뚤어져 사욕만을 탐하는 사람을 만나거든 대의명분과 기개절조로 그를 격려해야 한다. 그렇게 하면 이 세상에서 나의 도야 속으로 들어오지 않을 사람은 결코 없을 것이다.

遇欺詐的人이어든
우 기 사 적 인

以誠心感動之하고 **遇暴戾的人**이어든
이 성 심 감 동 지　　　우 폭 려 적 인

以和氣薰蒸之하며 **遇傾邪私曲的人**이어든
이 화 기 훈 증 지　　　우 경 사 사 곡 적 인

以名義氣節激勵之면
이 명 의 기 절 격 려 지

天下에 **無不入我陶冶中矣**리라.
천 하　　　무 불 입 아 도 야 중 의

❀ **주해**　우(遇) : 만남, 조우(遭遇) / 기사(欺詐) : 사기, 속임수 / 적(的) : ~의 / 폭려(暴戾) : 사나움, 난폭하여 도리에 어긋남 / 훈증(薰蒸) : 향을 피워 나쁜 냄새를 없앰, 감화케 함 / 경사(傾邪) : 마음이 나쁜 방면으로 기울어지는 것 / 사곡(私曲) : 사리사욕을 탐함 / 명의기적(名義氣節) : 명분, 의리, 기개, 절조 / 격려(激勵) : 부추김, 감동케 하여 장려함 / 도야(陶冶) : 도(陶)는 질그릇, 야(冶)는 쇠를 녹이는 것, 갈고 닦는 것, 교화시킴.

180
한 가닥의 결백한 마음

한결같은 자비로운 마음은 천지간에 화평한 기운을 빚어 낼 것이요, 한 가닥의 결백한 마음은 향기로운 이름을 백대에 밝게 드리우리라.

一念慈祥은 可以醞釀兩間和氣요
일 념 자 상   가 이 온 양 양 간 화 기

寸心潔白은 可以昭垂百代淸芬이니라.
촌 심 결 백   가 이 소 수 백 대 청 분

❀ **주해** 일념(一念) : 한결같은 마음 / 자상(慈祥) : 자선, 자비 / 온양(醞釀) : 빚음 / 양간(兩間) : 천지간 / 촌심(寸心) : 한 가닥의 작은 마음 / 백대(百代) : 백세(百世), 오랫동안, 영원히 / 청분(淸芬) : 맑은 향기, 맑고 향기로운 이름, 꽃다운 이름.

181
오직 하나의 평범한 덕행

　음흉한 계략, 괴상한 버릇, 이상한 행동, 기이한 능력 등은 모
두 세상을 살아가는 데 있어 재앙을 부르는 씨가 된다.

　오직 하나의 평범한 덕행만이 본성을 온전히 하여 화평을 부를
수 있는 것이다.

陰謀怪習은 異行奇能은 俱是涉世的禍胎니
음 모 괴 습　　이 행 기 능　　구 시 섭 세 적 화 태

只一個庸德庸行이 便可以完混沌而召平和이니라.
지 일 개 용 덕 용 행　　변 가 이 완 혼 돈 이 소 평 화]

❁ 주해　음모(陰謀) : 음흉한 계략, 음흉한 모략 / 괴습(怪習) : 괴상한 버릇, 괴상한 습관 / 이
행(異行) : 이상한 행동 / 기능(奇能) : 기이한 능력 / 구(俱) : 모두, 다 / 섭세(涉世) : 세상
을 살아감 / 적(的) : ~의 / 화태(禍胎) : 재앙의 모태, 재앙의 근본, 재앙의 씨 / 용덕용행
(庸德庸行) : 평범한 덕행 / 완(完) : 온전히 함 / 혼돈(混沌) : 하늘과 땅이 구분되지 않았
던 개벽 이전의 세계. 이 장에서는 타고난 성품, 때 묻지 않은 덕성을 뜻함.

182
순탄치 못한 세상길

옛말에 이르기를 '산을 오를 때는 비탈길을 견디어 내고, 눈을 밟을 때는 위태로운 다리를 건너는 것을 견디라'고 했으니 이 견딜 내(耐) 자에 깊은 의미가 있다. 만약 비뚤어진 험한 인정과 순탄치 못한 세상길에서 이 내(耐) 자 하나를 붙잡고 버티어 나가지 못한다면 어찌 가시덤불과 구덩이에 빠지지 않으리오.

語에 云하되 登山耐側路하고 踏雪耐危橋라 하니
어 운 등산내측로 답설내위교

一耐字는 極有意味로다.
일 내 자 극 유 의 미

如傾險之人情과 坎坷之世道에 若不得一耐字撑持過去면
여 경 험 지 인 정 감 가 지 세 도 약 부 득 일 내 자 탱 지 과 거

幾何不墮入榛莽坑塹哉리오.
기 하 불 타 입 진 망 갱 참 재

❀ 주해 어(語) : 옛말, 속담, 격언 / 측로(側路) : 험한 비탈길 / 답설(踏雪) : 눈길을 걸음 / 위교(危橋) : 위태로운 다리 / 극(極) : 궁극 / 경험(傾險) : 비뚤어지고 험악함, 음험함 / 감가(坎坷) : 울퉁불퉁함, 험난함, 순탄하지 못함 / 탱지(撑持) : 지탱, 붙잡고 견딤, 버티어 나감 / 타입(墮入) : 떨어져 들어가는 것 / 진망(榛莽) : 가시덤불 / 갱참(坑塹) : 구덩이와 도랑.

183
마음의 본바탕이

공로와 사업을 으시대고 문장을 자랑함은 그가 자기 밖의 사물에 의존하는 사람이기 때문이다. 그는 마음의 본바탕이 환히 빛나 본래의 모습을 잃지 않으면, 비록 마디만한 공로와 한 줄의 문장이 없더라도 역시 스스로 정정당당한 사람이 됨을 알지 못하고 있는 것이다.

誇逞功業과 炫耀文章은 皆是靠外物做人이니
과 령 공 업　　현 요 문 장　　개 시 고 외 물 주 인

不知心體瑩然하여 本來不失이면
부 지 심 체 형 연　　본 래 부 실

卽無寸功隻字일지라도 亦自有堂堂正正做人處로다.
즉 무 촌 공 척 자　　　역 자 유 당 당 정 정 주 인 처

🌸 **주해** 과령(誇逞) : 자랑함, 으시댐. 령(逞)은 원래 발음은 정이며 령은 속음임. 통(通),쾌(快), 해(解)의 뜻이 있음 / 공업(功業) : 공로와 사업 / 현요(炫耀) : 찬란하게 빛남, 자랑함, 과시함 / 고(靠) : 의지함 / 외물(外物) : 자기 이외의 모든 사물 / 주인(做人) : 사람됨, 위인(爲人). 주(做)는 조(造: 지을), 작(作: 지을, 만들)과 뜻이 같음 / 형연(瑩然) : 구슬이 반짝이는 모습. 영(瑩)으로 발음하는 경우도 있음 / 본래(本來) : 본래의 모습 / 촌공(寸功) : 작은 공로 / 척자(隻字) : 한 글자, 변변치 못한 지식, 한 줄의 문장 / 역(亦) : 역시, 또한 / 당당정정(堂堂正正) : 정정당당, 바르고 떳떳함.

184
고요함을 얻으려거든

    바쁜 가운데서도 한가함을 얻으려거든 모름지기 먼저 한가할 때에 마음의 자루를 잡아 두어라. 시끄러움 속에서도 고요함을 얻으려거든 모름지기 먼저 고요할 때에 마음의 주체를 세워 두어라. 그렇지 않으면 환경에 따라 움직이고 일에 따라 흔들리지 않을 수 없는 것이다.

忙裡에 要偸閒이면 須先向閒時討個杷柄하고
망 리 　 요 투 한 　 　 　 수 선 향 한 시 토 개 파 병

鬧中에 要取靜이면 須先從靜處立個主宰하라.
요 중 　 요 취 정 　 　 　 수 선 종 정 처 입 개 주 재

不然이면 未有不因境而遷하고 隨事而靡者니라.
불 연 　 　 미 유 불 인 경 이 천 　 　 　 수 사 이 미 자

🌸 **주해** 망리(忙裡) : 바쁜 가운데, 다망한 속에서 / 투(偸) : 억지로 구하는 것 / 한시(閒時) : 한가할 때, 한가한 시간 / 토(討) : 찾다 / 파병(杷柄) : 자루. 본문에서는 마음의 자루, 마음의 자세를 뜻함 / 뇨중(鬧中) : 시끄러울 때. / 종(從) : ～을 따라, ～를 좇아 / 주재(主宰) : 주체, 주인 / 불연(不然) : 그렇지 않으면 / 인경이천(因境而遷) : 환경에 따라 옮김, 경우에 따라 변함 / 미(靡) : 흔들림, 흐트러짐.

185
만민을 위하여 살길을

자기의 마음을 어둡게 하지 말고, 남의 인정을 메마르게 하지 말며, 재물의 힘을 다 쓰지 말라. 이 세 가지는 가히 천지를 위하여 마음을 세우고, 만민을 위하여 살 길을 마련하며, 자손을 위하여 복을 만드는 일이니라.

不昧己心하고 不盡人情하며 不竭物力하라.
불 매 기 심   부 진 인 정   불 갈 물 력

三者는 可以爲天地立心하고 爲生民立命하며
삼 자   가 이 위 천 지 입 심   위 생 민 입 명

爲子孫造福이니라.
위 자 손 조 복

🌣 주해 매기심(昧己心) : 바깥의 사물로 인해 자신의 마음이 흐려짐 / 부진인정(不盡人情) : 남에게 베푸는 정을 메마르게 하지 않음, 남에게 가혹하게 대하지 않음, 남에게 박정하게 대하지 않음 / 불갈(不竭) : 다 쓰지 않음, 다소 여유를 남김, 낭비하지 않음 / 입심(立心) : 재 마음을 세움 / 위생민입명(爲生民立命) : 만민을 위해 목숨을 세움, 백성을 위하여 살 길을 마련함, 만민을 편안하게 살 수 있게 함 / 조복(造福) : 복을 만듬, 복지를 마련함.

186
오직 공정하면 밝은 지혜가

공직생활에는 두 마디 말이 있으니, 오직 공정하면 밝은 지혜가 생기고, 오직 청렴하면 위엄이 생긴다는 것이다. 집안일에는 두 마디 말이 있으니, 오직 용서하면 불평이 없고, 오직 검소하면 쓰임이 넉넉하다는 것이니라.

居官에 有二語하니 曰 惟公則生明하고 惟廉則生威요
거 관   유 이 어   왈 유 공 즉 생 명   유 렴 즉 생 위]

居家에 有二語하니 曰 惟恕則情平하고 惟儉則用足이니라
거 가   유 이 어   왈 유 서 즉 정 평   유 검 즉 용 족

❀ 주해 거관(居官) : 벼슬살이를 함, 간직에 있음 / 공(公) : 공평무사함 / 명(明) : 밝은 지혜, 명석한 판단 / 염(廉) : 청렴함 / 생위(生威) : 위엄이 생김, 위신을 높임 / 거가(居家) : 집에 있음, 집안을 다스림 / 서(恕) : 용서함, 관용을 베풂 / 정평(情平) : 불평이 없음 / 검(儉) : 검소함, 검약함 / 용(用) : 쓰임, 비용.

187
늙고 쇠약한 사람의 고달픔

　부귀한 자리에 있을 때에 마땅히 가난하고 천한 사람의 고통을
알아야 하고, 젊을 때에 모름지기 늙고 쇠약한 사람의 고달픔을
생각해야 한다.

處富貴之地에는 要知貧賤的痛癢하고
처 부 귀 지 지 　　요 지 빈 천 적 통 양

當少壯之時에는 須念衰老的辛酸이니라.
당 소 장 지 시 　　수 념 쇠 로 적 신 산

🌼 **주해** 통양(痛癢) : 고통, 쓰라림 / 소장지시(少壯之時) : 젊은 시절 / 쇠로(衰老) : 늙고 쇠
약함 / 신산(辛酸) : 괴로움, 고달픔, 밉고 신 것.

188
일체의 욕됨과 때묻음을

몸가짐을 너무 깨끗하게 하지 말라. 일체의 욕됨과 때묻음을 다
용납하여야 한다. 남과의 사귐에 너무 분명하게 하지 말라. 일체
의 선악과 현우를 다 받아들여야 한다.

持身에는 不可太皎潔이니
지 신   불 가 태 교 결

一切汚辱垢穢를 要茹納得이요
일 체 오 욕 구 예   요 여 납 득

與人에는 不可太分明이니
여 인   불 가 태 분 명

一切善惡賢愚를 要包容得이니라.
일 체 선 악 현 우   요 포 용 득

❀ **주해** 지신(持身) : 몸가짐, 처신 / 태(太) : 너무, 심하게, 지나치게 / 교결(皎潔) : 희고 깨
끗함 / 일체(一切) : 모든 / 오욕(汚辱) : 더럽고 욕됨 / 구예(垢穢) : 때와 더러움 / 여납(茹
納) : 받아들이는 것, 용납함 / 여인(與人) : 남과 사귀는 것 / 포용(包容) : 용납함, 감싸고
받아들임.

189
군자에게 아부하지 말라.

소인과 원수를 맺지 말라. 소인은 그 나름으로 상대가 있느니라. 군자에게 아부하지 말라. 군자는 본시 사사로운 은덕을 베풀지 않느니라.

休與小人仇讐하라. 小人은 自有對頭니라.
휴 여 소 인 구 수　　　소 인　　자 유 대 두

休向君子諂媚하라. 君子는 原無私惠니라.
휴 향 군 자 첨 미　　　군 자　　원 무 사 혜

✿ 주해　휴(休) : ～하지 말라, 그치라 / 구수(仇讐) : 원수 / 대두(對頭) : 짝 / 첨미(諂媚) :
　아첨함, 아부함 / 사혜(私惠) : 사사로운 은혜, 사사로운 은덕.

190
욕심에 얽매인 병은

욕심에 얽매인 병은 고칠 수 있지만 이론에 집착하는 병은 고치기 힘들고, 사물에 의한 막힘은 없앨 수 있지만 의리에 의한 막힘은 없애기 힘든 것이다.

縱欲之病은 可醫나 而執理之病은 難醫하고
종 욕 지 병　　　가 의　　이 집 리 지 병　　　난 의

事物之障은 可除나 而義理之障은 難除니라.
사 물 지 장　　　가 제　　이 의 리 지 장　　　난 제

❀ 주해　종욕(縱欲) : 마음이 내키는 대로 부리는 욕심 / 의(醫) : 치료함, 병을 고침 / 집리(執理) : 이론에 집착함, 이론을 고집하는 것 / 사물지장(事物之障) : 사물에 의한 막힘, 사물에 의한 장애 / 가제(可除) : 없앨 수 있음, 제거할 수 있음 / 난제(難除) : 없애기 힘듦.

191
갈고 닦음을 마땅히

갈고 닦음은 마땅히 백 번 단련한 쇠와 같아야 하니, 급히 이룬 것은 깊은 수양이 아니다. 일을 실천함은 마땅히 천 균의 돌활과 같아야 하니, 가벼이 쏘면 큰 공이 없다.

磨礪는 當如百煉之金이니 急就者는 非邃養이니
마려　　당여백련지금　　　급취자　　비수양

施爲는 宜似千鈞之弩니 輕發者는 無宏功이니라.
시위　　의사천균지노　　경발자　　무굉공

🌸 **주해** 마려(磨礪) : 수양함, 갈고 닦음 / 백련(百煉) : 여러 번 단련함 / 급취(急就) : 급하게 성취함 / 수양(邃養) : 깊은 수양 / 시위(施爲) : 일을 실천함 / 천균(千鈞) : 1균은 30근, 아주 무겁다는 뜻임 / 노(弩) : 돌로 만든 활 / 경발(輕發) : 가벼이 쏨, 경솔하게 일을 시작함 / 무굉공(無宏功) : 큰 공을 이룰 수 없음.

192
소인의 시기와 헐뜯음을

차라리 소인의 시기와 헐뜯음을 받을지언정 소인의 아첨과 찬양 하는 바가 되지는 말라. 차라리 군자의 꾸짖고 깨우치는 바가 될 지언정 군자의 감싸줌을 받는 바가 되지는 말라.

寧爲小人所忌毀이언정 毋爲小人所媚悅하며
영 위 소 인 소 기 훼　　무 위 소 인 소 미 열

寧爲君子所責修이언정 毋爲君子所包容하라.
영 위 군 자 소 책 수　　무 위 군 자 소 포 용

❀ **주해**　영위(寧爲) ~무의(毋爲) : 차라리 ~할지언정 ~하지는 말라 / 기훼(忌毀) : 꺼리고 헐뜯는 것, 시기하고 비방함 / 미열(媚悅) : 아부하고 기뻐함 / 책수(責修) : 질책하고 바로 잡음, 꾸짖고 교정함 / 포용(包容) : 감싸주고 용서함.

193
명성을 좋아하는 자는

이욕(利慾)을 좋아하는 자는 도의 밖에 벗어난지라 그 해독이 나타나되 얕고, 명성을 좋아하는 자는 도의 안에 숨어든지라 그 해독이 드러나지 않되 깊은 것이다.

好利者는 逸出於道義之外하여 其害顯而淺하고
호 리 자   일 출 어 도 의 지 외   기 해 현 이 천
好名者는 竄入於道義之中하여 其害隱而深이니라.
호 명 자   찬 입 어 도 의 지 중   기 해 은 이 심

❀ 주해 일출(逸出) : 벗어남 / 도의(道義) : 도독과 의리 / 해(害): 해독 / 현(顯) : 나타남, 드러남 / 천(淺) : 얕음 / 찬입(竄入) : 안으로 파고듦, 속으로 숨어듦 / 은(隱) : 숨겨져 있음, 보이지 않음.

194
남의 은혜 받음은

  남의 은혜 받음은 비록 깊어도 갚지 않으나 원한은 얕아도 갚고, 남의 악을 들으면 비록 뚜렷하지 않아도 의심치 않으나 착함은 뚜렷해도 의심한다. 이는 바로 각박함의 극치요, 야박하기 이를 데 없는 것이니 마땅히 진실로 경계해야 한다.

受人之恩에는 雖深不報나 怨則淺亦報之하고
수 인 지 은   수 심 불 보   원 즉 천 역 보 지

聞人之惡에는 雖隱不疑나 善則顯亦疑之하나니
문 인 지 악   수 은 불 의   선 즉 현 역 의 지

此刻之極이요 薄之尤也니 宜切戒之니라.
차 각 지 극   박 지 우 야   의 절 계 지

❀ 주해 심(深) : 깊음 / 불보(不報) : 깊지 않음, 보답하지 않음 / 원(怨) : 원한 / 천(淺) : 얕음 / 은(隱) : 뚜렷하지 않음, 확실치 않음 / 현(顯) : 드러남, 확실함 / 각지극(刻之極) : 각박함의 극치, 각박함이 극단에 이름 / 박지우(薄之尤) : 야박하기 더할 나위 없음, 박하기 이를 데 없음 / 절(切) : 간절히, 절실하게, 진실로.

195
아양 떨고 아첨하는 무리는

참소하고 헐뜯는 무리는 마치 작은 구름이 햇빛을 가리는 것과 같아서 오래지 않아 스스로 밝혀진다. 아양 떨고 아첨하는 무리는 마치 틈새 사람이 피부에 스며듦과 같아서 그 해독을 깨닫지 못한다.

讒夫毁士는 如寸雲蔽日하여 不久自明이요
참 부 훼 사　　 여 촌 운 폐 일　　 불 구 자 명

媚子阿人은 似隙風侵肌하여 不覺其損이니라.
미 자 아 인　　 사 극 풍 침 기　　 불 각 기 손

❀ 주해　참부(讒夫) : 참소하는 자 / 훼사(毁) : 헐뜯는 자 / 촌운(寸雲) : 작은 구름, 조각구름 / 폐일(日) : 태양을 가림 / 자명(自明) : 저절로 밝혀짐, 스스로 밝혀짐 / 미자(媚子) : 아양 떠는 사람 / 아인(阿人) : 아첨하는 사람, 아부하는 사람 / 극풍(隙風) : 틈 사이로 들어오는 바람 / 침기(侵肌) : 피부에 스며듦, 살갗에 파고듦 / 손(損) : 해로움, 피해, 해독.

196
초목이 떨기를 이루고

산이 높고 가파른 곳에는 나무가 없으나, 계곡이 감도는 곳에는 초목이 떨기를 이루고, 물살이 세고 급한 곳에는 고기가 없으나 못이 깊고 고요하면 물고기, 자라가 모여들게 된다. 이와 같이 높고 뛰어난 행실과 성급한 마음을 군자는 거듭 경계해야 한다.

山之高峻處에는 無木이로되
산 지 고 준 처   무 목

而谿谷廻環이면 則草木이 叢生하고
이 계 곡 회 환   즉 초 목   총 생

水之湍急處에는 無魚로되
수 지 단 급 처   무 어

而淵潭停蓄이면 則魚鼈이 聚集하나니
이 연 담 정 축   즉 어 별   취 집

此高絶之行과 褊急之衷은 君子重有戒焉이니라.
차 고 절 지 행   편 급 지 충   군 자 중 유 계 언

❀ **주해** 고준(高峻) : 높고 험준함 / 회환(廻環) : 굽이굽이 감돌다 / 총생(叢生) : 무성하게 자람, 우거짐, 떨기로 자라남 / 단급처(湍急處) : 물살이 세고 급한 곳 / 연담(淵潭) : 연못 / 정축(停蓄) : 머물러 쌓임, 정지하여 괴는 것 / 어별(魚鼈) : 물고기와 자라 / 취집(聚集) : 모여듦 / 고절지행(高絶之行) : 높고 탁월한 행실, 지나치게 고상한 행실 / 편급(褊急) : 성미가 좁고 급함 / 충(衷) : 마음.

197
일을 그르치고 기회를 놓친 사람은

공을 세우고 사업을 이룬 사람은 대개 허심탄회하고 원만하나,
일을 그르치고 기회를 놓친 사람은 반드시 고집이 센 사람이다.

建功立業者는 多虛圓之士요
건 공 입 업 자　　　　다 허 원 지 사

僨事失機者는 必執拗之人이니라.
분 사 실 기 자　　　　필 집 요 지 인

❀ 주해　허원(虛圓) : 허심탄회하고 원만함, 구애를 받지 않음 / 분사(僨事) : 일에 실패함, 일
을 그르침 / 실기(失機) : 기회를 놓치는 것 / 집요(執拗) : 집착과 고집이 셈.

198
일을 함에 있어

처세함에 있어 마땅히 세속과 같게 해서도 안 되며, 또한 세속과 다르게 해서도 안 된다. 일을 함에 있어 마땅히 사람들이 싫어하게 해서도 안 되고, 또한 사람들을 기쁘게 해서도 안 된다.

處世에 不宜與俗同이요
처 세 불 의 여 속 동

亦不宜與俗異하고 作事네 不宜令人厭이요
역 불 의 여 속 이   작 사 불 의 영 인 염

亦不宜令人喜니리.
역 불 의 영 인 희

❄ 주해 처세(處世) : 세상을 살아감 / 불의(不宜), 역불의(亦不宜) : 해서고 안 되고, ~또한 ~해서도 안 된다 / 속(俗) : 세속 / 작사(作事) : 일을 함 / 영인희(令人喜) : 남들로 하여금 기쁘게 함.

199
등자와 귤 향기는 새롭다.

날은 이미 저물었으나 저녁노을은 오히려 눈부시게 빛나고, 한 해가 곧 지려하는데도 등자와 귤 향기는 더욱 새롭다. 그러므로 군자는 삶의 말로에 다시 정신을 백배나 더 해야 할 것이다.

旣暮而猶烟霞絢爛하고 歲將晚而更橙橘芳馨하나니
기 모 이 유 연 하 현 란　　　세 장 만 이 갱 등 귤 방 형

故로 末路晚年을 君子更宜精神百倍니라.
고　　말 로 만 년　군 자 갱 의 정 신 백 배

✿ **주해** 기(旣) : 이미 / 유(猶) : 오히려, 도리어 / 연하(烟霞) : 연기와 노을/ 현란(絢爛) : 눈부시게 빛남 / 장(將) : 장차 / 등귤(橙橘) : 등자와 귤 / 방형(芳馨) : 향기, 꽃다운 향기.

200
군자는 총명을 드러내지도

　매는 조는 듯 서 있고 범은 병든 듯 걷는다. 이것의 곧 그것들이 사람을 움켜잡고 물어뜯는 수단인 것이다. 그러므로 군자는 총명을 드러내지도 말고 재주를 나타내지도 말아야 하니, 이것이 비로소 큰 일이 두 어깨에 짊어질 역량인 것이다.

鷹立如睡하고　虎行似病하나니
응 립 여 수　　　호 행 사 병

正是他攫人噬人手段處라.
정 시 타 확 인 서 인 수 단 처

故로　君子는　要聰明不露하고　才華不逞하나니
고　　군 자　　요 총 명 불 로　　　재 화 불 령

纔有肩鴻任鉅的力量이니라.
재 유 견 홍 임 거 적 역 량

❀ **주해** 정(正) : 바로 / 타(他) : 그, 그것들, 대명사 / 확(攫) : 움켜잡음 / 서(噬) : 씹다, 물어뜯다 / 불로(不露) : 드러내지 않음, 나타내지 않음 / 재화(才華) : 눈부신 재능, 탁월한 재주 / 불령(不逞) : 나타내지 않음. 령(逞)은 쾌하다(快也), 끄르다, 풀다(解也), 통하다(通也), 구속받지 않다의 뜻임. 원래의 음은 정(정)이며 령은 속음임 / 재(纔) : 겨우, 비로소 / 견홍임거(肩鴻任鉅) : 두 어깨에 큰 짐(책임)을 짊어짐. 견(肩)은 어깨, 홍(鴻). 거(鉅)는 크다는 뜻임.

201
검소함과 절약은 아름다운 덕이지만

검소함과 절약은 아름다운 덕이지만 지나치면 인색하고 천박하여 도리어 올바른 도리를 해치게 된다. 겸손함과 양보는 아름다운 행실이지만 지나치면 비굴함과 아부가 되어 꾸미는 마음이 드러나게 된다.

儉은 美德也나 過則爲慳吝하고 爲鄙嗇하여 反傷雅道하며
검　　미덕야　　과즉위간린　　　위비색　　　반상아도

讓은 懿行也나 過則爲足恭하고 爲曲謹하여 多出機心이니라.
양　　의행야　　과즉위족공　　　위곡근　　　다출기심

❀ 주해　간린(慳吝) : 인색함 / 비색(鄙嗇) : 비루하고 인색함, 천박하고 인색함 / 반상아도 (反傷雅道) : 도리어 올바른 도리를 해침 / 의행(懿行) : 아름다운 행실 / 족공(足恭) : 너무 공손함, 아부 / 곡근(曲謹) : 너무 조심함 / 기심(機心) : 꾸미는 마음, 엿보는 마음, 불순한 속셈.

202
오래 편안함을 믿지 말고

뜻대로 되지 않음을 걱정하지 말고, 마음에 통쾌함을 기뻐하지 말라. 오래 편안함을 믿지 말고 처음의 어려움을 두려워하지 말라.

毋憂拂意하고 **毋喜快心**하며
무 우 불 의   무 희 쾌 심

毋恃久安하고 **毋憚初難**하라.
무 시 구 안   무 탄 초 난

※ **주해** 불의(拂意) : 일이 뜻대로 되지 않음 / 쾌심(快心) : 일이 잘 되어 마음에 흡족함, 마음에 통쾌함 / 구안(久安) : 오랫동안 편안함 / 무탄초난(毋憚初難) : 처음의 어려움을 두려워하지 말라. 탄(憚)은 꺼리다, 두려워 하다의 뜻임.

203
술잔치의 즐거움이 잦으면

술잔치의 즐거움이 잦으면 좋은 집안이라고 할 수 없고, 명성의 빛남을 탐하면 훌륭한 선비라 할 수 없으며, 높은 벼슬에 대한 집념이 강하면 어진 신하라 할 수 없다.

飮宴之樂多는 不是個好人家요
음 연 지 락 다   불 시 개 호 인 가

聲華之習勝은 不是個好士子며
성 화 지 습 승   불 시 개 호 사 자

名位之念重은 不是個好臣士니라.
명 위 지 념 중   불 시 개 호 신 사

✿ 주해 음연(飮宴) : 술잔치 / 호인가(好人家) : 좋은 잡안, 훌륭한 가정 / 성화(聲華) : 명성, 화려한 평판 / 습(習) : 습관 / 승(勝) : 이기다, 심하다, 더하다 / 호사자(好士子) : 좋은 선비, 훌륭한 선비 / 명위(名位) : 높은 벼슬, 높은 지위 / 중(重) : 무거움, 간절함, 깊음, 많음 / 호신사(好臣士) : 좋은 신하, 훌륭한 신하.

204
도리어 즐거운 마음에 이끌리어

세상 사람들은 마음에 드는 것으로 즐거움을 삼는지라, 도리어 즐거운 마음에 이끌리어 괴로운 곳에 있게 되며 달관한 선비는 마음에 어긋나는 것으로 즐거움을 삼는지라, 결국은 괴로운 마음이 바뀌어 즐거움이 오게 되는 것이다.

世人은 **以心肯處爲樂**이라 **却被樂心引在苦處**하며
세인 이심긍처위락 각피락심인재고처

達士는 **以心拂處爲樂**이라 **終爲苦心換得樂來**니라.
달사 이심불처위락 종위고심환득락래

주해 세인(世人) : 세상 사람들 / 긍(肯) : 즐김, 만족함, 맞음 / 각(却) : 도리어, 오히려 / 낙심(樂心) : 즐거운 마음 / 달사(達士) : 이치에 통달한 선비, 달관한 지성인 / 심불처(心拂處) : 마음에 어긋나는 것, 마음에 거스르는 것 / 고심(苦心) : 괴로운 마음 / 득락래(得樂來) : 즐거움이 오게 됨.

205
위급한 처지에 있는 사람은

가득찬 곳에 있는 사람은 마치 물이 넘치려다가 아직 넘치지 않음과 같아서 한 방울을 더함도 진실로 꺼린다. 위급한 처지에 있는 사람은 마치 나무가 꺾일 듯 말 듯함과 같아서 조금만 더 누르는 것도 진실로 싫어한다.

居盈滿者는 如水之將溢未溢하여 切忌再加一滴하고
거 영 만 자　여 수 지 장 일 미 일　절 기 재 가 일 적
處危急者는 如木之將折未折하여 切忌再加一搦이니라.
처 위 급 자　여 목 지 장 절 미 절　절 기 재 가 일 닉

❀ 주해　영만(盈滿) : 가득 차 있음 / 장일미일(將溢未溢) : 물이 넘치려다가 아직 넘치지 않음 / 절(切) : 간절히, 진실로 / 기(忌) : 꺼림 / 가(加) : 더함, 보탬 / 일적(一滴) : 한 방울 / 장절미절(將折未折) : 곧 꺾일 듯하다가 아직 꺾이지 않은 것 / 일닉(一搦) : 한번 누름, 한번 건드림.

206
냉철한 마음으로 도리를

　냉철한 눈으로 사람을 보고, 냉철한 귀로 말을 들으며, 냉철한 정으로 느낌에 대처하고, 냉철한 마음으로 도리를 생각해야 한다.

冷眼觀人하고 冷耳聽語하며
냉 안 관 인　　냉 이 청 어
冷情當感하고 冷心思理하라.
냉 정 당 감　　냉 심 사 리

❀ 주해　냉안(冷眼) : 냉철한 눈, 냉철한 안목 / 당(當) : 대처하는 것 / 사리(思理) : 이치를 생각함, 도리를 생각함.

207
천박한 사람은 마음이 좁고

어진 사람은 마음이 너그럽고 넉넉하여 복이 두텁고 경사도 오래가며 하는 일마다 너그러운 기상을 이루게 된다. 천박한 사람은 마음이 좁고 급하여 복록도 박하고 은택도 짧으며 하는 일마다 옹졸한 모양을 이루게 된다.

仁人은 心地寬舒라 便福厚而慶長하여
인 인   심 지 관 서   변 복 후 이 경 장

事事成個寬舒氣象하고
사 사 성 개 관 서 기 상

鄙夫는 念頭迫促이라 便祿薄而澤短하여
비 부   염 두 박 촉   변 녹 박 이 택 단

事事得個薄促規模일지니라.
사 사 득 개 박 촉 규 모

❀ **주해** 심지(心地) : 마음 / 관서(寬舒) : 너그럽고 느긋함, 너그럽고 서둘지 않음 / 경장(慶長) : 경사가 오래 감 / 비부(鄙夫) : 비루한 사람, 천박한 사람 / 염두(念頭) : 생각, 마음 / 박촉(迫促) : 좁고 급함 / 녹(祿) : 천록, 복록 / 택(澤) : 은혜, 은택 / 규모(規模) : 생긴 모습, 모양.

208
착하다는 소문을 듣더라도

악하다는 소문을 듣더라도 곧바로 미워하지는 말라, 참소하는 사람의 분풀이가 될까 두렵다. 착하다는 소문을 듣더라도 서둘러 친하지는 말라. 간악한 사람의 출세를 이끌어 줌이 될까 두렵다.

聞惡이라도 不可就惡니 恐爲讒夫洩怒요
문 악   불 가 취 오   공 위 참 부 설 노

聞善이라도 不可急親이니 恐引奸人進身이니라.
문 선   불 가 급 친   공 인 간 인 진 신

❀ **주해** 문악(聞惡) : 남의 나쁜 소식을 듣는 것 / 취오(就惡) : 바로 미워함 / 참부(讒夫) : 참소하는 사람 / 설노(洩怒) : 분풀이 / 급친(急親) : 서둘러 친함, 성급히 가까이 함 / 진신(進身) : 출세함, 진출함.

209
마음이 온화하고 기상이 평온함

성격이 조급하고 마음이 거친 사람은 한 가지 일도 이룰 수 없고, 마음이 부드럽고 기상이 평온한 사람은 온갖 복이 저절로 모여든다.

性燥心粗者는 一事無成이요
성 조 심 조 자　　일 사 무 성

心和氣平者는 百福自集이니라
심 화 기 평 자　　백 복 자 집

❁ 주해　성조(性燥) : 성질이 조급함 / 심조(心粗) : 마음이 거침 / 심화기평(心和氣平) : 마음이 온화하고 기상이 평온함 / 백복자집(百福自集) : 온갖 복이 저절로 모여듦.

210
벗을 사귈 때는 신중해야

  사람을 씀에는 각박해서는 안 되니, 각박하면 공효를 다하려던 사람이 떠나게 된다. 벗을 사귈 때는 신중해야 하니, 신중하지 않으면 아첨하는 사람도 오게 된다.

用人은 不宜刻이니 刻則思效者去하고
용 인　　불 의 각　　　각 칙 사 효 자 거

交友에는 不宜濫이니 濫則貢諛者來니라.
교 우　　불 의 람　　　남 칙 공 유 자 래

❁ 주해　용인(用人) : 남을 부림, 사람을 씀 / 각(刻) : 각박함 / 사효자(思效者) : 공효(功效)를 생각하는 사람 / 불의(不宜) : ~해서는 안 됨 / 람(濫) : 함부로 함, 넘침 / 공유자(貢諛者) : 아첨하는 사람.

211
길이 위태롭고 험한 곳에서는

바람이 세차고 빗발이 급한 곳에서는 다리를 꿋꿋이 세워야 하고, 꽃이 흐드러지고 버들빛이 짙은 곳에서는 눈을 높이 두어야 하며, 길이 위태롭고 험한 곳에서는 머리를 재빨리 돌려야 한다.

風斜雨急處에 要立得脚定하고
풍 사 우 급 처　　요 입 득 각 정

花濃柳艷處엔 要着得眼高하며
화 농 류 염 처　　요 착 득 안 고

路危徑險處엔 要回得頭早니라.
노 위 경 험 처　　요 회 득 두 조

❀ **주해** 풍사우급(風斜雨急) : 바람이 비껴 불고 빗발이 급하게 쏟아짐. 어지러운 세상을 뜻함 / 요(要) : 모름지기 ~해야 한다. 마땅히 ~ 해야 한다 / 화농류염처(花濃柳艷處) : 꽃이 흐드러지고 버들빛이 짙은 곳. 영화롭고 순탄한 환경을 뜻함. 술과 여인이 있는 환락가로 풀이하기도 함 / 착득안고(着得眼高) : 눈을 들어 높은 곳을 봄. 보다 차원 높은 정신적 경지에 마음을 둠 / 노위경험처(路危徑險處) : 길이 위태롭고 소로가 험한 곳. 경(徑)은 소로, 오솔길, 지름길을 뜻함 / 회득두조(回得頭早) : 머리를 돌려 재빨리 물러섬.

212
절의가 있는 사람은

　절의가 있는 사람은 온화한 마음을 길러야 비로소 성내고 다투는 길을 열지 않을 것이며, 공명을 누리는 사람은 겸손하고 양보하는 덕을 이어야 바야흐로 질투의 문을 열지 않게 된다.

節義之人은 濟以和衷이라야
절 의 지 인 　　 제 이 화 충

纔不啓忿爭之路하고
재 불 계 분 쟁 지 로

功名之士는 承以謙德이라야
공 명 지 사 　　 승 이 겸 덕

方不開嫉妬之門이니라.
방 불 개 질 투 지 문

❀ **주해** 제(濟) : 구제함, 보충함, 보완함 / 화충(和衷) : 온화한 마음, 화평한 마음, 충(衷)은 마음을 뜻함 / 재(纔) : 겨우, 비로소, 잠깐 / 불계(不啓) : 열지 않음 / 분쟁(忿爭) : 성내어 다툼 / 승이겸덕(承以謙德) : 겸손한 덕을 이어받음.

213
요행을 얻을 실마리

사대부가 벼슬자리에 있을 때에는 편지 한 장이라도 절도가 없어서는 안 된다. 마땅히 남들이 보지 못하게 하여 요행을 얻을 실마리를 막아야 한다. 향리에 있을 때에는 위엄을 너무 높이 세워서는 안 된다. 마땅히 사람들이 쉽게 만나 볼 수 있게 하여 옛정을 두터이 해야 한다.

士大夫居官에 不可竿牘無節이니
사 대 부 거 관   불 가 간 독 무 절

要使人難見하여 以杜倖端이요
요 사 인 난 견   이 두 행 단

居鄕엔 不可崖岸太高니
거 향   불 가 애 안 태 고

要使人易見하여 以敦舊好니라.
요 사 인 이 견   이 돈 구 호

❀ **주해** 간독(竿牘) : 편지. 간독(簡牘). 간(竿 : 대줄기, 낚싯대)은 간(簡 : 편지, 서찰)과 통함 / 무절(節) : 절도가 없음 / 두(杜) : 막음 / 행단(倖端) : 요행을 얻을 실마리, 요행을 탈 단서 / 거향(居鄕) : 벼슬에서 물러나 시골에서 평민으로 살아감 / 애안(崖岸) : 벼랑, 낭떠러지, 절벽. 위언, 위의를 뜻함 / 태고(太高) : 지나치게 높음 / 돈(敦) : 두터이 함, 돈독하게 함 / 구호(舊好) : 옛정, 오랜 정의(情誼).

214
백성을 두려워한즉

　대인을 두려워하지 않으면 안 되니, 대인을 두려워한즉 방종한 마음이 없어지리라. 백성도 또한 두려워하지 않으면 안 되니, 백성을 두려워한즉 교만하고 횡포하다는 이름이 없어지리라.

大人은 不可不畏니
대 인　　불 가 불 외

畏大人則無放逸之心하고
외 대 인 즉 무 방 일 지 심

小民도 亦不可不畏니
소 민　　역 불 가 불 외

畏小民則無豪橫之名이니라.
외 소 민 즉 무 호 횡 지 명

❀ **주해**　대인(大人) : 학문과 덕망이 높은 사람. 대덕지인(大德之人)을 뜻함 / 불가불(不可不) : ~하지 않을 수 없다, ~하지 않으면 안 된다 / 외(畏) : 두려워한 , 겁냄 / 방일(放逸) : 방종 / 소민(小民) : 백성 / 호횡(豪橫) : 호기롭고 횡포함, 교만하고 횡포함.

215
나보다 나은 사람을 생각하라.

일이 조금이라도 뜻에 어긋날 때는 곧 나만 못한 사람을 생각하라. 그러면 원망이 저절로 사라지게 된다. 마음이 조금이라도 게을러질 때는 곧 나보다 나은 사람을 생각해라. 그러면 정신이 저절로 분발하게 된다.

事稍拂逆에 便思不如我的人이면 則怨尤自消하고
사 초 불 역   변 사 불 여 아 적 인   즉 원 우 자 소

心稍怠荒에 便思勝似我的人이면 則精神自奮이니라.
심 초 태 황   변 사 승 사 아 적 인   즉 정 신 자 분

✼ **주해** 초(稍) : 조금 / 불역拂(逆) : 뜻대로 되지 않음, 마음에 어긋남 / 불여아(不如我) : 나보다 못함 / 원우(怨尤) : 원망하고 허물함, 원망하고 나무람 / 자소(自消) : 저절로 소멸됨, 절로 사라짐 / 태황(怠荒) : 게으르고 거칠어짐 / 변(便) : 문득 / 승사아(勝似我) : 나보다 나음, 나보다 뛰어남 / 자분(自奮) : 저절로 분발함, 스스로 분투함.

216
고달프다고 해서 일의 마무리를

기쁨에 들떠 가벼이 승낙해서는 안 되고, 술취함으로 인해 화를
내어서도 안 된다. 유쾌함에 들떠 일을 많이 떠벌여서도 안 되고,
고달프다고 해서 일의 마무리를 소홀히 해서는 안 된다.

不可乘喜而輕諾하고 不可因醉而生嗔하며
불 가 승 희 이 경 락   불 가 인 취 이 생 진

不可乘快而多事하고 不可因倦而鮮終이니라.
불 가 승 쾌 이 다 사   불 가 인 권 이 선 종

✿ **주해** 승희(乘喜) : 기쁨에 들떠 / 경낙(輕諾) : 가벼이 허락함, 경솔하게 승낙함 / 인취(因
醉) : 술취한 까닭에, 취기로 인하여 / 생진(生嗔) : 성을 내가, 화를 냄 / 다사(多事) : 일을
많이 떠벌임 / 인권(因倦) : 피곤함 때문에, 권태로운 까닭에, 고달프다고 해서 / 선종(鮮終)
: 마무리를 소홀히 함, 끝맺음을 제대로 못함.

217
사물을 잘 관찰하는 사람은

책을 잘 읽는 사람은 글을 읽어서 손발이 저절로 움직이며 춤추는 경지에 이르도록 해야 하니, 그리 해야만 바야흐로 자구에 얽매이지 않게 되리라. 사물을 잘 관찰하는 사람은 마음과 정신이 그것과 융합하는 경지에 이르러야 하니, 그리 해야만 바야흐로 겉모습에 사로잡히지 않게 되리라.

善讀書者는 要讀到手舞足蹈處라야 方不落筌蹄하고
선 독 서 자　　　요 독 도 수 무 족 도 처　　　방 불 락 전 제
善觀物者는 要觀到心融神洽時라야 方不泥迹象이니라.
선 관 물 자　　　요 관 도 심 융 신 흡 시　　　방 불 니 적 상

❀ 주해　선(善) : 잘함 / 수무족도(手舞足蹈) : 손발을 움직여 덩실덩실 춤을 추는 것. 기쁨에 겨워 저절로 춤을 추게 됨 / 방(方) : 바야흐로 / 전제(筌蹄) : 전(筌)은 고기를 잡는 통발, 소쿠리. 제(蹄)는 토끼를 잡는 올무. 덫(문장의 참된 의미를 이해하지 못하고 자구(字句)에만 매달리는 것을 비유한 말임) / 심융신흡(心融神洽) : 마음과 정신이 융화됨. 마음과 정신이 사물과 하나가 됨 / 불니(不泥) : 빠지지 않음, 구애받지 않음, 사로잡히지 않음 / 적상(迹象) : 자취와 모양, 외형, 겉모습.

218
하늘은 한 사람을 잘 살게 하여

하늘은 한 사람을 현명하게 하여 여러 사람의 어리석음을 깨우치게 하였는데, 세상에서는 도리어 자신의 잘하는 바를 으스대며 남의 모자람을 들추어낸다. 하늘은 한 사람을 잘 살게 하여 여러 사람의 곤궁함을 건지게 하였는데 세상에서는 도리어 자신이 가진 것을 믿고 남의 가난을 업신여긴다. 참으로 천벌을 받을 사람들이다.

天賢一人하여 以誨衆人之愚어늘
천 현 일 인   이 회 중 인 지 우

而世反逞所長하여 以形人之短하고
이 세 반 령 소 장   이 형 인 지 단

天富一人하여 以濟衆人之困이어늘
천 부 일 인   이 제 중 인 지 곤

而世反挾所有하여 以凌人之貧하나니
이 세 반 협 소 유   이 능 인 지 빈

眞天之戮民哉로다.
진 천 지 륙 민 재

❀ **주해** 회(誨) : 가르치다, 깨우침 / 반(反) : 도리어, 오히려 / 령소장(逞所長) : 자신의 장점을 으시댐, 자신의 잘하는 바를 뽐냄 / 형인지단(形人之短) : 남의 모자람을 들추어냄, 다른 사람의 단점을 드러냄 / 제(濟) : 구제함, 건짐 / 곤(困) : 곤궁 / 협소유(挾所有) : 가진 것을 믿고서, 재산에 의지하여 / 능(凌) : 업신여김, 능멸 / 진(眞) : 진정, 참으로 / 천지륙민(天之戮民) : 하늘의 저주를 받을 사람, 천벌을 받을 백성. 육(戮)은 살(殺 : 죽이다), 욕(辱 : 욕되다)의 뜻임.

덕이 높고 이치에 높은 사람은

지인은 무엇을 생각하고 무엇을 걱정하리오! 어리석은 사람은 아는 것도 없고 생각하는 것도 없으므로 함께 학문을 논하고 더불어 공을 세울 수도 있다. 다만 어중간한 재주를 지닌 사람들이 생각과 아는 것이 많고 억측과 시기심도 많아서 일마다 함께 하기가 어렵도다.

至人은 何思何慮리오. 愚人은 不識不知라
지 인　　하 사 하 려　　　　우 인　　불 식 부 지

可與論學하고 亦可與建功이로되
가 여 논 학　　　역 가 여 건 공

唯中才的人은 多一番思慮知識하니
유 중 재 적 인　　다 일 번 사 려 지 식

便多一番億度猜疑하여 事事難與下手니라.
변 다 일 번 억 탁 시 의　　　사 사 난 여 하 수

❀ **주해** 지인(至人) : 덕이 높고 이치에 통달한 사람, 학문과 덕이 최상에 이른 사람 / 불식부지(不識不知) : 아는 것도 없고 생각하는 것도 없음, 식(識)은 앎, 지식, 지(知)는 지각(知覺), 생각, 사려를 뜻함 / 일번(一番) : 한편 / 억탁(億度) : 억측 / 시의(猜疑) : 시기하고 의심하는 것 / 사사(事事) : 일마다 / 하수(下手) : 일을 함.

220
뜻 단속을 잘하지 못하면

입은 곧 마음의 문이니 입조심을 잘 하지 못하면 진짜 기밀이 다 새어나가고 만다. 뜻은 곧 마음의 발이니 뜻 단속을 잘 하지 못하면 마음은 그릇된 길로 달려가고 만다.

口乃心之門이니 守口不密이면 洩盡眞機하며
구 내 심 지 문　　　수 구 불 밀　　　설 진 진 기

意乃心之足이니 防意不嚴이면 走盡邪蹊니라.
의 내 심 지 족　　　방 의 불 엄　　　주 진 사 혜

❀ **주해** 내(乃) : 곧 / 수구(守口) : 입을 지킴. 말을 삼가는 것 / 불밀(不密) : 엄밀히 하지 못함, 굳게 하지 못함 / 설진(洩盡) : 다 새어나감, 모두 누설됨 / 진기(眞機) : 진짜 기밀 / 불엄(不嚴) : 엄격하게 하지 못함 / 사혜(邪蹊) : 사악한 길, 옳지 못한 길, 그릇된 길, 혜(蹊)는 좁은 길, 사잇길을 말함.

221
남을 꾸짖는 사람은

남을 꾸짖는 사람은 허물이 있는 가운데서도 허물이 없음을 찾으면 마음이 평온할 것이요, 자신을 꾸짖는 사람은 허물이 없는 속에서도 허물이 있음을 찾으면 덕이 향상케 된다.

責人者는
책 인 자

原無過於有過之中하면 則情平하고
원 무 과 어 유 과 지 중   즉 정 평

責己者는
책 기 자

求有過於無過之內면 則德進이니라.
구 유 과 어 무 과 지 내   즉 덕 진

🌸 주해 책인(責人) : 남을 꾸짖는 것 / 원(原) : 구함, 찾음, 살핌 / 무과(無過) : 과실이 없음, 허물이 없음, 잘못이 없음 / 정평(情平) : 마음이 편안함, 감정이 평온함, 즉 노여움이나 불평이 없는 것 / 진(進) : 앞으로 나아가는 것, 발전됨, 향상됨, 진보됨.

222
어린이는 어른의 씨앗이요.

어린이는 어른의 씨앗이요, 수재는 사대부의 씨앗이다. 이때에 만약 불길이 이르지 못하여 단련이 잘 되지 못하면 뒷날 세상을 살아가거나 조정에 서게 될 때에 끝내 훌륭한 인물이 되지 못한다.

子弟者는 大人之胚胎요
자 제 자   대 인 지 배 태

秀才者는 士夫之胚胎니
수 재 자   사 부 지 배 태

此時에 若火力不到하여 陶鑄不純하면
차 시   약 화 력 부 도   도 주 불 순

他日에 涉世立朝하여 終難成個令器니라.
타 일   섭 세 입 조   종 난 성 개 영 기

❀ 주해 자제(子弟) : 어린이, 학생 / 대인(大人) : 어른 / 배태(胚胎) : 씨앗, 싹, 알, 태아 / 수재(秀才) : 재능이 뛰어난 사람. 여기서는 과거합격생의 칭호임 / 사부(士夫) : 사대부 / 부도(不到) : 이르지 못함, 미치지 못함 / 도주(陶鑄) : 도(陶)는 흙을 구워서 만든 질그릇. 주(鑄)는 쇳물을 형틀에 부어서 만든 금속제품(단련, 도야를 뜻함) / 불순(不純) : 완전치 못함, 순수하지 못함 / 섭세(涉世) : 세상을 살아감, 처세 / 입조(立朝) : 조정에 들어가 벼슬아치가 됨 / 영기(令器) : 아름다운 그릇, 좋은 그릇, 훌륭한 인재.

223
군자가 어려움에 처해서는

군자가 어려움에 처해서는 근심하지 않으나 즐거운 자리에서는
몸가짐을 삼가며, 권세 있고 부유한 사람을 만나서는 두려워하지
않으나 외롭고 의지할 데 없는 사람에 대해서는 안타까워한다.

君子는 處患難而不憂하고 當宴遊而惕慮하며
군자   처 환 난 이 불 우   당 연 유 이 척 려

遇權豪而不懼하고 對惸獨而警心이니라.
우 권 호 이 불 구   대 경 독 이 경 심

❀ **주해** 환난(患難) : 걱정스럽고 어려운 처지 / 연유(宴遊) : 잔치를 베풀고 노는 것 / 척려
(惕慮) : 두려워하고 걱정함 / 권호(權豪) : 유력한 사람, 세력 있는 사람 / 불구(不懼) : 두
려워하지 않음 / 경독(惸獨) : 외롭고 의지할 데 없는 사람 / 경심(警心) : 안타까워함, 불쌍
히 여김.

224
예쁘면서 일찍 지는 것은

복숭아꽃과 오얏꽃이 비록 고우나 어찌 늘 푸른 송백의 굳고 곧음만 하리오. 배, 살구가 비록 달다 하나 어찌 노란 유자, 푸른 귤의 맑은 향기만 하리오. 정말 그렇다! 예쁘면서 일찍 지는 것은 맑으면서 오래 가는 것만 못하고, 일찍 빼어나는 것은 늦게 이루어짐만 못한 것을!

桃李雖艶이나 何如松蒼栢翠之堅貞하며
도 리 수 염　　　하 여 송 창 백 취 지 견 정

梨杏雖甘이나 何如橙黃橘綠之馨冽이리오
이 행 수 감　　　하 여 등 황 귤 록 지 형 렬

信乎라 濃夭는 不及淡久하며 早秀는 不如晚成也로다.
신 호　　농 요　　불 급 담 구　　조 수　　불 여 만 성 야

✤ **주해** 도리(桃李) : 복숭아꽃, 오얏꽃 / 염(艶) : 고움, 아름다움, 요염함, 예쁨 / 송창백취(松蒼栢翠) : 소나무의 푸르름과 잣나무의 푸르름 / 견정(堅貞) : 굳은 절개, 굳고 곧음 / 이행(梨杏) : 배, 살구 / 하여(何如) : 어찌 ~와 같겠는가, 어찌 ~만 같으리오 / 등황귤록(橙黃橘綠) : 노란 유자와 푸른 귤 / 형렬(馨冽) : 향기가 많음 / 신호(信乎) : 정말 그렇다, 참으로 믿겠노라. 호(乎)는 감탄형어조사 / 농요(濃夭) : 고우나 빨리 시듦, 예쁘지만 일찍 죽음. 요(夭)는 요절 / 불급(不及) : 미치지 못하는 것 / 담구(淡久) : 담박하고 오래 감 / 조수(早秀) : 일찍 빼어남, 조숙함 / 불여(不如) : ~만 못함, ~와 같지 않음 / 만성(晚成) : 늦게 이루어 냄. 대기만성(大器晚成 : 큰 그릇은 늦게 이루어짐).

225
삶의 참된 경지를 보고

바람 자고 물결이 고요한 가운데에서 삶의 참된 경지를 보고,
맛이 담담하고 소리가 드문 곳에서 마음의 본성을 안다.

風恬浪靜中에 見人生之眞境하고
풍 념 랑 정 중　　　견 인 생 지 진 경

味淡聲希處에 識心體之本然이니라.
미 담 성 희 처　　　식 심 체 지 본 연

❁ 주해 풍념(風恬) : 바람이 잠잠함 / 진경(眞境) : 참된 경지 / 희(希) : 희(稀)와 통함. 드물
다, 고요하다, 희미하다 / 심체(心體) : 마음의 본체, 마음의 본바탕 / 본연(本然) : 타고난
모습, 본래의 모습, 참된 모습.

菜根譚

후집(後集)

산림속에서 한가롭게 세월을 보내는 즐거움에
대해서 기록한 내용이다.

後
集

1
자연에 묻혀 사는 즐거움

산림의 즐거움을 말하는 이는 아직 산림의 참맛을 알지 못하고
있으며, 명리를 말하기 싫어하는 이는 아직 명리에 대한 생각을
잊지 못하고 있다.

談山林之樂者는
담 산 림 지 락 자

未必眞得山林之趣요
미 필 진 득 산 림 지 취

厭名利之談는
염 명 리 지 담

未必盡忘名利之情이니라.
미 필 진 망 영 리 지 정

🌼 **주해** 림지락(山林之樂) : 자연에 묻혀 사는 즐거움, 전원생활의 즐거움 / 진득(眞得) : 참
으로 깨닫다, 진정으로 알다, 진실로 터득하다 / 취(趣) : 취미, 맛, 아취(雅趣). / 염(厭) : 명
예와 이익 / 정(情) : 뜻, 생각, 마음, 미련.

2
낚시질은 물고기의 생살권을 가지고 있다.

　낚시는 한가한 일이지만 오히려 살리고 죽이는 권세를 쥐고 있고, 바둑과 장기는 깨끗한 놀음이지만 또한 전쟁하는 마음이 꿈틀거린다. 이로써도 알 수 있듯이 일을 즐기는 것은 일을 덜어 유유히 지냄만 같지 못하고, 재주가 많음은 능력이 없이 참마음을 지키는 것만 같지 못한 것이다.

釣水는 逸事也나 尙持生殺之柄하고
조 수　　일 사 야　　상 지 생 살 지 병

奕棊는 淸戱也나 且動戰爭之心하나니
혁 기　　청 희 야　　차 동 전 쟁 지 심

可見喜事는 不如省事之爲適하고
가 견 희 사　　불 여 생 사 지 위 적

多能은 不若無能之全眞이니라.
다 능　　불 약 무 능 지 전 진

🌸 **주해**　조수(釣水) : 낚시 / 일사(逸事) : 번거로움에서 벗어나 한가함을 즐기는 일. / 상(尙) : 오히려 / 생살지명(生殺之柄) : 살리고 죽이는 것을 마음대로 하는 권세, 병(柄)은 자루, 즉 권세를 뜻함 / 혁기(奕棊) : 바둑과 장기 / 청희(奕棊) : 고상한 놀음, 깨끗한 놀이 / 생사(省事) : 일을 줄임, 일을 덜어냄 / 적(適) : 한가로이 지내는 것, 유유자적 / 전진(全眞) : 본연의 마음을 온전히 함, 타고난 참마음을 지킴.

3
천지의 거짓된 모습

    꾀꼬리가 울고 꽃은 활짝 피어 산은 물들고 골짜기는 아름다워도 이 모두가 천지의 거짓된 모습일 뿐이다. 물이 마르고 나뭇잎 떨어져 바윗돌이 앙상하고 언덕이 드러나야 비로소 천지의 참된 모습을 볼 수 있는 것이다.

鶯花茂而山濃谷艶은
앵 화 무 이 산 농 곡 염

總是乾坤之幻境이요
총 시 건 곤 지 환 경

水木落而石瘦崖枯는
수 목 락 이 석 수 애 고

纔是天地之眞吾니라.
재 시 천 지 지 진 오

❀ 주해 앵무화(鶯花茂) : 꾀꼬리가 울고 꽃이 활짝 핌 / 산농곡염(山濃谷艶) : 산은 짙게 물들고 골짜기는 아름다움 / 건곤(乾坤) : 하늘과 땅 / 환경(幻境) : 거짓 모습 / 수목락(水木落) : 물이 줄어들고 나뭇잎이 떨어지는 것 / 석수(石瘦) : 돌이 앙상하게 드러남 / 애고(崖枯) : 초목이 시들어 언덕이 메마른 모습을 드러냄 / 진오(眞吾) : 자신의 참된 모습.

4
세월은 본래 길건마는

세월은 본래 길건마는 서두르는 사람은 스스로 짧다고 하며, 하늘과 땅은 본래 넓건마는 야비한 사람은 스스로 좁다고 한다. 바람. 꽃. 눈. 달은 본래 한가롭건마는 악착스러운 사람은 스스로 바쁘다고 한다.

歲月은 本長이로되 而忙者自促하고
세 월　　본 장　　이 망 자 자 촉

天地는 本寬이로되 而鄙者自隘하며
천 지　　본 관　　이 비 자 자 애

風花雪月은 本閒이로되 而勞攘者自冗이니라.
풍 화 설 월　　본 한　　이 로 양 자 자 용

❀ 주해　본(本) : 본디, 본래, 원래 / 망자(忙者) : 마음이 바쁜 사람, 정신적 여유가 없는 사람 / 자촉(自促) : 스스로 재촉함, 스스로 짧다고 함 / 관(寬) : 관대함, 넓음, 너그러움 / 비자(鄙者) : 천박한 사람, 속되고 야비한 사람 / 자애(自隘) : 스스로 좁다고 함 / 풍화설월(風花雪月) : 봄꽃, 여름바람, 가을달, 겨울눈, 사계절을 가리킴 / 본한(本閒) : 본디 여유가 있음, 본래 한가함 / 노양자(勞攘者) : 악착스레 일에 매달리는 사람 / 자용(自冗) : 스스로 번거롭다고 함, 스스로 바쁨.

5
맑은 바람과 밝은 달이

정취는 많은 것에서 얻게 되는 것이 아니니, 좁은 연못, 주먹돌에도 안개와 노을은 깃든다. 멋진 풍경은 먼 곳에 있지 않으니 쑥대창, 대지붕 밑에도 맑은 바람과 밝은 달이 스스로 한가롭다.

得趣不在多하니
득 취 부 재 다

盆池拳石間에 烟霞具足하고
분 지 권 석 간   연 하 구 족

會景不在遠하니
회 경 부 재 원

蓬窓竹屋下에 風月自賖니라
봉 창 죽 옥 하   풍 월 자 사

❀ **주해** 득취(得趣) : 정취를 얻음, 취미를 얻음, 멋을 느낌 / 분지(盆池) : 물동이만한 작은 연못 / 권석(拳石) : 주먹만한 적은 돌 / 영하(烟霞) : 안개와 노을 / 구족(具足) : 모두 갖추어 있음 / 회경(會景) : 볼 만한 풍경, 멋진 풍경, 아름다운 경치 / 봉창(蓬窓) : 쑥대로 엮은 창문 / 죽옥(竹屋) : 대나무로 만든 지붕, 오막살이집 / 풍월(風月) : 청풍명월(淸風明月:맑은 바람과 밝은 달)을 뜻함 / 자사(自賖) : 스스로 한가함, 넉넉함, 저절로 여유가 있음.

6

꿈속의 꿈을 불러 깨우고

고요한 밤의 종소리를 들으며 꿈속의 꿈을 불러 깨우고, 맑은
연못의 달 그림자를 살피며 몸 밖의 몸을 엿본다.

聽靜夜之鐘聲에 喚醒夢中之夢하며
청 정 야 지 종 성　　환 성 몽 중 지 몽

觀澄潭之月影에 窺見身外之身이니라.
관 징 담 지 월 영　　규 견 신 외 지 신

❀ **주해** 정야(靜夜) : 고요한 밤 / 종성(鐘聲) : 종소리 / 환성(喚醒) : 불러서 깨우는 것 / 몽
중지몽(夢中之夢) : 꿈속의 꿈. 꿈속에서 술을 마시며 즐거워하던 사람이 다음날 아침에는
슬픈 일로 울부짖고, 꿈속에서 울부짖던 사람은 그 다음날 아침에 즐겁게 사냥하러 나가기
도 한다. 바야흐로 꿈을 꿀 때는 그것이 꿈인 줄 모르며, 꿈속에서 그 꿈을 점치기도 하다가
깨어난 이후에야 비로소 꿈인 줄 알게 된다. 사람은 큰 깨달음을 얻은 다음에야 삶이 곧 큰
꿈임을 알게 된다(장자 제물론). 이 세상에 산다는 것은 큰 꿈과 같으니 무엇 때문에 이 생
명을 수고롭게 하랴 處世若大夢 처세약대몽 胡爲勞基生 호위로기생 이백의 '춘일위기언
지'에서〉 / 징담(澄潭) : 맑은 연못 / 월영(月影) : 달 그림자 / 규견(窺見) : 엿보는 것 / 신
외지신(身外之身) : 몸 밖의 몸, 육신 이외의 육신, 우주의 본체와 하나가 되는 내몸. 힌두교
에서도 우리의 영혼(atman)은 구원받을 때에 우주혼(Brahman)과 일체가 된다고 말하고 있
음.

7
마음에서 마음으로 전하는 비결

새의 지저귐, 벌레 소리는 모두 마음에서 마음으로 전하는 비결이요, 꽃봉오리와 풀빛도 진리를 나타내는 문장이 아닐 수 없다. 배우는 사람이 타고난 마음의 움직임을 맑게 하고, 가슴속을 영롱하게 하면 사물에 부딪힐 때마다 깨닫는 바가 있을 것이다.

鳥語蟲聲이 總是全心之訣이요
조 어 충 성   총 시 전 심 지 결

花英草色이 無非見道之文이니
화 영 초 색   무 비 현 도 지 문

學者는 要天機淸澈하고 胸次玲瓏하면
학 자   요 천 기 청 철   흉 차 영 롱

觸物에 皆有會心處니라.
촉 물   개 유 회 심 처

❋ 주해 총(總) : 모두 / 전심지결(全心之訣) : 마음에서 마음으로 전하는 비결 / 현도지문(見道之文) : 자연의 이법을 나타내는 문장, 진리를 표현하는 글 / 천기(天機) : 타고난 마음의 작용, 본심의 움직임 / 청철(淸澈) : 깨끗하고 밝은 것, 맑고 밝은 것 / 흉차(胸次) : 흉중, 가슴속 / 영롱(玲瓏) : 아름답게 빛남 / 촉물(觸物) : 사물에 부딪힘, 사물에 접촉하는 것 / 회심(會心) : 마음에 깨닫는 것.

8
글자가 없는 책

사람들은 글자 있는 책은 읽지만 글자 없는 책은 읽지 못하고, 줄 있는 거문고는 타지만 줄 없는 거문고는 타지 못한다. 형체 있는 것은 쓸 줄 알지만 정신을 쓸 줄 모르니 어찌 거문고와 책의 참맛을 알겠는가.

人이 解讀有字書로되
인   해 독 유 자 서

不解讀無字書하며 知彈有絃琴이로되
불 해 독 무 자 서   지 탄 유 현 금

不知彈無絃琴하나니 以跡用하고
부 지 탄 무 현 금   이 적 용

不以神用이면 何以得琴書之趣리오.
불 이 신 용   하 이 득 금 서 지 취

☼ 주해 무자서(無字書) : 글자가 없는 책, 우주의 삼라만상은 도(道)를 글자 없이 표현한 책임 / 탄(彈) : 타다, 연주하다 / 무현금(無絃琴) : 줄 없는 거문고, 자연의 음향 / 적용(跡用) : 형체를 씀, 형체에 집착함 / 신용(神用) : 정신을 활용함, 정신을 이해함.

9
신선이 머루는 곳

마음에 물욕이 없으면 이는 곧 가을 하늘, 맑게 개인 바다요, 자리에 거문고와 책이 있으면 이는 곧 신선이 머무르는 곳이다.

心無物欲이면 卽是秋空霽海요
심 무 물 욕   즉 시 추 공 제 해

坐有琴書면 便成石室丹丘니라
좌 유 금 서   변 성 석 실 단 구

❋ **주해** 제해(霽海) : 맑게 개인 잔잔한 바다 / 석실(石室) : 신선이 머물고 있는 석굴 / 단구 (丹丘) : 신선이 사는 곳, 언제나 환히 밝은 선향(仙鄕).

10
즐거움이 흐느낌으로 변하여

손님과 벗이 구름처럼 모여들어 실컷 마시고 질탕하게 노는 것은 즐거우나, 어느 새 시간은 다하고 촛불도 가물거리며 향내음도 사라지고 차도 식으면, 저도 모르게 즐거움이 흐느낌으로 변하여 사람을 쓸쓸하게 한다. 세상만사가 다 이와 같은데 사람들은 왜 빨리 머리를 돌리려고 하지 않는가.

賓朋이 雲集하여 劇飮淋漓樂矣가 俄而漏盡燭殘하고
빈 붕   운 집   극 음 임 리 락 의   아 이 누 진 촉 잔

香銷茗冷하면 不覺反成嘔咽하여 令人索然無味라.
향 소 명 냉   불 각 반 성 구 열   영 인 삭 연 무 미

天下事率類此어늘 人奈何不早回頭也리오
천 하 사 솔 유 차   인 내 하 부 조 회 두 야

✤ **주해**　빈붕(賓朋) : 손님과 벗 / 운집(賓朋) : 구름처럼 모여듦 / 극음(劇飮) : 마음껏 아심, 실컷 마심 / 임리(淋漓) : 물이 흘러나와 흥건해짐, 술을 질탕하게 마시고 노는 것 / 아(俄) : 이윽고 / 누(漏) : 물시계, 즉 시간을 뜻함 / 촉잔(燭殘) : 촛불이 가물거림, 촛불이 꺼져감 / 소(銷) : 사라짐, 녹아 없어짐, 소(消)와 뜻이 같음 / 명(茗) : 차(茶) / 불각(不覺) : 모르는 사이에 / 반(反) : 도리어 / 구열(嘔咽) : 흐느낌 / 삭연(索然) : 삭막함, 쓸쓸한 모습 / 무미(無味) : 흥취가 사라짐 / 유차(類此) : 이와 같음, 이와 흡사함 / 내하(奈何) : 어찌 ∼하리오 / 회두(回頭) : 머리(생각, 마음)를 돌림.

11
눈앞에 펼쳐진 하늘의 기밀

사물 속에 들어 있는 참맛을 깨달을 수 있다면 오호의 풍경도 모두 마음속으로 들어오고, 눈앞에 펼쳐진 하늘의 기밀을 이해할 수 있다면 천고의 영웅도 모두 손아귀에 들어오게 되리라.

會得個中趣면
회 득 개 중 취

五湖之烟月이　盡入寸裡하고
오 호 지 연 월　　진 입 촌 리

破得眼前機면
파 득 안 전 기

千古之英雄이　盡歸掌握이니라.
천 고 지 영 웅　　진 귀 장 악

❀ 주해　회득(會得) : 깨닫다 / 개중취(個中趣) : 사물 속에 깃든 참맛, 사물 속에 들어 있는 정취 / 오호(五湖) : 중국 대륙에 있는 경치가 아름다운 다섯 호수, 파양호, 단양호, 청초호, 동정호, 태호 / 연월(烟月) : 경치 / 촌리(寸裡) : 심중(心中), 마음속 / 파(破) : 깨닫다, 간파하다 / 안전기(眼前機) : 눈앞에 펼쳐지는 천지의 오묘한 작용, 눈앞에 일어나는 천지자연의 기밀.

12
그림자 밖의 그림자이야

산하와 대지도 이미 작은 티끌에 속하거늘, 하물며 티끌 속의
티끌이랴! 피와 살과 몸뚱이도 또한 물거품과 그림자로 돌아가거
늘, 하물며 그림자 밖의 그림자이야! 그러나 최상의 슬기가 아니
면 환히 깨닫는 마음도 없을 것이다.

山河大地도 已屬微塵이어늘 而況塵中之塵이리오.
산 하 대 지　　이 속 미 진　　　　이 황 진 중 지 진

血肉身軀도 且歸泡影이어늘 而況影外之影이리오.
혈 육 신 구　　차 귀 포 영　　　　이 황 영 외 지 영

非上上智면 無了了心이니라.
비 상 상 지　　무 료 료 심

❀ 주해　미진(微塵) : 작은 티끌. 불교에서는 장차 이 세상 모든 것이 파괴되어 작은 티끌로
　화한다고 보고 있음 / 이황(而況) : 그런데 하물며 ～이랴! / 진중지진(塵中之塵) : 티끌 속
　의 티끌, 세상의 모든 생물, 특히 사람 / 포영(泡影) : 물거품과 그림자 / 영외지영(影外之
　影) : 그림자 밖의 그림자. 부귀와 명리(名利)를 뜻함 / 상상지(上上智) : 최고의 지혜, 최상
　의 슬기로움 / 요료심(了了心) : 환히 깨닫는 밝은 마음.

13
달팽이 뿔 위에서의 자웅을

번쩍하는 불빛 속에서 길고 짧음을 다툰들 그 세월이 얼마나 되며, 달팽이의 뿔 위에서 자웅을 겨룬들 그 세계가 얼마나 크리오.

石火光中에 爭長競短하니 幾何光陰이며,
석 화 광 중　　쟁 장 경 단　　기 하 광 음

蝸牛角上에 較雌論雄하니 許大世界아.
와 우 각 상　　교 자 론 웅　　허 대 세 계

✿ **주해** 석화(石火) : 돌과 돌이 부딪칠 때 일어나는 불빛, 짧은 시간을 비유한 것임 / 쟁(爭), 경(競) : 다툼, 경쟁 / 기하(幾何) : 얼마쯤 되겠는가 / 광음(光陰) : 세월 / 와우각상(蝸牛角上) : 달팽이의 뿔 위, 장자 즉양편(則陽篇)에 나오는 우화, 달팽이의 왼쪽 뿔에는 촉씨가 다스리는 나라가 있고, 오른쪽 뿔에는 만씨가 다스리는 나라가 있어 영토 문제로 자주 싸웠다고 한다. 한번은 보름 동안이나 전투를 치루어 쌍방 모두 수만 명의 전사자를 내었다고 함. 또한 백락천은 대주(對酒)에서 '달팽이 뿔 위에서 무엇을 다투리오. 번쩍이는 석화 빛 속에 이 몸을 붙이노라'(蝸牛角上爭何事石火光中寄此身:와우각상쟁하사석화광중기차신)을 읊고 있다. 우리가 몸을 붙이고 사는 이 세상이 좁음을 비유한 말임 / 교론(較論) : 견주어 보며 말다툼하는 것 / 허대(許大) : 얼마나 크리오.

14

몸은 마른 나무 같고

  등불엔 불꽃이 없고 떨어진 갓옷엔 온기가 없음은 모두 삭막한 광경이요, 몸은 마른 나무 같고 마음이 식은 재와 같으면 완고한 허무주의에 빠지게 된다.

寒燈無焰하고 敝裘無溫은 總是播弄光景이요
한 등 무 염　　폐 구 무 온　　총 시 파 롱 광 경

身如槁木하고 心似死灰는 不免墮在頑空이니라.
신 여 고 목　　심 사 사 회　　불 면 타 재 완 공

✿ **주해** 한등(寒燈) : 꺼져가는 등불, 가물거리는 등불 / 폐구(敝裘) : 떨어진 갓옷, 해어진 가죽옷 / 파롱(播弄) : 희롱함, 농락함 / 고목(槁木) : 마른 나무 / 사회(死灰) : 죽은 재, 식은 재 / 완공(頑空) : 사람의 육체와 정신 그리고 삶에 속해 있는 모든 것을 공허하다고 보는 소승불교의 입장.

15
그만둘 곳을 찾는다면

사람이 기꺼이 그 자리에서 그만둘 수는 있으나, 만일 따로 그
만둘 곳을 찾는다면 아들, 딸을 짝지어 준 후에도 일은 적지 않다.
중과 도사가 비록 좋다고 하더라도 그런 마음으로는 깨닫지 못하
느니라. 옛사람이 말하기를 '당장 그만두면 그만둘 수 있지만 만일
끝날 때를 찾는다면 끝내 끝날 때가 없을 것이다'고 했는데 진정
탁견이로다.

人肯當下休면 便當下了나
인 긍 당 하 휴   변 당 하 료

若要尋個歇處면 則婚嫁雖完이라도 事亦不少하나니
약 요 심 개 헐 처   즉 혼 가 수 완   사 역 불 소

僧道雖好나 心亦不了니라.
승 도 수 호   심 역 불 료

前人이 云하되 如今休去면 便休去나
전 인   운   여 금 휴 거   변 휴 거

若覓了時면 無了時라 하니 見之卓矣로다.
약 멱 료 시   무 료 시   견 지 탁 의

❀ 주해 긍(肯) : 즐겨, 기꺼이 / 당하(當下) : 당장에, 즉시, 곧 / 휴(休) : 쉼, 그침, 그만둠. 세
속적인 욕망을 버린다는 뜻임 / 헐처(歇處) : 쉴 곳 / 혼가(婚嫁) : 아들을 장가들이고 딸을
시집보내는 것 / 완(完) : 완료하다, 끝마치다 / 불소(不少) : 적지 않음, 많음 / 승도(僧道) :
불가의 스님과 도가의 도사 / 전인(前人) : 옛사람 / 운(云) : 이르다, 말하다 / 여(如) : 만
약 / 휴거(休去) : 그만둠 / 멱(覓) : 찾음, 구함 / 요시(了時) : 끝마칠 때 / 견(見) : 의견, 견
해, 식견 / 탁(卓) : 높음, 탁월함.

16

가장 여유 있고 오래가는 것임을

  냉정한 마음으로 열광했던 때를 살펴본 후에야 열광의 분망함이 무익한 것임을 알게 되고, 번잡함에서 한가함으로 들어가 본 후에야 재미가 가장 여유 있고 오래가는 것임을 깨닫게 된다.

從冷視熱然後에
종 냉 시 열 연 후

知熱處之奔走無益하고
지 열 처 지 분 주 무 익

從冗入閑然後에
종 용 입 한 연 후

覺閑中之滋味最長이니라.
각 한 중 지 자 미 최 장

❀ 주해　냉(冷) : 냉정함 / 열(熱) : 열광함 / 용(冗) : 번잡함, 번거로움 / 한(閑) : 한가함 / 자미(滋味) : 맛, 재미.

17
부귀를 뜬구름처럼 생각함

부귀를 뜬구름처럼 보는 기풍이 있을지라도 반드시 바위굴에서
살아야 하는 것은 아니고, 산수를 고질적으로 사랑하는 버릇은 없
을지라도 언제나 스스로 술에 취하고 시를 즐기면 된다.

有浮雲富貴之風이라도
유 부 운 부 귀 지 풍

而不必巖棲穴處하며
이 불 필 암 서 혈 처

無膏肓泉石之癖이라도
무 고 황 천 석 지 벽

而常自醉酒耽詩니라.
이 상 자 취 주 탐 시

❀ **주해** 부운부귀(浮雲富貴) : 부귀영화를 뜬구름처럼 생각함. 나물밥을 먹으며 물을 마시고
팔을 구부려 베개 삼아도 즐거움이 또한 그 가운데 있다. 의롭지 못한 부귀는 내게는 뜬구
름과 같도다(논어 제 7편 술이) / 풍(風) : 기풍 / 암서혈처(巖棲穴處) : 바위틈과 굴속에서
사는 것, 세속을 벗어나 숨어사는 것을 뜻함 / 고황천석(膏肓泉石) : 고(膏)는 가슴의 윗부
분, 황(肓)은 명치 끝. 이 부위는 약효가 미치지 못하므로 고질병을 뜻하는 말이됨. 천(泉)은
샘, 석(石)은 돌, 곧 산수(山水) . 자연을 뜻함. 고황천석 ↔ 자연을 좋아하는 것이 고질병이
됨 / 벽(癖) : 버릇 / 탐(耽) : 탐닉함.

18
몸과 마음이 다함께 자유로울 것

명예와 이득의 다툼은 다른 사람에게 맡기되 모두가 취하여도 미워하지 말고, 고요하고 담박함은 내가 즐기되 홀로 깨어 있는 것을 자랑하지 말라. 이는 석가의 이른바 '법에도 매이지 않고 공(空)에도 매이지 않는 것'으로 몸과 마음이 다 함께 자유로울 것이니라.

競逐은 聽人而不嫌盡醉하고
경 축   청 인 이 불 혐 진 취

恬淡은 適己而不誇獨醒이니라
염 담   적 기 이 불 과 독 성

此釋氏所謂不爲法纏하고 不爲空纏하여
차 석 씨 소 위 불 위 법 전   불 위 공 전

身心이 兩自在者니라.
신 심   양 자 재 자

❀ **주해** 경축(競逐) : 명예와 이득을 다툼 / 청인(聽人) : 다른 사람에게 맡김 / 혐(嫌) : 미워함. 싫어함 / 염담(恬淡) : 고요하고 담박함 / 적기(適己) : 내가 즐기는 것 / 독성(獨醒) : 홀로 명예에 취하지 않고 깨어 있는 것 / 석씨(釋氏) : 석가모니 / 법(法) : 현상계에 있는 일체의 만물을 뜻함 / 전(纏) : 얽매이다. 속박당하다 / 공(空) : 공적(공적) / 자재(自在) : 자유.

19
마음이 한가한 사람은

길고 짧음은 한 생각에서 온 것이고, 넓고 좁음은 한 치 마음에 달려 있다. 그러므로 마음이 한가한 사람은 하루가 천 년보다 멀고, 넓은 사람은 좁은 방도 하늘과 땅 사이 같이 넓다.

延促은 由於一念하고 寬窄은 係之寸心이니라
연촉　　유어일념　　　관착　　계지촌심

故로 機閑者는 一日도 遙於千古하고
고　기한자　　일일　　요어천고

意廣者는 斗室도 寬若間兩이니라.
의광자　　두실　　관약양간

❀ **주해** 연촉(延促) : 늘어남과 줄어듦, 느림과 촉박함, 길고 짧음 / 유(由) : ～ 때문에 / 관착(寬窄) : 넓고 좁음 / 계(係) : 걸림, 관계됨, 달려 있음 / 촌심(寸心) : 한 치 마음 / 기한(機閑) : 마음이 한가함. 기(機)는 심기, 마음의 움직임을 뜻함 / 요(遙) : 아득함 / 의광(意廣) : 뜻이 넓음 / 두실(斗室) : 좁은 방 / 양간(間兩) : 천지간, 하늘과 땅 사이.

20

세상일을 잊고 잊어 향을 사르고

욕심을 덜고 덜어 꽃을 가꾸고 대를 심으면 그대로 오유선생이 된다. 세상일을 잊고 잊어 향을 사르고 차를 달이면 백의동자를 물을 일이 없게 된다.

損之又損하여 栽花種竹하니 儘交還烏有先生이요
손 지 우 손　　　재 화 종 죽　　　진 교 환 오 유 선 생

忘無可忘하며 焚香煮茗하니 總不問白衣童子라.
망 무 가 망　　　분 향 자 명　　　총 불 문 백 의 동 자

❀ **주해** 손지우손(損之又損) : 욕심을 줄이고 또 줄임. '학문을 하면 나날이 할 일이 늘어가고, 도를 체득하면 나날이 할 일이 줄어든다. 줄고 또 줄어서 하는 일이 없는 경지(無爲)에 이른다. 하는 일이 없는 경지에 이르면 행하지 않아도 모든 일은 저절로 잘 이루어지는 것이다. (노자서 제48장) / 재(栽) : 심다, 재배하다, 가꾸다 / 진(儘) : 모두 / 교환(交還) : 반환 / 오유선생(烏有先生) : 오유(烏有)는 '어찌 있으랴'의 뜻이므로 즉 무(無: 없음)를 지칭함. 사마상여의 자허부(子虛賦)에 나오는 가공의 인물 / 망무가망(忘無可忘) : 모든 것은 다 잊어서 잊을 것이 없을 때까지 잊음 / 자명(煮茗) : 차를 끓임, 차를 달임 / 총(總) : 도대체 / 백의동자(白衣童子) : 어느 해 중양절(9월 9일)에 시인 도연명이 국화를 따고 있는데 흰옷 차림의 왕홍이 술을 들고 그를 찾아왔다고 함(태평어람에 수록된 도연명의 고사).

21
세상에 나타나는 모든 인연을

눈앞에 닥쳐오는 모든 일은 만족할 줄 알면 신선의 경지요, 만족할 줄 모르면 세속의 경지이다.

세상에 나타나는 모든 인연을 잘 쓰면 살리는 기틀이 되고, 잘못 쓰면 죽이는 기틀이 된다.

都來眼前事는
도 래 안 전 사

知足者仙境이요 不知足者凡境이며
지 족 자 선 경　　　 부 지 족 자 범 경

總出世上因은
총 출 세 상 인

善用者生機요 不善用者殺機니라.
선 용 자 생 기　　　 불 선 용 자 살 기

✼ **주해** 도래안전사(都來眼前事) : 눈앞에 닥쳐오는 모든 일 / 지족(知足) : 자신의 분수를 알며 만족하게 여김 / 선경(仙境) : 세속의 물욕을 벗어난 신선의 경지 / 범경(凡境) : 보통 사람의 경지, 평범한 세속인의 경지 / 인(因) : 인연 / 생기(生機) : 살리는 기틀, 살리는 작용 / 살기(殺機) : 해치는 작용, 죽이는 기운.

22
고요함에 살고 편안함을 지키는 맛을

권력을 따르고 세도에 빌붙는 재앙은 매우 참혹하고 또한 몹시 빠르고, 고요함에 살고 편안함을 지키는 맛은 가장 맑고 또한 가장 오래 간다.

趨炎附勢之禍는 甚慘亦甚速하고
추 염 부 세 지 화   심 참 역 심 속

棲恬守逸之味는 最淡亦最長이니라.
서 념 수 일 지 미   최 담 역 최 장

🌸 **주해** 추염(趨炎) : 권력을 추종함. 염(炎)은 불꽃, 세력을 뜻함 / 부세(附勢) : 세도에 아부함, 권세에 빌붙는 것 / 화(禍) : 재앙 / 심(甚) : 몹시, 매우 / 서념수일(棲恬守逸) : 고요함에 살고 편안함을 지킴 / 최(最) : 가장 / 담(淡) : 맑음, 담박함.

23
소나무가 울창한 시냇가

소나무 우거진 시냇가를 지팡이 짚고 홀로 걷노라면 문득 서는 곳마다 구름이 해어진 옷에서 일어나고, 대나무 울창한 창가에 책을 베개삼아 잠들다 깨어보면 달빛이 헌 담요에 스며든다.

松澗邊에 携杖獨行하면
송 간 변　휴 장 독 행

立處에 雲生破衲하고
입 처　운 생 파 납

竹窓下에 枕書高臥면
죽 창 하　침 서 고 와

覺時에 月侵寒氈이니라.
각 시　월 침 한 전

❋ 주해　송간변(松澗邊) : 소나무가 울창한 시냇가 / 휴장독행(携杖獨行) : 지팡이를 짚고 홀로 걸음. 휴(携)는 끌다, 들다, 휴대하다의 뜻임 / 파납(破衲) : 해진 주더기 옷 / 침서고와(枕書高臥) : 책을 베개 삼아 누워 잠듦 / 침(枕) : 스며듦 / 한전(寒氈) : 헌 담요.

사람이 늘 죽음을 걱정하고

색욕이 불길처럼 치솟다가도 한번 생각이 병든 때에 미치게 되면 곧 그 흥이 식은 재 같아지고, 명리가 엿처럼 달다고 해도 한번 생각이 죽음에 이르게 되면 바로 그 맛이 밀랍을 씹는 것 같아진다. 그러므로 사람이 늘 죽음을 걱정하고 병을 조심하면 헛된 일을 버리고, 참마음을 기를 수 있게 된다.

色慾이 火熾라도
색 욕   화 치

而一念及病時면 便興似寒灰하고
이 일 념 급 병 시   변 흥 사 한 회

名利飴甘이라도
명 리 이 감

而一想到死地면 便味如嚼蠟하나니
이 일 상 도 사 지   변 미 여 작 랍

故로 人常憂死慮病이면
고   인 상 우 사 려 병

亦可消幻業而長道心이니라.
역 가 소 환 업 이 장 도 심

❀ 주해 화치(火熾) : 불길처럼 치솟음 / 급(及) : 미침, 이르다 / 한회(寒灰) : 식은 재 / 이(飴) : 엿 / 사지(死地) : 죽는 처지. 죽는 경우 / 작(嚼) : 씹음 / 납(蠟) : 밀랍 / 소(消) : 사라짐, 없어짐, 소멸됨 / 환업(幻業) : 헛된 일, 죄업, 색욕과 명리 / 장(長) : 자라게 함 / 도심(道心) : 참마음.

25
저절로 일푼만큼 여유 있고 길어진다

앞을 다투는 길은 좁으니 한 걸음 뒤로 물러서면 저절로 한 걸음 넓고 평평해진다. 진하고 좋은 맛은 짧으니 일푼(一分)만 청담하게 하면 저절로 일푼만큼 여유 있고 길어진다.

爭先的徑路는 窄이니
쟁 선 적 경 로   착

退後一步면 自寬平一步하고
퇴 후 일 보   자 관 평 일 보

濃艶的滋味는 短이니
농 염 적 자 미   단

淸淡一分하면 自悠長一分이니라.
청 담 일 분   자 유 장 일 분

❀ **주해** 쟁선(爭先) : 앞을 다툼 / 적(的) : ~의 / 경로(徑路) : 지름길, 좁은 길, 오솔길 / 착(窄) : 좁음 / 자(自) : 저절로, 스스로 / 관평(寬平) : 넓고 평평함 / 농염(濃艶) : 무르익고 아름다움, 고움 / 자미(滋味) : 재미, 맛 / 청담(淸淡) : 맑고 담박함 / 일분(一分) :10%, 조금, 일 푼 / 유장(悠長) : 길고 오래 감, 여유 있고 길어짐.

26
사물의 참모습을 꿰뚫어볼 수 있어야

바쁠 때에 성정(性情)을 어지럽히지 않으려면 반드시 한가할 때에 마음을 맑게 길러두어야 하고, 죽을 때에 마음이 흔들리지 않게 하려면 반드시 살아 있을 때에 사물의 참모습을 꿰뚫어볼 수 있어야 한다.

忙處에 不亂性이면
망 처　　　불 란 성

須閑處에 心神을 兩得淸하며
수 한 처　　심 신　　양 득 청

死時에 不動心이면
사 시　　부 동 심

須生時에 事物을 看得破하라.
수 생 시　　사 물　　간 득 파

❀ **주해** 망처(忙處) : 바쁠 때 / 불란성(不亂性) : 본성, 성정을 어지럽히지 않음 / 수(須) : 모름지기 / 한처(閑處) : 한가할 때 / 심신(心神) : 마음, 정신 / 부동심(不動心) : 마음이 동요하지 않음 / 간득파(看得破) : 꿰뚫어 보다, 간파하다.

27
속세를 피해 숨어 사는 것

숨어 사는 숲 속에는 영화나 욕됨이 없고 도덕과 의리의 길에는
더위와 추위가 없다.

隱逸林中에는 無榮辱이요
은 일 림 중　　　무 영 욕

道義路에는 無炎凉이니라.
도 의 로　　　무 염 량

❀ 주해　은일(隱逸) : 속세를 피해 숨어 사는 것 / 영욕(榮辱) : 영광과 굴욕, 영화와 욕됨. 영
예와 치욕 / 도의로(道義路) : 도덕과 의리로 사귀는 교제 / 무염량(無炎凉) : 더위와 추위
가 없음, 뜨거웠다 식었다 하지 않음. 변덕이 없음.

28
무더위를 괴로워하는 마음

더위를 없앨 수는 없으나 더위를 괴로워하는 마음을 없앤다면
몸은 늘 시원한 누대 위에 있게 된다. 가난을 몰아낼 수는 없으나
가난함을 근심하는 마음을 몰아낸다면 마음은 늘 편안하고 즐거운
집 속에 있게 된다.

熱不必除나 而除此熱惱하면
열 불 필 제   이 제 차 열 뇌

身常在淸凉臺上하고 窮不可遣이나
신 상 재 청 량 대 상   궁 불 가 견

而遣此窮愁하면 心常居安樂窩中이니라.
이 견 차 궁 수   심 상 거 안 락 와 중

❋ 주해 열(熱) : 더위 / 제(除) : 없앰, 제거함 / 열뇌(熱惱) : 무더위를 괴로워하는 마음 / 청
량대(淸凉臺) : 서늘한 누대. 시원한 누각 / 궁(窮) : 가난, 곤궁, 빈궁 / 불가(不可) : ~할
수는 없다 / 견(遣) : 보냄, 쫓음, 몰아냄 / 궁수(窮愁) : 가난을 걱정하는 마음, 빈궁을 근심
하는 마음 / 안락(安樂) : 편안하고 즐거움 / 와(窩) : 굴, 집.

29

비로소 호랑이를 타는 위험에서

앞으로 나아가는 곳에서 곧 물러날 것을 생각하면 거의 울타리에 걸리는 재앙을 면할 수 있고, 손을 댈 때에 먼저 손을 뗄 것을 꾀한다면 비로소 호랑이를 타는 위험에서 벗어날 수 있다.

進步處에 便思退步하면
진 보 처　　　변 사 퇴 보

庶免觸藩之禍요
서 면 촉 번 지 화

著手時에 先圖放手하면
착 수 시　　　선 도 방 수

纔脫騎虎之危니라
재 탈 기 호 지 위

🌸 **주해** 서(庶) : 거의 / 촉번지화(觸藩之禍) : 양이 울타리에 뿔이 걸려 꼼짝 못하고 있는 재앙, 나아갈 수도 물러날 수도 없는 곤경, 진퇴양난의 위기 / 착수시(著手時) : 일에 손을 댈 때에, 일을 시작할 때에 / 도(圖) : 기도함, 계획함, 도모함, 꾀함 / 방수(放手) : 손을 놓음, 일에서 손을 떼는 것, 일을 그만 둠 / 재(纔) : 겨우, 비로소, 조금 / 탈(脫) : 벗어남, 면함 / 기호지위(騎虎之危) : 호랑이를 타는 위험, 타고 있을 수도 내릴 수도 없는 처지임.

30
권세 있고 부유하면서도

이익을 탐하는 사람은 금을 나누어 주면 옥을 얻지 못함을 한하고 공작에 봉해지면 제후가 되지 못함을 원망하니, 권세 있고 부유하면서도 스스로 거지노릇을 달게 여기는 격이다. 만족할 줄 아는 사람은 명아주국도 고기와 쌀밥보다 맛있게 여기고 베 도포도 갖옷보다 따뜻하게 여기니 서민이면서도 왕공을 부러워하지 않는다.

貪得者자는 分金에 恨不得玉하고
탐 득 자   분 금   한 부 득 옥

封公에 怨不受侯하여 權豪自甘乞丐하며
봉 공   원 부 수 후   권 호 자 감 걸 개

知足者는 黎羹도 旨於膏粱하고
지 족 자   려 갱   지 어 고 량

布袍도 煖於狐狢하여 編民不讓王公이니라.
포 포   난 어 호 학   편 민 불 양 왕 공

🏵 **주해** 탐득(貪得) : 탐욕, 욕심 / 부득(不得) : 얻지 못함 / 공(公) : 공(公), 후(侯), 백(伯), 자(子), 남(男)의 오작 중 으뜸 / 후(侯) : 제후, 지방을 다스리는 임금 / 권호(權豪) : 권문부호(權門富豪) / 자감(自甘) : 스스로 달게 여김 / 걸개(乞丐) : 거지 / 여갱(黎羹) : 명아주국 / 지(旨) : 맛있게 여김 / 고량(膏粱) : 고기와 곡식. 맛있는 음식 / 포포(布袍) : 베로 만든 두루마기, 도포 / 난(煖) : 따뜻하게 여김 / 어(於) : ~보다 / 호학(狐狢) : 여우, 담비의 가죽으로 만든 값비싼 옷 / 편민(編民) : 백성, 평민, 서민 / 불양(不讓) : 부러워하지 않음.

31
이름을 자랑하는 것은

이름을 자랑하는 것은 이름을 숨기는 멋만 같지 못하고, 일에
숙달된 것은 일을 덜어 한가롭게 지냄만 못하다.

矜名은 不若逃名趣라
긍 명 　 불 약 도 명 취

練事가 何如省事閑이리오.
연 사 　 하 여 생 사 한

🏵 주해　긍명(矜名) : 이름을 자랑함, 명예를 내세우는 것 / 불약(不若) : ~만 같지 못하다,
　　~보다 못하다 / 도명(逃名) : 이름을 숨김 / 취(趣) : 기취(氣趣), 취미 / 연사(練事) : 일에
　　익숙함, 일에 숙달됨 / 하여(何如) : 어찌 ~만 하겠는가, 어찌 ~와 같으리오 / 생사(省事) :
　　일을 줄임, 일을 덜어냄.

32
오직 스스로 깨달은 선비는

고요함을 즐기는 사람은 흰구름이나 그윽한 바위만 보아도 오묘한 섭리를 깨닫고 영화를 좇는 사람은 맑은 노래와 묘한 춤을 보며 권태로움을 잊는다. 오직 스스로 깨달은 선비는 시끄러움과 고요함이 없으며 번성과 쇠퇴함이 없어 가는 곳마다 마음에 들지 않는 세상이 없는 것이다.

嗜寂者는 觀白雲幽石而通玄하고
기 적 자　　관 백 운 유 석 이 통 현

趨榮者는 見淸歌妙舞而忘倦하니
추 영 자　　견 청 가 묘 무 이 망 권

唯自得之士라야 無喧寂하고
유 자 득 지 사　　무 훤 적

無榮枯하여 無往自適之天이니라.
무 영 고　　무 왕 비 자 적 지

🌸 주해　기적(嗜寂) : 고요함을 즐김, 적막함을 절김 / 유석(幽石) : 그윽한 바윗돌 / 통(通) : 통함, 통달함 / 현(玄) : 깊고 신비함, 오묘한 섭리. 현묘한 진리 / 추영(趨榮) : 부귀와 영화를 따르는 것 / 청가묘무(淸歌妙舞) : 미녀의 맑은 노래와 묘한 춤 / 망권(忘倦) : 권태를 잊음, 심심함을 달램 / 유(唯) : 오직 / 자득(自得) : 스스로 질리를 깨달음, 스스로 도리를 터득함 / 훤적(喧寂) : 시끄러움과 고요함, 시끄러움과 적막함 / 영고(榮枯) : 영화로움과 쇠퇴함, 변영과 몰락 / 자적지천(自適之天) : 자기의 마음에 맞는 세상.

33
밝은 달은 하늘에 떠 있어

외로운 구름은 산골짜기에서 피어나 흘러가고 머무름에 전혀 거리낌이 없고, 밝은 달은 하늘에 떠 있어 고요하고 시끄러움 모두를 간여하지 않네.

孤雲은 出岫하여 去留에 一無所係하고
고 운   출 수   거 류   일 무 소 계

郎鏡은 懸空하여 靜躁에 兩不相干이니라.
낭 경   현 공   정 조   양 불 상 간

❀ **주해** 고운(孤雲) : 외로운 구름 / 수(岫) : 골짜기 / 거류(去留) : 가고 머무르는 것 / 일무(一無) : 전혀 없음 / 낭경(郎鏡) : 밝은 거울, 즉 달을 뜻함 / 현공(懸空) : 하늘에 걸려 있음, 하늘에 떠 있음 / 정조(靜躁) : 고요함과 시끄러움 / 불상간(不相干) : 서로 관계하지 않음, 서로 간여하지 않음.

34
그립고도 정다운 생각은

유유히 긴 맛은 짙고 향기로운 술에서 얻지 못하고 콩을 씹고 물을 마시는 데서 얻으며, 그립고도 정다운 생각은 메마르고 쓸쓸한 곳에서 생기지 않고 퉁소를 불고 거문고를 뜯는 데서 생겨난다. 진실로 짙은맛은 늘 오래 가지 못하며, 담박한 맛만이 홀로 참됨을 알겠노라.

悠長之趣는 不得於醲釀하고 而得於啜菽飮水하며
유 장 지 취   부 득 어 농 엄   이 득 어 철 숙 음 수]

惆悵之懷는 不生於枯寂하고 而生於品竹調絲하나니
추 창 지 회   불 생 어 고 적   이 생 어 품 죽 조 사

固知濃處味常短하고 淡中趣獨眞也로다.
고 지 농 처 미 상 단   담 중 취 독 진 야

❀ **주해** 농엄(醲釀) : 진하고 맛있는 술. 부귀를 비유한 말임 / 철숙음수(啜菽飮水) : 콩을 씹고 물을 마심. 가난한 생활을 뜻함. 철(啜)은 씹다, 마시다, 먹다. 숙(菽)은 콩 / 추창(惆悵) : 슬퍼하고 원망함. 그리워함. 동경함 / 회(懷) : 회포 / 고적(枯寂) : 메마르고 적막함. 메마르고 쓸쓸함 / 품죽조사(品竹調絲) : 피리 소리를 맞추고 거문고 줄을 조절함. 죽(竹)은 피리, 사(絲)는 거문고를 뜻함.

35

눈앞의 경치요, 쉬운 말이로다.

선종에서 말하기를 '배 고프면 밥을 먹고 피곤하면 잠을 잔다'
하였고, 시지에서 말하기를 '눈앞의 경치요, 쉬운 말이로다' 했다.
대개 가장 높은 것은 가장 평범한 것에 있고, 극히 어려운 것은 극
히 쉬운 데서 나오며, 뜻이 있으면 오히려 멀어지고, 뜻이 없으면
절로 가까워지게 된다.

禪宗에 曰 饑來喫飯倦來眠이라 하고
선 종　왈　기 래 끽 반 권 래 면

詩旨에 曰 眼前景致口頭語라 하니
시 지　왈　안 전 경 치 구 두 어

蓋極高는 寓於極平하고 至難은 出於至易하여
개 극 고　우 어 극 평　　지 난　출 어 지 이

有意者는 反遠하며 無心者는 自近也니라
유 의 자]　반 원　　무 심 자　자 근 야

💮 주해 선종(禪宗) : 불교의 한 종파. 말이나 글에 의존치 않고 참선을 통하여 사람이 원천적
으로 지니고 있는 불성(佛性)을 계발(啓發)함. 불경공부를 중시하는 교종(敎宗)과 대척적인
입장임 / 기래끽반권래면(饑來喫飯倦來眠) : 배고프면 밥을 먹고 피곤하면 잠을 잔다. 왕수
인의 시 답인간도(答人間道)에서 나오는 말임. 보조국사 지눌도 수심결(修心訣)에서 '산에
가서 나무를 하고 우물에 가서 물 긷는 것이 모두 신통(神通) 아님이 없다'고 함. 모두 진리
요, 진실은 평범한 일상생활 속에 있다는 뜻임 / 시지(詩旨) : 시의 묘한 의미를 설명한 글 /
경치(景致) : 풍경 / 구두어(口頭語) : 일상생활에서 쓰이고 있는 쉬운 말 / 개(蓋) : 대개 /
극고(極高) : 매우 고상함 / 우(寓) : 깃들다 / 극평(極平) : 극히 평범함 / 유의(有意) : 뜻이
있음, 의도함, 작위함, 기교를 부림 / 반원(反遠) : 오히려 멀어짐 / 무심(無心) : 마음을 비
움, 의도하지 않음. 작위하지 않음 / 자근(自近) : 저절로 가까워짐.

36
산이 높아도 구름은 걸리지 않으니

물은 흘러가도 가장자리에는 소리가 없으니 시끄러운 데서 고
요함을 보는 멋을 얻어야 하고, 산은 높아도 구름은 걸리지 않으
니 있음(有)에서 나와 없음(無)으로 들어가는 기밀을 깨닫게 될
것이다.

水流而境無聲하니 得處喧見寂之趣요
수 류 이 경 무 성　　　　득 처 훤 견 적 지 취

山高而雲不碍하니 悟出有入無之機니라.
산 고 이 운 불 애　　　　오 출 유 입 무 지 기

🌼 주해　경(境) : 경계, 언저리, 가장자리 / 처훤(處喧) : 시끄러운 곳에 있음 / 견적(見寂) : 고
요함을 봄, 적막함을 봄 / 취(趣) : 취미, 취향, 멋 / 애(碍) : 막힘, 걸림, 장애 / 오(悟) : 깨닫
게 됨 / 유(有) : 세속의 명리에 집착하는 마음이 있음 / 무(無) : 세속적인 명리의 집착에서
벗어난 상태, 무심무욕의 경지 / 기(機) : 기틀, 기미, 기밀.

37
속세도 신선의 영역이요.

산림은 아름다운 곳이나 한번 시설하여 집착하면 문득 저자가 되고, 글씨와 그림은 고상한 일이나 한번 탐내어 빠지게 되면 곧 장사치가 된다. 대개 마음에 물들어 집착함이 없으면 속세도 신선의 영역이요, 마음에 연연함이 있으면 낙원도 고해의 바다가 된다.

山林은 是勝地나 一營戀하면 便成市朝하고
산 림　　시 승 지　　일 영 연　　　변 성 시 조

書畵는 是雅事나 一貪痴하면 便成商賈하나니
서 화　　시 아 사　　일 탐 치　　　변 성 상 고

蓋心無染著이면 欲界도 是仙都요
개 심 무 염 착　　　욕 계　　시 선 도

心有係戀이면 樂境도 成苦海矣니라.
심 유 계 연　　　낙 경　　성 고 해 의

☙ **주해** 승지(勝地) : 경치 좋은 곳 / 영(營) : 인위적인 시설을 함 / 연(戀) : 집착함 / 시조(市朝) : 시장과 조정. 사람이 많이 모여드는 곳. 속세를 뜻함 / 서화(書畵) : 글씨와 그림 / 아사(雅事) : 우아한 일. 운치 있는 일. 고상한 일 / 탐치(貪痴) : 탐욕으로 얼이 빠진 상태 / 변(便) : 문득, 곧 / 상고(商賈) : 장사치 / 염착(染著) : 더러움에 물들어 집착함 / 욕계(欲界) : 생사유전과 인과응보를 거듭하는 속세를 뜻함. 불교에서는 이 세상을 삼계(三界), 즉 욕계(欲界), 색계(色界), 무색계(無色界)로 나누고 있음 / 선도(仙都) : 신선의 세계. 선향(仙鄕), 선경(仙境) / 계련(係戀) : 얽매어 그리워함. 집착함. 연연함 / 낙경(樂境) : 안락한 세계. 선경. 낙원 / 고해(苦海) : 고생의 바다. 괴로운 세계. 생로병사를 거듭하는 사바세계.

38
고요함과 시끄러움이 조금만 엇갈려도

  떠들썩하고 혼잡한 때를 당하면 평소에 기억하던 것도 멍하니 다 잊어버리고, 맑고 평온한 곳에 있으면 일찍이 잊었던 것도 똑똑히 앞에 나타난다. 고요함과 시끄러움이 조금만 엇갈려도 마음의 어둠과 밝음이 뚜렷이 달라지는 것을 알 수 있다.

時當喧雜하면 則平日所記憶者도 皆漫然忘去하고
시 당 훤 잡　　　즉 평 일 소 기 억 자　　개 만 연 망 거

境在淸寧하면 則夙昔所遺忘者도 又恍爾現前하나니
경 재 청 녕　　　즉 숙 석 소 유 망 자　　우 황 이 현 전

可見靜躁稍分이라도 昏明頓異也로다.
가 견 정 조 초 분　　　　혼 명 돈 이 야

✿ **주해** 훤잡(喧雜) : 떠들썩하고 혼잡함 / 개(皆) : 모두, 다 / 만연(漫然) : 멍하니 / 망거(忘去) : 망각, 잊음 / 청녕(淸寧) : 맑고 편안함 / 숙석(夙昔) : 일찍이, 지난날 / 유망(遺忘) : 잊어버리는 것 / 우(又) : 또한 / 황이(恍爾) : 뚜렷한 모습 / 정조(靜躁) : 고요함과 시끄러움 / 초분(稍分) : 조금 나누어짐 / 혼명(昏明) : 어두움과 밝음 / 돈이(頓異) : 판연히 다름, 뚜렷이 달라지는 것.

39
갈대꽃 이불 덮고 눈밭에 누워

갈대꽃 이불 덮고 눈밭에 누워 구름 위에 잠들면 한 칸 방에 스며드는 밤기운을 보전할 수 있고, 댓잎 술잔 속에 바람을 읊조리고 달을 희롱하면 속세의 온갖 티끌 모두 떨쳐지리라.

蘆花被下에 臥雪眠雲하면
노 화 피 하　　와 설 면 운

保全得一窩夜氣하고
보 전 득 일 와 야 기

竹葉杯中에 吟風弄月하면
죽 엽 배 중　　음 풍 농 월

躱離了萬丈紅塵이니라.
타 리 료 만 장 홍 진

❀ 주해　노화피(蘆花被) : 갈대꽃을 넣어서 만든 이불 / 와설면운(臥雪眠雲) : 눈밭에 누워 구름 속에 잠듦, 산속의 소박한 오두막집 생활을 뜻함 / 와(窩) : 방 / 야기(夜氣) : 밤기운, 이욕과 사악함이 사라진 맑고 순수한 기운 / 죽엽배(竹葉杯) : 술잔 / 음풍농월(吟風弄月) : 맑은 바람 속에 밝은 달을 감상함. 시를 짓는다는 뜻임 / 타리(躱離) : 몸을 피하여 떠나감 / 만장홍진(萬丈紅塵) : 붉은 먼지로 뒤덮인 속세. 더럽고 어지러운 속세.

40
높은 벼슬아치의 일행 가운데

　높은 벼슬아치의 행렬 속에 명아주 지팡이를 짚은 은사(隱士) 한 사람이 섞여 있으면 곧 한결 고상한 멋을 더해 준다. 고기잡이와 나무꾼이 다니는 길 위에 관복 입은 벼슬아치가 한 사람 있으면 오히려 속된 기운만 더해 줄 뿐이다. 참으로 짙은 것은 담박한 것만 못하고 속된 것은 고상한 것만 못함을 알겠노라.

衮冕行中에 著一藜杖的山人이면
곤 면 행 중　　착 일 려 장 적 산 인

便增一段高風하고
변 증 일 단 고 풍

漁樵路上에 著一衮衣的朝士면
어 초 로 상　　저 일 곤 의 적 조 사

轉添許多俗氣하니
전 첨 허 다 속 기

固知濃不勝淡하고 俗不如雅也로다.
고 지 농 불 승 담　　속 불 여 아 야

❋ 주해　곤면(衮冕) : 높은 벼슬아치의 예복과 예관, 고관을 뜻함 / 착(著) : 들어 있음, 섞여 있음 / 여장(藜杖) : 명아주로 만든 지팡이 / 적(的) : ~의 / 산인(山人) : 숨어 사는 선비. 선인(仙人) / 일단(一段) : 한결, 한층 / 고풍(高風) : 높은 풍취, 고상한 분위기, 높은 풍도, 고상한 멋 / 어초(漁樵) : 고기잡이와 나무꾼 / 조사(朝士) : 조정의 벼슬아치 / 전(轉) : 도리어, 오히려 / 허다(許多) : 수많은 / 고(固) : 진실로, 참으로 / 농(濃) : 짙은 것 / 불승(不勝) : ~을 이기지 못함, ~만 못함 / 담(淡) : 맑은 것, 담박한 것 / 불여(不如) : ~만 같지 못함, ~만 못함 / 아(雅) : 우아함, 고상함, 고아함.

41
마음을 밝히는 공부는

세속을 벗어나는 길은 바로 세상살이 속에 있으니 꼭 사람과의
사귐을 끊고 세상을 등질 필요는 없다. 마음을 밝히는 공부는 바
로 마음의 도리를 다하는 속에 있으니 꼭 욕심을 끊어서 마음을 식
은 재처럼 할 필요는 없다.

出世之道는 卽在涉世中이니
출 세 지 도   즉 재 섭 세 중

不必絶人以逃世하고
불 필 절 인 이 도 세

了心之功은 卽在盡心內니
요 심 지 공   즉 재 진 심 내

不必絶欲以灰心이니라.
불 필 절 욕 이 회 심

🌑 **주해** 출세(出世) : 속세를 벗어남 / 즉(卽) : 곧, 바로 / 섭세(涉世) : 세상을 살아가는 것 /
절인(絶人) : 세인과의 사귐을 끊음 / 도세(逃世) : 속세를 피해 숨어 살아감 / 요심(了心) :
심성(心性)을 깨달음 / 진심(盡心) : 마음의 도리를 다함 / 절욕(絶欲) : 물욕을 끊음, 욕심
을 버림 / 회심(灰心) : 식은 재와 같이 생기 없는 마음.

42
이 마음을 늘 고요한 곳에

이 몸을 늘 한가한 곳에 있게 한다면 영욕과 득실로 그 누가 나를 그릇되게 할 수 있으리오. 이 마음을 늘 고요한 곳에 안정시킨다면 시비와 이해로 그 누가 나를 속일 수 있으리오.

此身을 常放在閒處면
차 신　　상 방 재 한 처

榮辱得失로 誰能羞遣我하며
영 욕 득 실　　수 능 차 견 아

此心을 常安在靜中이면
차 심　　상 안 재 정 중

是非利害로 誰能瞞昧我리오.
시 비 이 해　　수 능 만 매 아

주해　재(在) : ~에 / 한처(閒處) : 한가한 곳 / 영욕(榮辱) : 영광과 수치. 영예와 치욕 / 득실(得失) : 얻음과 잃음. 이익과 손실 / 차견(羞遣) : 그릇됨 / 시비(是非) : 옳은가 그름 / 만매(瞞昧) : 속이고 어리석게 함.

43
대나무 울타리 밑에서

대나무 울타리 밑에서 홀연히 개 짖고 닭 우는 소리를 듣노라면 마치 구름 속 세계와 같이 황홀하고 서재 안에서 한가롭게 매미 소리와 까마귀 울음을 듣노라면 바야흐로 고요 속의 별천지임을 알게 된다.

竹籬下에 忽聞犬吠鷄鳴이면 恍似雲中世界요
죽 리 하   홀 문 견 폐 계 명   황 사 운 중 세 계

芸窓中에 雅聽蟬吟鴉噪면 方知靜裡乾坤이니라.
운 창 중   아 청 선 음 아 조   방 지 정 리 건 곤

❀ 주해 죽리(竹籬) : 대나무 울타리 / 홀(忽) : 갑자기 / 견폐계명(犬吠鷄鳴) : 개 짖고 닭 우는 것 / 황(恍) : 황홀함 / 운중세계(雲中世界) : 구름 속의 세계, 선경(仙境), 선향(仙鄕)을 뜻함 / 운창(芸窓) : 서재. 운(芸)은 향풀로서 책 속에 넣어 좀벌레를 막았다고 함 / 아(雅) : 바로 / 선음(蟬吟) : 매미의 울음소리 / 아조(鴉噪) : 까마귀의 우짖는 소리 / 방(方) : 바야흐로 / 정리건곤(靜裡乾坤) : 고요 속의 별천지.

44
내가 나아감을 다투지 않으니

　내가 영달을 바라지 않으니 어찌 이익과 봉록의 달콤한 미끼를 근심하며 내가 나아감을 다투지 않으니 어찌 벼슬살이의 위험을 두려워하리오.

我不希榮이면 何憂乎利祿之香餌하며
아 불 희 영　　　하 우 호 리 록 지 향 이

我不競進이면 何畏乎仕官之危機리오
아 불 경 진　　　하 외 호 사 관 지 위 기

❀ 주해　희(希) : 바람, 희구함 / 영(榮) : 영화, 영달 / 호(乎) : 전치사 / 이록(利祿) : 이익과 봉록 / 향이(香餌) : 향기로운 미끼, 달콤한 유혹 / 경진(競進) : 진급을 다툼, 승진을 경쟁함 / 사관(仕官) : 벼슬살이.

45
그윽한 경지를 빌어 마음을 바르게

　숲속과 샘, 바위 사이를 거니노라면 때 묻은 마음은 어느새 사라지고, 시서와 그림 속에 노니노라면 속된 기운은 절로 없어진다. 그러므로 군자는 진기한 물건에 빠져도 본심을 잃지 않을뿐더러 또한 늘 그윽한 경지를 빌어 마음을 바르게 하는 것이다.

徜徉於山林泉石之間하면　而塵心漸息하고
상 양 어 산 림 천 석 지 간　　이 진 심 점 식

夷猶於詩書圖畵之內하면　而俗氣潛消하나니
이 유 어 시 서 도 화 지 내　　이 속 기 잠 소

故로　君子는　雖不玩物喪志나　亦常借境調心이니라.
고　　군 자　　수 불 완 물 상 지　　역 상 차 경 조 심

❀ **주해** 　상양(徜徉) : 거닐다, 배회하다, 소요하다 / 진심(塵心) : 때 묻은 마음, 속세의 먼지, 속세의 욕심 / 점식(漸息) : 점차 사라짐 / 이유(夷猶) : 한가히 노니는 것, 마음을 노닐게 함, 이(夷)는 평(平), 유(猶)는 유(悠)를 뜻함 / 잠소(潛消) : 저절로 사라짐, 모르는 사이에 소멸됨 / 수(雖) : 비록 / 완물(玩物) : 진기한 물건을 너무 사랑함, 사람을 희롱하면 덕을 잃고, 물건을 애완(愛玩)하면 뜻을 잃게 된다(완인(玩人)하면 상덕(喪德)하고 완물(玩物)하면 상지(喪志)하리이다 서경, 주서, 여오편) / 차경(借境) : 그윽한 경지를 빌림, 우아한 멋을 빌림, 고상한 운치를 빌림 / 조심(調心) : 마음을 고름, 마음을 조절함, 마음을 바르게 함.

46
봄날의 들뜨고 즐거운 기분

봄날의 기상은 변화하여 사람의 몸과 마음을 들뜨고 즐겁게 하지만 가을날은 흰구름과 맑은 바람 속에 난초는 아름답고 계수나무는 향기로우며, 물과 하늘이 온통 한빛이고 천지에 달이 환히 밝아 사람의 몸과 마음을 아울러 맑게 해주니 봄이 어찌 가을만 하리오!

春日은 氣象이 繁華하여 令人心神駘蕩이나
춘 일　　기 상　　번 화　　　영 인 심 신 태 탕

不若秋日의 雲白風淸하고 蘭芳桂馥하며
불 약 추 일　　운 백 풍 청　　　난 방 계 복]

水天一色으로 上下空明하여 使人神骨俱淸也니라.
수 천 일 색　　　상 하 공 명　　　사 인 신 골 구 청 야

🌼 **주해**　태탕(駘蕩) : 마음이 넓고 큼, 마음이 호탕함, 봄날의 들뜨고 즐거운 기분 / 불약(不若) : ~만 같지 못함, ~만 못함 / 방(芳) : 꽃다움, 아름다움 / 복(馥) : 향기로움 / 수천일색(水天一色) : 물과 하늘이 한빛임, 왕발의 동왕각서에 가을빛을 띤 강물은 끝없이 긴 하늘과 한빛이로다(추수(秋水)는 공장천일색(共長天一色)라고 했으며, 소자첨의 적벽부에 흰 이슬은 강에 비치고 물빛은 하늘에 닿은 듯 아득하도다 [백로(白露)는 횡강(橫江)하고 수광(水光)은 접천(接天)이라]라고 함 / 상하(上下) : 하늘과 땅, 천지 / 공명(空明) : 달빛이 물 속에 비치고 있음. 적벽부에 달빛 스며든 맑은 물을 치면서 달빛 흐르는 강위를 거슬러 오른다(격공명혜소유광(擊空明兮泝流光)이로다)고 했음 / 신골(神骨) : 마음과 몸, 정신과 육체, 골(骨)은 뼈, 즉 육체를 뜻함.

47
깊고 신비한 기틀

글자 한 자 모를지라도 시심을 지닌 이는 시인의 참멋을 얻을 수 있고, 게송 한 구절 익히지 않아도 선의 묘한 맛을 지닌 이는 선교의 깊고 신비한 기틀을 깨닫느니라.

一字不識이라도 而有詩意者는 得詩家眞趣요
일 자 불 식   이 유 시 의 자   득 시 가 진 취
一偈不參이라도 而有禪味者는 悟禪敎玄機니라.
일 게 불 참   이 유 선 미 자   오 선 교 현 기

☸ 주해 시의(詩意) : 시적 정서, 시심(詩心) / 사가(詩家) : 시인 / 진취(眞趣) : 참된 흥취, 참멋 / 게(偈) : 선(禪)의 묘지(妙旨)를 읊은 게송(偈頌) / 참(參) : 가르침을 받고 익힘 / 선미(禪味) : 선(禪)의 깊고 신비한 뜻 / 오(悟) : 깨닫다 / 현기(玄機) : 오묘한 기미, 현묘한 작용, 깊고 신비한 기틀.

48
마음이 흔들리면 활 그림자도

마음이 흔들리면 활 그림자도 뱀으로 의심하고 누운 바위도 엎드린 범으로 보이니, 이 속에는 온통 죽이는 기운뿐이다. 마음이 가라앉으면 석호도 바다갈매기처럼 되고, 개구리 소리도 음악으로 들리니, 이르는 곳마다 참된 기미를 보게 된다.

機動的은 弓影도 疑爲蛇蝎하고 寢石더 視爲伏虎하나니
기 동 적 궁영 의 위 사 갈 침 석 시 위 복 호

此中에 渾是殺氣요
차 중 혼 시 살 기

念息的은 石虎도 可作海鷗하며 蛙聲도 可當鼓吹하나니
염 식 적 석 호 가 작 해 구 와 성 가 당 고 취

觸處에 俱是眞機니라.
촉 처 구 시 진 기

주해 기동(機動) : 심기가 흔들림, 마음이 동요됨 / 사갈(蛇蝎) : 뱀, 전갈, 진서(晉書) 악광전(樂廣傳)에 있는 고사. 악광이 하남에서 벼슬살이를 할 때 어느 날 친구와 술을 마셨다. 친구는 술잔 속에 뱀이 있는 것을 보고 그 충격으로 병이 나게 되었다. 후일 그 친구와 다시 만난 악광은 이 사실을 알고 그것은 벽에 걸려 있는 활이 술잔에 비친 것이라고 일깨워 주었다. 이 말을 들은 친구는 즉시 병이 나았다고한다 / 침석(寢石) : 쓰러진 돌, 누운 바위. 사마천의 사기, 이장군 열전에 있는 이야기. 어느 날 이광이 사냥을 나갔다. 그는 풀밭에 쓰러진 돌을 범으로 보고 혼신의 힘을 다해 시위를 당겼다. 화살이 돌 속으로 들어가 버렸다. 자세히 살펴보니 돌이었으므로 다시 여러 번 쏘았으나 끝내 화살촉이 박히지 않았다고 함 / 살기(殺氣) : 해치는 기운, 죽이는 기운 / 염식(念息) : 마음을 침착하게 함, 마음을 가라앉게 함 / 석호(石虎) : 진서(晉書) 불도징전(佛圖澄傳)에 나오는 고사. 석호는 석륵의 조카로 성미가 몹시 포악했다고 함 고승 불도징은 그를 바다갈매기처럼 온순하게 교화시켰다고 함

/ 해구(海鷗) : 바다갈매기. 열자(列子)에 있는 이야기. 바다갈매기를 좋아하는 어떤 사람이 있었다. 그는 매일 바닷가에 나가 갈매기 떼와 함께 놀았다. 어느 날 그의 아버지가 갈매기를 잡아다 주면 그것들과 함께 놀겠다고 말했다. 그는 다음날 갈매기를 잡으러 바닷가로 나갔으나 갈매기 떼들은 하늘을 빙빙 돌 뿐 끝내 한 마리도 내려오지 않았다고 함 / 와성가당고취(蛙聲可當鼓吹) : 개구리 울음소리도 음악으로 들림. 남사(南史) 공규전(孔珪傳)에 나오는 이야기임. 공규는 세상 잡일에는 무관심하여 산림에 숨어 살았다. 어느 날 왕안이 찾아와 음악을 귀가 따갑다고 불평하였다. 그러나 공규는 말했다. "내가 듣기에는 당신의 음악은 저 개구기 울음보다도 못하고." 이에 창피를 당한 왕안은 얼굴을 들지 못했다고 함 / 촉처(觸處) : 닿은 곳, 이르는 곳, 가는 곳 / 구(俱) : 모두, 다 / 진기(眞機) : 참된 작용, 참된 기미, 참된 기틀.

49
마음은 이미 생기없는 나무와 같으니

몸은 매어 두지 않은 배와 같으니 흘러가고 멈춤을 내맡길 일이요, 마음은 이미 생기 없는 나무와 같으니 칼로 자르고 향을 칠함을 어찌 막으리오.

身如不繫之舟라 一任流行坎止하고
신 여 불 계 지 주　　일 임 유 행 감 지

心似旣灰之木이라 何妨刀割香塗리오.
심 사 기 회 지 목　　하 방 도 할 향 도

❀ **주해**　불계지주(不繫之舟) : 매어 두지 않은 배. 장자 열어구편과 소동파의 시에서 나오는 구절임 / 일임(一任) : 완전히 맡기는 것 / 유행(流行) : 흘러감 / 감지(坎止) : 멈춤, 정지함 / 기회지목(旣灰之木) : 마른나무, 고목(枯木), 생기 없는 나무 / 하방(何妨) : 어찌 막으리오 / 도할(刀割) : 땔감으로 쓰기 위해 칼로 쪼갬 / 향도(香塗) : 향을 칠함.

50
만일 본성으로 보게 된다면

사람 정(情)은 꾀꼬리 소리를 들으면 기뻐하고 개구리 울음을 들으면 싫어하며, 꽃을 보면 가꾸고 싶어하고, 풀을 보면 뽑고자 하니, 이는 다만 형체와 기질로써 사물을 나누기 때문이다.

만일 본성으로 보게 된다면 어느 것인들 하늘의 기미를 울림이 아니며 스스로 살고자 하는 뜻을 폄이 아니리오.

人情은 聽鶯啼則喜하고 聞蛙鳴則厭하며
인 정　　청 앵 제 즉 희　　　문 와 명 즉 염

見花則思培之하고 遇草則欲去之하나니
견 화 즉 사 배 지　　　우 초 즉 욕 거 지

但是以形氣用事라
단 시 이 형 기 용 사

若以性天視之하면 何者非自鳴其天機며 非自暢其生意也리오.
약 이 성 천 시 지　　하 자 비 자 명 기 천 기　　비 자 창 기 생 의 야

🌸 **주해** 배(培) : 북돋움, 배양함 / 거(去) : 제거함, 없앰 / 형기(形氣) : 형체와 기질 / 용사 (用事) : 일을 함, 여기서는 나누다, 구분하다의 뜻임 / 성천(性天) : 찬성, 본성 / 천기(天機) : 하늘의 기틀, 하늘의 기미, 하늘의 작용 / 자창(自暢) : 스스로 펴 나감. 스스로 창달함 / 생의(生意) : 살고자 하는 뜻, 생생발육(生生發育)의 뜻, 삶의 뜻.

51
타고난 성품의 변함없는 이치

머리카락이 빠지고 이가 성글어지는 것은 허깨비 같은 육신의
시들어짐에 맡기고, 새의 지저귐, 꽃의 미소에서 타고난 성품의
변함없는 이치를 알도록 하라.

髮落齒疎는 任幻形之彫謝하고
발 락 치 소　　임 환 형 지 조 사

鳥吟花笑는 識自性之眞如니라.
조 음 화 소　　식 자 성 지 진 여

❀ 주해　치소(齒疎) : 이가 빠짐, 늙어감 / 임(任) : 맡김 / 환형(幻形) : 헛된 형상, 거짓 형체,
　육신, 몸 / 조사(彫謝) : 시들어 물러감, 시들어 변하는 것. 조(彫)는 조(凋:시들다)와 같음 /
　식(識) : 알다, 인식하다 / 자성(自性) : 타고난 성품, 타고난 본성 / 진여(眞如) : 늘 있고 변
　하지 않는 우주만물의 근본 성품. 불성(佛性).

52
마음이 욕심으로 가득찬 사람은

　마음이 욕심으로 가득찬 사람은 차가운 못에 물결이 끓어오르는 듯하여 산림에서도 고요함을 보지 못한다. 마음을 비운 사람은 혹심한 더위 속에서 서늘함이 일어나듯하여 저자에서도 시끄러움을 느끼지 못한다.

欲其中者는 波沸寒潭하여
욕 기 중 자　　파 비 한 담

山林에 不見其寂하고
산 림　　불 견 기 적

虛其中者는 涼生酷暑하여
허 기 중 자　　양 생 혹 서

朝市에 不知其喧하느니라.
조 시　　부 지 기 훤

❀ 주해　욕기중(欲其中) : 마음속에 욕심이 가득 차 있음 / 파비한담(波沸寒潭) : 차가운 연못에서 물결이 끓어오르는 것. 욕심으로 마음이 흔들리고 있음을 비유한 말임 / 적(寂) : 고요함, 적막함 / 허기중(虛其中) : 마음속이 욕심이 없이 비어 있음 / 양생혹서(涼生酷暑) : 혹심한 더위 속에서도 서늘함이 일어남. 마음이 고요함을 비유한 말임 / 조시(朝市) : 사람이 많이 모이는 곳, 시장, 저잣거리 / 훤(喧) : 떠들썩함, 시끄러움.

53
부유함이 가난하면서도

많이 가진 사람은 많이 잃는다. 그러므로 부유함이 가난하면서도 근심없는 것만 같지 못함을 알 수 있겠다.

높은 데를 걸어가는 사람은 빨리 넘어진다. 그러므로 귀함이 천하면서도 늘 편안한 것만 같지 못함을 알 수 있겠다.

多藏者는 厚亡하나니
다 장 자   후 망

故로 知富不如貧之無慮요
고   지 부 불 여 빈 지 무 려

高步者는 疾顚하나니
고 보 자   질 전

故로 知貴不如賤之常安이니라.
고   지 귀 불 여 천 지 상 안

❀ **주해** 다장(多藏) : 많이 감추어 둠, 많이 가지고 있음 / 후망(厚亡) : 많이 잃어버림, 많이 상실함 / 무려(無慮) : 근심이 없음 / 고보(高步) : 높은 데를 걸어감, 출세함 / 질전(疾顚) : 빨리 넘어짐.

54
대나무숲 바람결이 경쇠를 울린다.

　밝아오는 창가에서 역경(易經)을 읽고 소나무 이슬로 붉은 먹을
간다. 한낮 책상 앞에 불경을 이야기하고 대나무숲 바람결이 경쇠
를 울린다.

讀易曉窓에 丹砂를 研松間之露하며
독 역 효 창　　단 사　　연 송 간 지 로

談經午案에 寶磬을 宣竹下之風이니라.
담 경 오 안　　보 경　　선 죽 하 지 풍

※ **주해** 역(易) : 주역, 역경 / 효(曉) : 새벽 / 단사(丹砂) : 붉은 먹 / 연(研) : 갈다 / 로(露) :
이슬 / 담(談) : 이야기함, 담론함 / 오(午) : 한낮 / 안(案) : 책상 / 보경(寶磬) : 경쇠(돌로
만든 타악기) / 선(宣) : 베풂, 울림.

55
새가 새장 안에 들면

꽃이 화분 속에 있으면 끝내 생기가 없고 새가 새장 안에 들면 곧 자연의 맛이 줄어드니, 산속의 꽃과 새가 한데 어울려 문채(文彩)를 이루고 마음대로 날아다녀 스스로 유유히 즐거워하는 것만 같지 못하도다.

花居盆內면 終乏生機하고
화 거 분 내　　종 핍 생 기

鳥入籠中이면 便滅天趣하나니
조 입 롱 중　　변 멸 천 취

不若山間花鳥가 錯集成文하고 翶翔自若하여
불 약 산 간 화 조　착 집 성 문　　고 상 자 약

自是悠然會心이니라.
자 시 유 연 회 심

❀ 주해　분(盆) : 화분 / 핍(乏) : 모자람, 결핍됨 / 생기(生機) : 생기(生氣) / 농중(籠中) : 새
장 속 / 천취(天趣) : 자연 그대로의 맛 / 착(錯) : 뒤섞임 / 성문(成文) : 문채를 이룸, 무늬
를 이룸 / 고상(翶翔) : 날아다님 / 자약(自若) : 자유로운 모양, 태연한 모습 / 유연(悠然) :
여유 있고 편안한 모양, 한가롭고 자약한 모습 / 회심(悠然) : 마음에 깨달음, 마음에 맞아
유쾌함.

56
이 몸이 내가 아님을 안다면

　세상 사람들은 다만 나라는 글자를 너무 참된 것으로 알기 때문에 온갖 기호와 번뇌가 생긴다. 옛사람이 이르기를 '내가 있음도 알지 못하는데 어찌 물건의 귀함을 알리오' 라고 하였고, 또 이르기를 '이 몸이 내가 아님을 안다면 번뇌가 어찌 다시 침범하리오' 라고 하였으니, 참으로 이치를 꿰뚫어본 말이로다.

世人이 只緣認得我字太眞이라
세 인　　지 연 인 득 아 자 태 진

故로 多種種嗜好하고 種種煩惱라
고　　다 종 종 기 호　　종 종 번 뇌

前人이 云하되 不復知有我어늘 安知物爲貴리오
전 인　　운　　불 부 지 유 아　　안 지 물 위 귀

又云하되 知身不是我면
우 운　　지 신 불 시 아

煩惱更何侵고 眞破的之言也로다.
번 뇌 갱 하 침　　진 파 적 지 언 야

❀ 주해　지(只) : 다만 / 연(緣) : ～ 때문에 / 인득(認得) : 알아차림, 인식함 / 아(我) : 소아(小我) / 태진(太眞) : 지나치게 참됨 / 종종(種種) : 갖가지, 온갖 / 기호(嗜好) : 좋아하는 것, 즐기는 것 / 전인(前人) : 옛사람, 도연명의 시를 인용함 / 안(安) : 어찌 / 우운(又云) : 또 이르기를, 출전이 밝혀지지 않음 / 파적(破的) : 과녁을 꿰뚫음, 적중함, 진리를 간파함, 이치를 꿰뚫어봄.

57
쇠락한 눈으로 영화로움을 보게 되면

　늙은이의 눈으로 젊음을 보게 되면 바삐 달리고 서로 다투는 마음을 없앨 수 있고, 쇠락한 눈으로 영화로움을 보게 되면 호화롭고 사치스러운 생각을 끊어 버릴 수 있으리라.

自老視少하면
<small>자 로 시 소</small>

可以消奔馳角逐之心이요
<small>가 이 소 분 치 각 축 지 심</small>

自瘁視榮하면
<small>자 췌 시 영</small>

可以絶紛華靡麗之念이니라.
<small>가 이 절 분 화 미 려 지 념</small>

✦ **주해** 자(自) : ～로부터 / 소(少) : 소장, 젊음 / 분치(奔馳) : 명예와 이득을 좇아 바삐 뛰어다님 / 각축(角逐) : 원래는 교미기에 든 숫사슴의 싸움에서 나온 말임. 각축전, 치열한 다툼 / 췌(瘁) : 파리해짐, 병들음, 야윔, 쇠퇴함 / 분화미려(紛華靡麗) : 화려하고 사치스러운 것.

58
지난날 내 것이라고 하던 것이

　인정과 세태는 잠깐 사이에 여러 가지로 변하니 너무 참된 것으로 여기지는 말라. 소강절이 이르기를 '지난날 내 것이라고 하던 것이 오늘에는 도리어 저 사람의 것으로 되었으니, 오늘 내 것이 내일에는 또 누구의 것이 될지 알지 못하겠노라'라고 했는데 사람이 늘 이렇게 사물을 바라본다면 곧 가슴속의 얽매임을 풀 수 있으리라.

人情世態는 倏忽萬端이니 不宜認得太眞이니라.
인 정 세 태　　숙 홀 만 단　　　불 의 인 득 태 진

堯夫가 云하되 昔日所云我도 而今却是伊니
요 부　　운　　석 일 소 운 아　　이 금 각 시 이

不知今日我인들 又屬後來오
부 지 금 일 아　　　우 속 후 래

하니 人이 當作是觀하면 便可解却胸中罥矣리라.
인　　당 작 시 관　　　변 가 해 각 흉 중 견 의

✿ **주해**　세태(世態) : 세상의 모습 / 숙홀(倏忽) : 갑자기 / 만단(萬端) : 여러 가지 모양, 온갖 모습 / 요부(堯夫) : 송대의 성리학자인 소강절(邵康節)의 자(子), 이른은 옹(雍). 강절(康節)은 시호임. 저서에는 황극경세서, 이천격양집 등이 있음 / 석일(昔日) : 지난날 / 아(我) : 나, 나의 것 / 이금(而今) : 오늘날 / 각(却) : 도리어, 오히려 / 이(伊) : 저 사람 / 우(又) : 또 / 속(屬) : 소속됨, 속함 / 작시관(作是觀) : 이렇게 본다면, 이런 관점을 지닌다면 / 해각(解却) : 풀어 버림 / 견(罥) : 얽매임, 걸림.

59
바쁘고 시끄러운 때에도

바쁘고 시끄러운 때에도 냉철한 안목을 지닌다면 곧 많은 괴로운 생각을 덜 수 있고 어렵고 외로운 형편에서도 뜨거운 마음을 잃지 않는다면 곧 많은 참된 취미를 얻게 된다.

熱鬧中에 著一冷眼하면 便省許多苦心思요
열 뇨 중　　착 일 냉 안　　　변 생 허 다 고 심 사

冷落處에 存一熱心하면 便得許多眞趣味니라.
냉 락 처　　존 일 열 심　　　변 득 허 다 진 취 미

❀ 주해　열뇨(熱鬧) : 바쁘고 시끄러움 / 냉안(冷眼) : 냉정한 눈, 냉철한 안목 / 고심사(苦心思) : 괴로운 생각, 근심 / 냉락(冷落) : 몰락, 영락, 쇠락 / 열심(熱心) : 뜨거운 마음, 열정, 의욕.

60
비로소 안락한 보금자리

한편에 즐거운 국면이 있으면 다른 한편에 즐겁지 않은 것이 있어 서로 상대를 이룬다. 한편에 좋은 풍경이 있으면 다른 한편에 좋지 못한 것이 있어 서로 엇비기게 된다. 다만 늘 집에서 먹는 밥과 벼슬 없는 삶이 비로소 안락한 보금자리가 된다.

有一樂境界하면 就有一不樂的相對等하고
유 일 낙 경 계   취 유 일 불 락 적 상 대 대

有一好光景하면 就有一不好的相乘除하나니
유 일 호 광 경   취 유 일 불 호 적 상 승 제

只是尋常家飯과 素位風光이라야 纔是個安樂的窩巢니라.
지 시 심 상 가 반   소 위 풍 광   재 시 개 안 락 적 와 소

❁ 주해 상대대(相對等) : 서로 마주 섬, 서로 대립함 / 광경(光景) : 경치, 풍경 / 상승제(相乘除) : 서로 곱하여 나눔, 서로 맞비김 / 심상가반(尋常家飯) : 집에서 는 먹는 반찬 없는 밥 / 소위(素位) : 관직이 없음, 벼슬이 없음 / 풍광(風光) : 경치, 모습 / 와소(窩巢) : 굴과 둥지, 보금자리.

61
청산과 녹수가 구름과 안개를 삼키고

발을 높이 걷고 창문을 활짝 열어 푸른 산, 맑은 물이 구름과 안개를 머금고 토해냄을 바라보면 천지의 자유자재함을 알게 되고, 대나무와 수풀 우거진 곳에 새끼 치는 제비와 우는 멧비둘기가 계절을 보내고 맞이함을 바라보면 외물과 나를 모두 잊게 됨을 알리라.

簾櫳高敞하여 看靑山綠水의 呑吐雲煙하면
염 롱 고 창   간 청산 녹수   탄 토 운 연

識乾坤之自在하고
식 건 곤 지 자 재

竹樹扶疎하여 任乳燕鳴鳩의 送迎時序하면
죽 수 부 소   임 유 연 명 구   송 영 시 서

知物我之兩忘이니라.
지 물 아 지 양 망

🌸 **주해** 염롱(簾櫳) : 발과 창문 / 고창(高敞) : 높이 여는 것 / 탄토운연(呑吐雲煙): 구름과 안개를 삼키고 뱉음 / 건곤(乾坤) : 하늘과 땅 / 자재(自在) : 자유로움 / 죽수(竹樹) : 대와 수풀 / 부소(扶疎) : 무성함, 우거짐 / 유연(乳燕) : 새끼 치는 제비 / 명구(鳴鳩) : 우는 멧비둘기 / 송영시서(送迎時序) : 계절을 보내고 맞이함 / 물아(物我) : 만물과 나, 외물과 나.

62
삶을 지키려는 일에

이룬 것은 반드시 무너지게 됨을 알면 이루려는 마음이 반드시 지나치게 굳지는 않을 것이며, 산 것은 반드시 죽게 됨을 알면 삶을 지키려는 일에 반드시 너무 애쓰지는 않게 될 것이다.

知成之必敗면 則求成之心이 不必太堅하고
지 성 지 필 패   즉 구 성 지 심   불 필 태 견

知生之必死면 則保生之道에 不必過勞니라.
지 생 지 필 사   즉 보 생 지 도   불 필 과 로

💮 **주해** 구성지심(求成之心) : 이루려고 하는 마음, 성취하기를 바라는 마음 / 태(太) : 지나치게, 너무 / 견(堅) : 굳음 / 보생지도(保生之道) : 삶을 보전하려는 노력, 생명을 지키려고 하는 방안, 양생법, 장수법 / 과로(過勞) : 너무 애씀, 지나치게 수고함.

63
대나무 그림자가 섬돌을 쓸어도

옛 고승이 말하기를 '대나무 그림자가 섬돌을 쓸어도 티끌이 일지 않고, 달빛이 연못을 뚫어도 물에는 흔적이 없다'고 하였고, 우리의 선비가 말하기를 '흐르는 물은 빨라도 그 가장자리는 언제나 고요하고, 꽃은 비록 자주 지지만 마음은 저절로 한가하도다'고 했으니 사람이 늘 이런 뜻을 가지고 사물과 접촉한다면 몸과 마음이 어찌 자유롭지 않으리오.

古德이 云하되
고 덕   운

竹影掃階塵不動이요 月輪穿沼水無痕이라 하며
죽 영 소 계 진 부 동   월 륜 천 소 수 무 흔

吾儒가 云하되
오 유   운

水流任急境常靜이요 花落雖頻意自閒이라
수 류 임 급 경 상 정   화 락 수 빈 의 자 한

人常持此意의 以應事接物이면 身心이 何等自在리오.
인 상 지 차 의   이 응 사 접 물   신 심   하 등 자 재

❀ 주해　고덕(古德) : 옛날 덕이 높은 스님. 이 구절은 보등록에 수록된 당(唐)의 설봉화상(雪峰和尙)의 글임 / 원륜천소(月輪穿沼) : 둥근 달빛이 연못 깊이 잠겨 있음 / 무흔(無痕) : 흔적이 없음 / 오유(吾儒) : 우리의 선비. 유가(儒家). 여기서는 송(宋)의 성리학자 소강절 선생을 뜻함 / 응사접물(應事接物) : 사물에 접촉함 / 하등(何等) : 얼마나 ~하리오 / 자재(自在) : 자유로운 것.

64
천지의 으뜸가는 문장

숲 사이 솔바람 소리, 돌 틈의 샘물 소리를 고요한 가운데 들으면 천지자연의 음악임을 알게 되고, 풀섶의 안개빛, 물속의 구름 그림자를 한가한 가운데 바라보면 천지의 으뜸가는 문장임을 알게 된다.

林間松韻과 石上泉聲도 靜裡聽來면
임 간 송 운　　석 상 천 성　　정 리 청 래

識天地自然鳴佩하고
식 천 지 자 연 명 패

草際烟光과 水心雲影도 閒中觀去면
초 제 연 광　　수 심 운 영　　한 중 관 거

見乾坤最上文章이니라.
견 건 곤 최 상 문 장

❀ **주해** 송운(松韻) : 솔바람 소리 / 내(來) : 어조사, 뜻은 없음 / 명패(鳴佩) : 패옥소리, 음악을 뜻함 / 초제(草際) : 풀섶, 풀사이 / 연광(烟光) : 안개빛 / 수심운영(水心雲影) : 물속에 비친 구름 그림자 / 한중(閒中) : 한가한 가운데, 고요함 속에.

65
사나운 짐승은 굴복받기 쉬워도

눈으로 서진의 가시밭을 보면서도 오히려 시퍼런 칼날을 으스대고, 몸은 북망산의 여우와 토끼에 맡겨질 것인데도 도리어 황금을 아까워한다. 옛말에 이르기를 '사나운 짐승은 길들이기 쉬워도 사람의 마음은 항복받기가 어렵고, 골짜기는 채울 수 있어도 사람의 마음은 채우기 어렵다'고 한 것은 참으로 옳은 말이로다.

安看西晉之荊榛하되 猶矜白刃하고
안 간 서 진 지 형 진   유 긍 백 인

身屬北邙之狐兔로되 尙惜黃金이라.
신 속 북 망 지 호 토   상 석 황 금

語에 云하되 猛獸는 易伏이나 人心은 難降하며
어   운   맹 수   이 복   인 심   난 항

谿壑은 易滿이나 人心은 難滿이라 하니 信哉로다.
계 학   이 만   인 심   난 만   신 재

✿ **주해** 서진(西晉) : 사마염이 조위(曹魏)를 멸하고 세운 왕조(AD265~316년 까지 존속됨)
/ 형진(荊榛) : 가시덤불. 본문에서는 서진이 내란과 외침으로 멸망하고 그 도읍 낙양은 가
시덤불과 잡초로 뒤덮이게 된 것을 말함 / 유(猶) : 오히려 / 백인(白刃) : 흰 칼날, 시퍼런
칼날 / 북망(北邙) : 낙양(洛陽) 북쪽에 있는 산, 옛날부터 공동묘지가 있었으므로 죽음을
북망산에 간다고 함 / 호토(狐兔) : 여우와 토끼 / 어(語) : 옛말, 속담 / 계학(谿壑) : 골짜
기.

66
가는 곳마다 푸른 산, 맑은 물이요

마음에 바람과 물결이 일지 않으면 가는 곳마다 푸른 산, 맑은
물이요, 천성 속에 만물을 기르는 기운이 있으면 이르는 곳마다
고기가 뛰어오르고 솔개가 나는 것을 보리라.

心地上에 無風濤면 隨在에 皆靑山綠水요
심 지 상   무 풍 도   수 재   개 청 산 녹 수

性天中에 有化育이면 處觸에 見魚躍鳶飛니라
성 천 중   유 화 육   처 촉   견 어 약 연 비

❀ **주해** 심지(心地) : 마음 / 무풍도(無風濤) : 바람과 파도가 일지 않음 / 수재(隨在) : 가는
곳마다, 이르는 곳마다 / 성천(性天) : 천성 / 화육(化育) : 만물을 기르고 자라나게 함 / 처
촉(處觸) : 이르는 곳마다 / 어약연비(魚躍鳶飛) : 못에는 고기가 뛰어오르고 하늘에는 솔
개가 날아다님. 모든 생명이 자연 속에서 구김살 없이 살아가는 모습을 말함.

67
반드시 그리워하는 마음

높은 관에 큰 띠를 두른 선비라도, 한번 가벼운 도롱이와 작은 삿갓을 쓴 이의 가볍고 편안한 모습을 보면 반드시 부러워 탄식하지 않을 수 없으리라. 길고도 널찍한 자리를 차지한 부자라도 한번 성긴 발, 깨끗한 책상에서 한가롭고 고요하게 보내는 이를 만나면 반드시 그리워하는 마음이 일지 않을 수 없으리다. 사람들은 어찌하여 꼬리에 불을 붙인 소로써 몰아치고 바람난 말로써 꾀일 줄은 알면서 본성에 스스로 만족할 줄은 모르는가.

峨冠大帶之士도 一旦睹輕蓑小笠으로
아 관 대 대 지 사　　일 단 도 경 사 소 립

飄飄然逸也하면 未必不動其咨嗟하고
표 표 연 일 야　　미 필 부 동 기 자 차

長筵廣席之豪도 一旦遇疏簾淨几로
장 연 광 석 지 호　　일 단 우 소 렴 정 궤

悠悠焉靜也하면 未必不增其綣戀하나니
유 유 언 정 야　　미 필 부 증 기 권 연

人奈何驅以火牛하고 誘以風馬하되 而不思自適其性哉아.
인 내 하 구 이 화 우　　유 이 풍 마　　이 불 사 자 적 기 성 재

🌸 **주해** 아관대대(峨冠大帶) : 높은 관과 큰 띠, 높은 벼슬아치의 예복 / 일단(一旦) : 한번 / 경사소립(輕蓑小笠) : 가벼운 도롱이와 작은 삿갓, 농부, 은자의 복장 / 표표연(飄飄然) : 가볍게 나는 것 같은 모습, 경쾌한 모양 / 일(逸) : 한가하고 편안함 / 미필부(未必不) : 꼭 ~하지 않을 수는 없다 / 자차(咨嗟) : 탄식함 / 장연광석(長筵廣席) : 길고 널찍한 자리 / 호(豪) : 부호, 부유한 사람 / 소렴(疏簾) : 성긴 발 / 정궤(淨几) : 깨끗한 책상 / 증(增) : 더함 / 권련(綣戀) 그리워함, 동경함 / 화우(火牛) : 사마천의 사기, 전단열전에 있는 이야기. 연

의 침공으로 제나라는 70여 성을 잃고 위기에 몰리게 된다. 이에 즉묵 땅을 지키던 전단은 천여 마리의 소를 모다 꼬리에는 갈대를 매달고 지키던 쇠뿔에는 칼날을 맨 후 밤중에 연군의 진영으로 쳐들어가게 했다. 이 싸움에서 제의 장수 기겁은 전사하고 승세를 몰아 전단은 잃었던 70여 성을 수복하였다 / 풍마(風馬) : 바람난 말, 발정기의 말. 춘추좌전에 있는 고사. 춘추시대 제의 환공이 연합군으로 초나라에 쳐들어가자 초의 성왕은 사자를 보내어 이렇게 물었다. "임금께서는 북쪽 바다에 있고 과인은 남쪽 바다에 있어 바람난 말과 소도 서로 미치지 못하는데 임금께서는 무슨 까닭으로 우리나라에 오시게 되었소?" 이에 관중이 천자에게 조공을 바치지 않은 이유를 묻기 위해서라고 대답했다. 이에 초성왕은 굴완을 보내어 화평조약을 맺게 한다.

68
하늘의 오묘한 작용을 즐길 수도

고기는 물을 얻어 헤엄을 치건만 물을 잊고, 새는 바람을 타고 날건만 바람이 있음을 알지 못한다. 이런 이치를 알면, 사물의 얽매임에서 벗어날 수도 있고, 하늘의 오묘한 작용을 즐길 수도 있는 것이다.

魚得水逝로되 而相忘乎水하고,
어 득 수 서   이 상 망 호 수

鳥乘風飛로되 而不知有風하니
조 승 풍 비   이 부 지 유 풍

識此면 可以超物累하고 可以樂天機니라.
식 차   가 이 초 물 루   가 이 낙 천 기

⊛ 주해   서(逝) : 가다, 헤엄치다. / 상망(相忘) : 서로 잊음 / 물루(物累) : 외물에 얽매임, 사물의 번거로움 / 천기(天機) : 하늘의 오묘한 작용.

69

융성하고 쇠퇴함이 어찌 늘 같으며

여우는 무너진 섬돌에서 잠자고 토끼는 황폐한 누대 위를 달리니 이 모두 지난 시절 노래하고 춤추던 터전이다. 이슬은 국화에 떨어져 싸늘하고 안개는 시든 풀에 감도니 이 모두 옛날의 싸움터이다. 융성하고 쇠퇴함이 어찌 늘 같으며 강자와 약자는 어디에 있는가? 이것을 생각하면 마음은 식은 재처럼 싸늘해진다.

狐眠敗砌하고 兎走荒臺하니 盡是當年歌舞之地요
호 면 패 체   토 주 황 대   진 시 당 년 가 무 지 지

露冷黃花하고 烟迷衰草하니 悉屬舊時爭戰之場이라.
노 냉 황 화   연 미 쇠 초   실 속 구 시 쟁 전 지 장

盛衰何常이며 强弱安在리오 念此면 令人心灰로다.
성 쇠 하 상   강 약 안 재   염 차   영 인 심 회

❀ **주해** 패체(敗砌) : 무너진 돌층계, 허물어진 섬돌 / 황대(荒臺) : 황폐한 누대 / 당년(當年) : 그 시절, 그때 / 황화(黃花) : 국화 / 쇠초(衰草) : 시든 풀 / 안재(安在) : 어디에 있는가? / 심회(心灰) : 식은 재처럼 싸늘해진 마음.

70
한가로이 뜰 앞에 피고지는 꽃을 바라보고

총애와 굴욕에 놀라지 않으며 한가로이 뜰 앞에 피고 지는 꽃을 바라보고, 가고 머무름에 뜻이 없으니 무심히 하늘가의 걷히고 흩어지는 구름을 따른다. 하늘은 맑고 달은 밝으니 어디인들 날 데가 없으리오마는 부나비는 홀로 밤 촛불에 뛰어들고, 샘 맑고 풀푸르니 무엇인들 먹고 마실 것이 없으리오마는 올빼미는 오직 썩은 쥐만을 즐기는구나. 아! 세상에서 부나비와 올빼미 같지 않은 이 몇이나 되랴!

寵辱에 不驚하니 閒看庭前花開花落하고
총 욕　　불 경　　　　한 간 정 전 화 개 화 락

去留에 無意하니 漫隨天外雲卷雲舒니라.
거 류　　무 의　　　만 수 천 외 운 권 운 서

晴空朗月에 何天을 不可翔翔이리오마는
청 공 낭 월　　하 천　　불 가 고 상

而飛蛾는 獨投夜燭하고
이 비 아　　독 투 야 촉

淸泉綠卉에 何物은 不可飮啄이리오마는
청 천 녹 훼　　하 물　　불 가 음 탁

而鴟鴞는 偏嗜腐鼠하니 噫라
이 치 효　　편 기 부 서　　희

世之不爲飛蛾鴟鴞者가 幾何人哉리오
세 지 불 위 비 아 치 효 자　　기 하 인 재

💮 **주해** 총욕(寵辱) : 총애와 굴욕 / 거류(去留) : 떠남과 머무름 / 만(漫) : 무심히, 한가로이 / 수(隨) : 따름 / 운권운서(雲卷雲舒) : 구름이 걷히고 펼쳐지는 것 / 고상(翔翔) : 날아다

님 / 비아(飛蛾) : 부나비, 나방 / 녹훼(綠卉) : 푸른 풀 / 탁(啄) : 부리로 쪼아먹음 / 치효
(鴟梟) : 올빼미 / 희(噫) : 아! 감탄사 / 기하(幾何) : 얼마나, 얼마쯤 / 재(哉) : 영탄을 나타내
는 종미사.

71
겨우 뗏목에 오르자마자

 겨우 뗏목에 오르자마자 바로 뗏목을 버릴 생각을 하면 바야흐
로 그는 일없는 도인이다. 만일 나귀를 타고 또 다시 나귀를 찾으
면 끝내 깨닫지 못한 선사이니라.

纔就筏하여 便思舍筏하면 方是無事道人이나
재 취 벌   변 사 사 벌   방 시 무 사 도 인
若騎驢하여 又復覓驢하면 終爲不了禪師이리라.
약 기 려   우 부 멱 려   종 위 불 료 선 사

✸ **주해** 재(纔) : 겨우 ~하자마자 / 취벌(就筏) : 뗏목에 오름 / 사(舍) : 버림 / 방시(方是) :
바야흐로 ~이다 / 무사도인(無事道人) : 도를 깨달아 번뇌와 얽매임에서 벗어난 사람 / 기
려우부멱려(騎驢又復覓驢) : 나귀를 타고 또 다시 나귀를 찾음. 전 등록에 '마음이 바로 부
처인 줄 깨닫지 못하면 이는 곧 나귀를 타고 있으면서 다시 나귀를 찾는 것'이라고 했음 /
불료선사(不了禪師) : 도를 깨닫지 못한 사이비 중.

72
시비의 다툼이 벌떼처럼 일어나고

권세 있고 부귀한 이들이 용처럼 다투고 영웅호걸들이 범처럼 싸우지만 냉정한 눈으로 이것을 본다면 마치 개미가 비린고기에 모여들고 피리 떼가 다투어 피를 빠는 것과 같다. 시비의 다툼이 벌떼처럼 일어나고 득실이 고슴도치 바늘처럼 일어서지만 냉정한 마음으로 이것을 맞는다면 마치 풀무로 쇠를 녹이며 끓는 물로 눈을 녹임과 같다.

權貴龍驤하고 英雄虎戰하니
권귀용양   영웅호전

以冷眼視之하면 如蟻聚羶하고 如蠅競血이니라.
이 냉 안 시 지   여 의 취 전   여 승 경 혈

是非蜂起하고 得失蝟興하니
시 비 봉 기   득 실 위 흥

以冷情當之하면 如冶化金하고 如湯消雪이니라.
이 냉 정 당 지   여 야 화 금   여 탕 소 설

🌸 주해 권귀(權貴) : 권력과 부귀 / 용양(龍驤) : 용처럼 날뜀 / 냉안(冷眼) : 냉정한 눈, 냉철한 안목 / 의취전(蟻聚羶) : 개미가 비린내 나는 고기에 모여듦 / 승경혈(蠅競血) : 파리 떼가 다투어 피를 빠는 것 / 시비(是非) : 옳고 그름 / 봉기(蜂起) : 벌떼처럼 일어남 / 득실(得失) : 얻고 잃음, 이익과 손해. 이득과 손실 / 위흥(蝟興) : 고슴도치 털처럼 일어섬 / 야화금(冶化金) : 도가니로 쇠를 녹임 / 탕소설(湯消雪) : 끓는 물이 눈을 녹임.

73
우리의 삶이 애달픈 것임을

물욕에 얽매이면 우리의 삶이 애달픈 것임을 깨닫게 되고, 본성에 따라 유유히 노닐면 우리의 삶이 즐거운 것임을 깨닫게 된다. 그 애달픔을 알면 속세의 욕심이 그대로 사라져 버리게 되고, 그 즐거움을 알면 성인의 경지에 저절로 이르게 된다.

羈鎖於物欲하면 覺吾生之可哀하고
기 쇄 어 물 욕   각 오 생 지 가 애

夷猶於性眞하면 覺吾生之可樂하나니
이 유 어 성 진   각 오 생 지 가 락

知其可哀하면 則塵情이 立破하고
지 기 가 애   즉 진 정   입 파

知其可樂하면 則聖境이 自臻이니라.
지 기 가 락   즉 성 경   자 진

❀ **주해** 기쇄(羈鎖) : 굴레와 자물쇠, 얽매임 / 이유(夷猶) : 편안하고 여유가 있음 / 진정(塵情) : 속세의 욕심 / 입파(立破) : 곧 깨어짐, 그 자리에서 사라짐 / 성경(聖境) : 성인의 경지 / 자진(自臻) : 저절로 이르게 됨.

74
눈앞에 한 조각 밝은 빛이 있으면

    가슴속에 조그마한 물욕도 없으면 번뇌는 이미 눈이 화롯불에 녹고 얼음이 햇볕에 녹음과 같으리라. 눈앞에 스스로 한 조각 밝은 빛이 있으면 달이 늘 푸른 하늘에 있고 그림자가 물결에 있음을 볼 수 있으리라.

胸中에 旣無半點物欲이면
흉 중　　기 무 반 점 물 욕

已如雪消爐焰氷消日하고
이 여 설 소 로 염 빙 소 일

眼前에 自有一段空明이면
안 전　　자 유 일 단 공 명

始見月在靑天影在波니라.
시 견 월 재 청 천 영 재 파

❀ **주해**　흉중(胸中) : 가슴속 / 반점(半點) : 조금, 약간 / 노염(爐焰) : 화로의 불꽃 / 일단(一段) : 한 조각 / 공명(空明) : 달이 물속에 비침, 마음이 고요하고 밝음을 뜻함.

75
맑은 흥취는 경호 기슭에 있으니

시상은 패릉교 위에 있으니 나직이 읊조리매 숲과 골짜기가 문득 탁 트이고, 맑은 흥취는 경호 기슭에 있으니 혼자서 거닐때 산과 냇물이 서로 비치도다.

詩思는 在霸陵橋上이라 微吟就에 林岫가 便已浩然하고
시 사　　재 패 릉 교 상　　　미 음 취　　임 수　　변 이 호 연
野興은 在鏡湖曲邊이라 獨往時에 山川이 自相映發이니라.
야 흥　　재 경 호 곡 변　　　독 왕 시　　산 천　　자 상 영 발

❀ 주해　시사(詩思) : 시상(詩想) / 패릉(교霸陵橋) : 당의 수도 장안의 동쪽에 있는 다리. 길 떠나는 사람을 전송하는 장소로도 유명함. 전당시화(全唐詩話)에 의하면 정계(鄭綮)에게 어떤 사람이 찾아와 최근에 지은 시가 있느냐고 묻자 '시상은 패릉교의 풍설 속과 나귀의 등에 있으니 무엇으로써 이를 얻겠는가'라고 대답했다고 함 / 미음취(微吟就) : 떠오르는 시상을 나직이 읊조리는 것 / 임수(林岫) : 숲과 골짜기 / 호연(浩然) : 넓고 활달한 모습, 시원스럽게 탁 트인 모양 / 야흥(野興) : 맑은 흥취 / 경호(鏡湖) : 절강성 소흥현 남쪽에 있는 호수. 당서(唐書) 은일전(隱逸傳)에 의하면 하지장이 고향으로 돌아가기를 청원하니 현종이 경호, 섬주의 두 고을을 하사하고 친히 시를 지어 석별의 정을 나누었다고 함 / 영발(映發) : 서로 바치는 것.

76
엎드리기를 오래한 새는

   엎드리기를 오래한 새는 반드시 높이 날고, 먼저 핀 꽃은 홀로 일찍 진다. 이를 알면 발을 헛디딜 근심을 면할 수 있고, 서두르는 마음도 사라질 것이다.

伏久者는 飛必高하고 開先者는 謝獨早하니
복 구 자　　비 필 고　　개 선 자　　사 독 조

知此면 可以免蹭蹬之憂하고
지 차　　가 이 면 층 등 지 우

可以消躁急之念하리라.
가 이 소 조 급 지 념

  주해　사(謝) : 꽃이 지는 것 / 층등(蹭蹬) : 발을 헛디디는 것 / 조그지념(躁急之念) : 조급하게 서두르는 마음.

77
사람은 관 뚜껑을 덮은 다음에야

나무는 뿌리로 돌아간 뒤에야 꽃과 가지와 잎이 헛된 영화였음을 알게 되고, 사람은 관 뚜껑을 덮은 다음에야 자손과 재물이 소용없음을 알게 된다.

樹木은
수 목

至歸根而後에 知花萼枝葉之徒榮하고
지 귀 근 이 후　　지 화 악 지 엽 지 도 영

人事는
인 사

至蓋棺而後에 知子女玉帛之無益이니라.
지 개 관 이 후　　지 자 녀 옥 백 지 무 익

❀ **주해** 귀근(歸根) : 잎이 떨어져 뿌리로 돌아감 / 화악(花萼) : 꽃과 꽃받침, 꽃을 뜻함 / 도영(徒榮) : 헛된 영화 / 개관(蓋棺) : 관 뚜껑을 덮음 / 자녀(子女) : 자손 / 옥백(玉帛) : 주옥과 비단, 곧 재물 / 무익(無益) : 쓸데없음, 소용없음.

78
욕망을 끊는 것도 또한 괴로움이니

진공은 공이 아니니, 형상에 집착함도 참이 아니고 형상을 깨뜨리는 것도 참이 아니다. 묻노니, 세존께서 무어라 말씀하셨는가? '속세에 있으면서 속세를 벗어나라. 욕망을 따름도 괴로움이요, 욕망을 끊는 것도 또한 괴로움이니 우리 스스로 몸과 마음을 갈고 닦기에 달린 것이니라.'

眞空은 不空이니 執相도 非眞이요 破相도 亦非眞이라.
진 공　　불 공　　집 상　　비 진　　　파 상　　역 비 진

問世尊은 如何發付오 在世出世하라.
문 세 존　　여 하 발 부　　재 세 출 세

徇欲이 是苦요 絶欲도 亦是苦니 聽吾儕善自修持하라.
순 욕　　시 고　　절 욕　　역 시 고　　청 오 제 선 자 수 지

❀ **주해** 진공(眞空) : 참다운 공(空), 삼라만상의 본체, 만물의 실체 / 집상(執相) : 현상에 집착하는 것 / 파상(破相) : 현상을 없애는 것(無)으로 봄 / 세존(世尊) : 석가모니 / 발부(發付) : 의견을 말함 / 재세출세(在世出世) : 세속에 살면서 세속을 벗어남 / 순욕(徇欲) : 욕망을 따름 / 청(聽) : 맡김 / 오제(吾儕) : 우리들 / 수지(修持) : 마음을 닦고 몸가짐을 단정히 함.

의로운 선비는 나라를 사양하고

의로운 선비는 나라를 사양하고 탐욕한 사람은 한 푼을 다투니 그 인품은 하늘과 땅의 차이이나 명예를 좋아함은 이익을 좋아함 과 다를 바가 없다. 천자는 나라를 다스리고 거지는 먹을 것을 달 라고 외치니 그 신분은 하늘과 땅의 차이이나 애타는 마음은 애타 는 목소리와 그 무엇이 다르리오.

烈士는 讓千乘하고 貪夫는 爭一文하나니
열 사 양 천 승   탐 부   쟁 일 문

人品은 星淵也나 而好名은 不殊好利요,
인 품 성 연 야   이 호 명 불 수 호 리

天子는 營國家하고 乞人은 號饔飱하나니
천 자 영 국 가   걸 인   호 옹 손

位分은 霄壤也나 而焦思는 何異焦聲이리오.
위 분 소 양 야   이 초 사   하 이 초 성

❀ 주해 열사(烈士) : 정의를 존중하는 선비 / 천승(千乘) : 전차 천 대를 동원할 수 있는 나
라. 제후가 다스리는 나라 / 일문(一文) : 한 푼 / 인품(人品) : 사람의 품격 / 성연(星淵) :
하늘과 땅 차이 / 호명(好名) : 명예를 좋아함 / 불수(不殊) : 다를 바가 없음 / 영(營) : 다
스림, 경영함 / 옹손(饔飱) : 아침밥과 저녁밥 / 위분(位分) : 지위와 신분 / 소양(霄壤) : 하
늘과 땅 차이 / 초사(焦思) : 마음을 애태움, 마음이 초조함 / 초성(焦聲) : 애타게 외치는
소리.

80
사람의 마음을 모두 깨닫게 되면

세상맛을 속속들이 알고 나면 비가 되건 구름이 되건 모두 맡겨 둔 채 눈뜨는 것조차 귀찮게 된다. 사람의 마음을 모두 깨닫게 되면 소라고 부르건 말이라고 부르건 부르는 대로 맡겨 둔 채 머리만 끄덕일 뿐이다.

飽諳世味하면 一任覆雨翻雲하여 總慵開眼하고
포 암 세 미　　　일 임 복 우 번 운　　　총 용 개 안

會盡人情하면 隨教呼牛喚馬하여 只是點頭니라.
회 진 인 정　　　수 교 호 우 환 마　　　지 시 점 두

❀ 주해　포암(飽諳) : 속속들이 앎 / 세미(世味) : 세상살이의 단맛. 쓴맛 / 일임(一任) : 모두 맡김 / 복우번운(覆雨翻雲) : 손바닥을 엎으면 비가 되고, 뒤집으면 구름이 됨. 두보의 빈교행에 나오는 구절 / 총(總) : 다, 모두, 도무지 / 용(慵) : 게으름, 귀찮은 것 / 회진(會盡) : 모두 깨닫게 됨 / 수교(隨敎) : 하는 대로 맡겨 버림 / 호우환마(呼牛喚馬) : 소라고 부르건, 말이라고 부르건 부르는 대로 내버려 둠. 남들의 칭찬이나 헐뜯음에 아랑곳하지 않음. 장자 천도편(天道篇)에 나옴 / 점두(點頭) : 머리를 끄덕임.

81
지나간 생각에 머물지 않고

오늘날의 사람들은 오로지 무념에 힘쓰지만 끝내 생각을 없앨
수는 없다. 다만 지나간 생각에 머물지 않고 앞으로의 생각을 맞
지 아니하며, 지금의 인연에 따라서 일처리를 한다면 자연히 점차
무념무상의 경지에 들어가게 될 것이니라.

今人은 專求無念이나 而終不可無하나니
금 인   전 구 무 념   이 종 불 가 무

只是前念不滯하고 後念不迎하며
지 시 전 념 불 체   후 념 불 영

但將現在的隨緣하여 打發得去면
단 장 현 재 적 수 연   타 발 득 거

自然漸漸入無니라.
자 연 점 점 입 무

❀ **주해** 무념(無念) : 생각함이 없음, 사념이 없음, 무아의 경지 / 전념(前念) : 지나간 생각 /
불체(不滯) : 머물지 않음, 구애받지 않음 / 수연(隨緣) : 인연에 따름 / 타발(打發) : 타개
함, 처리함 / 입무(入無) : 무념무상의 경지에 들어감.

82
뜻은 일이 없을 때가 즐겁고

　뜻이 우연히 맞으면 곧 멋진 경지를 이루고, 자연에서 나온 것이라야 겨우 참된 맛을 보게 된다. 만일 조금이라도 고쳐서 벌려 놓는다면 그 맛은 곧 줄어든다. 백거이가 이르기를 '뜻은 일이 없을 때가 즐겁고 바람은 저절로 불어올 때가 맑다'고 했으니 참으로 의미 있도다, 그 말씀이여 !

意所偶會면 便成佳境하고 物出天然이면 纔見眞機하니
의 소 우 회　　변 성 가 경　　　물 출 천 연　　　재 견 진 기

若加一分調停布置하면 趣味便減矣니라.
약 가 일 분 조 정 포 치　　취 미 변 감 의

白氏云하되 意隨無事適이요 風逐自然淸이라 하니
백 씨 운　　　의 수 무 사 적　　　풍 축 자 연 청

有味哉라 其言之也여.
유 미 재　　기 언 지 야

❀ **주해** 우회(偶會) : 우연히 맞음 / 천연(天然) : 자연스러움 / 재(纔) : 비로소, 겨우 / 진기(眞機) : 참된 작용, 참된 기틀 / 조정(調停) : 고침 / 포치(布置) : 벌려 놓음, 배치함 / 백씨(白氏) : 당(唐)의 시인 백거이(白居易) / 적(適) : 자적함 / 유미재(有味哉) : 의미 있도다.

83
마음이 물욕으로 어둡고 어지러우면

천성이 맑으면 배고플 때 밥을 먹고 목마를 때 물을 마실지라도 몸과 마음은 편안할 수 있다. 그러나 마음이 물욕으로 어둡고 어지러우면 비록 선을 말하고 게송을 풀이할지라도 모두 정신을 희롱할 뿐이다.

性天이 澄徹하면
성 천　　징 철

卽饑喰渴飮이라도 無非康濟身心이요
즉 기 식 갈 음　　　무 비 강 제 신 심

心地가 沈迷하면
심지　　침 미

縱談禪演偈라도 總是播弄精魂이니라.
종 담 선 연 게　　총 시 파 롱 정 혼

❀ 주해　성천(性天) : 본성, 천성 / 징철(澄徹) : 매우 맑고 투명함 / 기식갈음(饑喰渴飮) : 배고플 때 먹고 목마를 때 마심. 평범한 일상생활 / 강제(康濟) : 편안함 / 심지(心地) : 마음 / 침미(沈迷) : 마음이 물욕으로 어둡고 어지러워짐 / 종(縱) : 비록 / 담선(談禪) : 선(禪)을 이야기함 / 연게(演偈) : 게(偈)를 풀이함. 게(偈)는 불가의 고승들이 깨달음의 경지를 읊은 일종의 시 / 총시(總是) : 모두 ～이다 / 파롱(播弄) : 희롱함 / 정혼(精魂) : 정신과 넋.

84
모름지기 생각을 깨끗이 하고

　사람의 마음에는 참된 경지가 있으니, 거문고나 피리가 아니더라도 저절로 편안하고 즐거워지며 향을 피우고 차를 끓이지 않아도 스스로 맑고 향기로워진다. 모름지기 생각을 깨끗이 하고 마음을 비우며 근심을 잊고 육신마저 잊어버려야 비로소 그 속에서 노닐 수 있으리라.

人心에 有個眞境하여 非絲非竹이라도 而自恬愉하고
인심　　유개진경　　　　비사비죽　　　　이자념유

不煙不茗이라도 而自淸芬하니 須念淨境空하고
불연불명　　　　이자청분　　　수념정경공

慮忘形釋이라야 纔得以游衍其中이니라.
여망형석　　　　재득이유연기중

❀ 주해　개(個) : 하나의, 일종의 / 진경(眞境) : 참된 깨달음의 경지 / 사죽(絲竹) : 거문고와 피리 / 염유(恬愉) : 편안하고 즐거움 / 연(煙) : 향을 사르는 연기(香煙) / 명(茗) : 차(茶) / 청분(淸芬) : 맑고 향기로움 / 염정(念淨) : 생각이 깨끗함, 생각이 맑음 / 경공(境空) : 심경을 비움 / 여망(慮忘) : 근심을 잊음 / 형석(形釋) : 형체를 푸는 것. 육신이 있는 것조차 잊음 / 유연(游衍) : 즐겁게 노는 것, 거닐음, 소요.

85
신선을 꽃 속에서 만남은

금은 광석에서 나오고 옥은 돌에서 나오나니, 환상이 아니면 참된 실상을 찾을 수 없도다. 도를 술잔 속에서 얻고 신선을 꽃 속에서 만남은 비록 아취가 있으나 속세를 벗어난 것은 아니니라.

金自鑛出하고　玉從石生하니
금 자 광 출　　　옥 종 석 생

非幻이면　無以求眞이라.
비 환　　　무 이 구 진

道得酒中하고　仙遇花裡는
도 득 주 중　　　선 우 화 리

雖雅나　不能離俗이니라.
수 아　　불 능 이 속

✿ **주해** 재(自) : ~로부터 / 광(鑛) : 광석 / 환(幻) : 환상(幻想). 현상계(現象界)를 뜻함 / 진(眞) : 실체. 실상(實相) / 도득주중(道得酒中) : 진(晉)의 죽림칠현(竹林七賢)이 술을 마시는 중에 노자의 도(道)를 깨달았다는 고사에서 나온 말임 / 선우화리(仙遇花裡) : 도연명의 도화원기(桃花原記)에 있는 이야기. 어떤 어부가 복사꽃을 따라 올라가 무릉도원에 이르렀다고 함 / 아(雅) : 아취.

86
깨달은 눈으로 보면 모두 같은 것이니

   천지 가운데의 만물과 인간윤리 중의 모든 감정과 세계 속의 수많은 일들은 속된 눈으로 보면 하나하나가 각각 다르지만 깨달은 눈으로 보면 모두 같은 것이니, 어찌 번거롭게 분별하며, 취하고 버리리오.

天地中萬物과 人倫中萬情과 世界中萬事는
천 지 중 만 물　　인 륜 중 만 정　　세 계 중 만 사

以俗眼觀하면 紛紛各異나 以道眼觀하면 種種是常이니
이 속 안 관　　분 분 각 이　　이 도 안 관　　종 종 시 상

何煩分別하며 何用取捨리요.
하 번 분 별　　하 용 취 사

※ **주해** 만정(萬情) : 온갖 감정 / 속안(俗眼) : 속된 안목 / 분분(紛紛) : 뒤섞여 어수선함, 각양각색 / 도안(道眼) : 깨달은 사람의 안목, 달관한 사람의 안목 / 종종(種種) : 가지가지 / 상(常) : 늘 같음, 차이가 없음 / 번(煩) : 번거로움 / 하용(何用) : 무엇으로써 / 취사(取捨) : 취하고 버림.

87
정신이 왕성하면

　　정신이 왕성하면 베 이불을 덮은 좁은 방 속에서도 천지의 온화한 기운을 얻고, 입맛이 좋으면 명아주국에 밥을 먹은 뒤에도 삶의 담박한 참맛을 안다.

神酣하면 布被窩中에 得天地冲和之氣하고
신 감　　포 피 와 중　　득 천 지 충 화 지 기

味足이면 藜羹飯後에 識人生澹泊之眞이니라.
미 족　　여 갱 반 후　　식 인 생 담 박 지 진

🌼 주해　신감(神酣) : 정신력이 왕성함 / 포피(布被) : 베 이불 / 와중(窩中) : 작은 방 속. 와(窩)는 움집, 토굴을 뜻함 / 충화(冲和) : 부드럽고 조화로움, 치우치지 않고 화평함 / 미족(味足) : 입맛이 왕성함 / 여갱(藜羹) : 명아주로 끓인 국 / 담박(澹泊) : 맑고 깨끗함, 담담함, 담백함.

88
깨달음이 없으면 절간도 속세의 집이 된다.

얽매임과 벗어남은 다만 자신의 마음에 달린 것이니 마음에 깨달음을 얻으면 푸줏간과 술집도 극락정토가 된다. 만일 그렇지 못하면 비록 거문고와 학을 벗삼고 꽃과 풀을 심고 가꾸어, 그 즐거움이 맑을지라도 악마의 방해는 늘 있을 것이다. 옛말에 이르기를 '그칠 수 있다면 속세도 참된 경지가 되고, 깨달음이 없으면 절간도 속세의 집이 된다'고 했는데, 참말이로다.

纏脫은 只在自心이니 心了면 則屠肆糟廛도 居然淨土요
전 탈　　지재자심　　심료　　즉도사조전　　거연정토

不然이면 縱一琴一鶴과 一花一卉로 嗜好雖淸이라도
불 연　　종일금일학　　일화일훼　　기호수청

魔障終在니라.
마 장 종 재

語에 云하되 能休면 塵境도 爲眞境이요
어　　운　　능휴　　진경　　위진경

未了면 僧家도 是俗家라 하니 信夫로다.
미 료　　승 가　　시 속 가　　　신 부

❀ 주해　전탈(纏脫) : 얽매임과 벗어남 / 심료(心了) : 마음으로 깨닫는 것 / 도사(屠肆) : 푸줏간 / 조전(糟廛) : 술집, 주점 / 거연(居然) : 그대로 / 정토(淨土) : 극락정토, 극락세계 / 종(縱) : 비록 / 기호(嗜好) : 즐기고 좋아하는 것 / 마장(魔障) : 악마의 방해 / 종재(終在) : 끝내 있음 / 어운(語云) : 소강절의 시임 / 휴(休) : 그만둠, 쉼, 벗어남 / 진경(塵境) : 속세 / 진경(眞境) : 참된 경지. 깨달은 경지 / 승가(僧家) : 스님의 사회, 절간 / 속가(俗家) : 속세의 집 / 신(信) : 진실로, 참으로 / 부(夫) : 감탄사임.

단천기둥에 구름이 날고

좁은 방에서도 온갖 시름 다 버리면 어찌 '단청기둥에 구름이 날고 구슬발을 걷고 비를 본다'고 말할 게 있으리오. 술 석 잔 마신 후 모든 이치를 깨닫는다면 오직 거문고를 달빛 아래 비껴 타고 피리를 바람결에 읊조릴 줄 알리라.

斗室中이라도 萬慮都捐하면 說甚畵棟飛雲하고 珠簾捲雨하며,
두 실 중   만 려 도 연   설 심 화 동 비 운   주 렴 권 우

三杯後에 一眞自得하면 唯知素琴橫月하고 短笛吟風이니라.
삼 배 후   일 진 자 득   유 지 소 금 횡 월   단 적 음 풍

❈ **주해** 두실(斗室) : 좁은 방 / 만려(萬慮) : 모든 걱정, 온갖 시름 / 도연(都捐) : 모두 버림 / 심(甚) : 하(何) : 어찌, 무엇와 같음 / 화동(畵棟) : 단청을 입힌 기둥. 왕발의 등왕각서에 '아침에는 단청 올린 기둥에 나는 남포의 구름, 저녁에는 주렴 밖에 뿌려지는 서산의 비' [화동조비남포운(畵棟朝飛南浦雲)이요 주렴모권서산우(朱簾暮捲西山雨)]라는 싯구가 있음 / 삼배후(三杯後) : 이백의 시, 월하독작에 '석 잔으로 큰 도를 깨닫고 한 말로 자연과 하나가 되노라' [삼배통대도(三杯通大道)하고 일두합자연(一斗合自然)]라는 구절이 있음 / 일진(一眞) : 모든 진리 / 소금(素琴) : 장식이 없는 거문고.

90
모든 초목이 시들어 떨어진 뒤에

모든 소리가 고요한 가운데 갑자기 한 마리 새소리를 들으면 온 갖 그윽한 멋을 불러일으키고, 모든 초목이 시들어 떨어진 뒤에 문득 한 줄기 아름다운 꽃을 보면 무한한 삶의 기운이 꿈틀거린 다. 가히 본성은 늘 메마르지 않고 정신은 사물에 부딪혀 피어나 는 것임을 알리로다.

萬籟寂廖中에 忽聞一鳥弄聲하면 便喚起許多幽趣하고
만 뢰 적 료 중   홀 문 일 조 롱 성   변 환 기 허 다 유 취

萬卉摧剝後에 忽見一枝擢秀하면 便觸動無限生機하니
만 훼 최 박 후   홀 견 일 지 탁 수   변 촉 동 무 한 생 기

可見性天은 未常枯槁하고 機神은 最宜觸發이로다.
가 견 성 천   미 상 고 고   기 신   최 의 촉 발

❀ **주해** 만뢰(萬籟) : 삼라만상의 소리 / 적료(寂廖) : 고요하고 쓸쓸함 / 농성(弄聲) : 지저귀는 소리 / 유취(幽趣) : 그윽한 운치, 그윽한 멋 / 만훼(萬卉) : 모든 풀, 온갖 초목 / 최박(摧剝) : 벗겨짐, 시들어 떨어짐 / 탁수(擢秀) : 꽃이 핌. 수(秀)는 수(穗 : 이삭)를 뜻함 / 변(便) : 문득 / 촉동(觸動) : 사물에 닿아 움직임 / 생기(生機) : 생생발전하는 작용, 생동하는 기운, 살아 움직이는 기운 / 성천(性天) : 천성, 본성 / 고고(枯槁) : 마르고 시듦 / 기신(機神) : 활동하는 정신 / 최의(最宜) : ~에 가장 알맞음 / 촉발(觸發) : 사물에 닿아서 움직임, 사물에 닿아서 피어남.

몸과 마음을 놓아버린 다음

백거이는 말하기를 '몸과 마음을 놓아 버린 다음 되어가는 대로 맡김만 못하다'고 했고, 조보지는 말하기를 '몸과 마음을 거두어 고요히 선정(禪定)으로 돌아감만 못하다'고 하였다. 놓아 버리면 넘쳐서 미치광이가 되고, 거두어들이면 메마르고 삭막하게 될 뿐이다. 오로지 몸과 마음을 잘 다루자면 그 자루를 손에 잡고 거두고 놓음을 마음대로 해야 한다.

白氏云하되 不如放身心하여 冥然任天造라 하고 晁氏云하되
백 씨 운   불 여 방 신 심   명 연 임 천 조   조 씨 운

不如收身心하여 凝然歸寂定이라 하니
불 여 수 신 심   응 연 귀 적 정

放者는 流爲猖狂하고 收者는 入於枯寂하니
방 자   유 위 창 광   수 자   입 어 고 적

唯善操身心的은 欛柄在手하여 收放自如니라.
유 선 조 신 심 적   파 병 재 수   수 방 자 여

🌸 주해 백씨(白氏) : 당나라의 시인 백거이. 자(字)는 낙천(樂天) / 불여(不如) : ~만 못하다 / 명연(冥然) : 눈을 감은 모습 / 천조(天造) : 하늘의 조화 / 조씨(晁氏) : 송나라의 시인 조보지(晁補之) / 응연(凝然) : 움직이지 않는 모양 / 적정(寂定) : 잡념을 버리고 선(禪)의 경지에 들어감 / 창광(猖狂) : 미치광이 / 고적(枯寂) : 마른나무처럼 생기가 없음 / 유(唯) : 오직 / 선조(善操) : 잘 다룸, 잘 조종함 / 파병(欛柄) : 자루 / 재(在) : ~에 / 자여(自如) : 마음대로 함. 자유자재. 자유로이 함.

92
자연과 사람의 마음이 한데 어울려

눈 내린 밤에 달 밝은 하늘을 보면 마음이 문득 맑아지고, 봄바람의 따스한 기운을 만나면 뜻 또한 절로 녹아 부드러워진다. 이렇게 자연과 사람의 마음이 한데 어울려 틈이 없느니라.

當雪夜月天하면 心境이 便爾澄徹하고
당 설 야 월 천   심 경   변 이 징 철

遇春風和氣면 意界가 亦自冲融하나니
우 춘 풍 화 기   의 계   역 자 충 융

造化人心이 混合無間이니라.
조 화 인 심   혼 합 무 간

주해 변이(便爾) : 문득 / 징철(澄徹) : 맑고 탁 트임, 깨끗하고 막힘이 없음 / 의계(意界) : 뜻, 생각, 의식, 심경 / 충융(冲融) : 융화, 녹아 부드러워지는 것 / 조화(造化) : 자연의 섭리, 자연의 변화.

93
꾸밈이 없음에 무한한 뜻이 있다.

글은 꾸밈이 없음으로 나아가고 도는 꾸밈이 없음으로 이루어지니, 이 꾸밈이 없음에 무한한 뜻이 있다. 만일 '복사꽃 핀 마을에 개가 짖고, 뽕나무 사이에서 닭이 운다'고 하면 얼마나 소박한가. 그러나 '찬 연못에는 달이 비치고 고목에는 까마귀가 운다'라고 하면 비록 교묘하기는 하나 문득 쓸쓸하고 삭막한 분위기를 느끼게 될 것이다.

文以拙進하고 道以拙成하나니 一拙字에 有無限意味니라.
문 이 졸 진　　　도 이 졸 성　　　일 졸 자　　유 무 한 의 미

如桃源犬吠와 桑間鷄鳴이 何等淳龐고
여 도 원 견 폐　　상 간 계 명　　하 등 순 롱

至於寒潭之月과 古木之鴉하여는
지 어 한 담 지 월　　고 목 지 아

工巧中에 便覺有衰颯氣象矣로다.
공 교 중　　변 각 유 쇠 삽 기 상 의

🌸 **주해** 졸(拙) : 서투르고 세련되지 못함, 꾸밈이 없고 순수함 / 도원견폐(桃源犬吠) : 복사꽃 핀 마을에 개가 짖고…. 도연명의 도화원기에서 인용한 글임. 전원의 순박한 풍경을 묘사한 것임 / 하등(何等) : 얼마나 / 순롱(淳龐) : 순박하고 진실함 / 한담(寒潭) : 차가운 연못 / 아(鴉) : 까마귀 / 공교(工巧) : 교묘함 / 쇠삽(衰颯) : 쇠퇴하여 처량함, 쓸쓸하고 삭막함.

94
잃었다하여 또한 근심하지 않으니

스스로 사물을 부리는 이는 얻었다 하여 기뻐하지 아니하고, 잃었다 하여 또한 근심하지 않으니 대지가 다 그의 노니는 곳이다. 스스로 사물의 부림을 받는 이는 역경을 미워하고 순경에 애착심을 가지니 털끝만한 일에도 문득 얽매이게 된다.

以我轉物者는
이 아 전 물 자

得固不喜하고　失亦不憂하여　大地盡屬逍遙하며
득 고 불 희　　　실 역 불 우　　　대 지 진 속 소 요

以物役我者는
이 물 역 아 자

逆固生憎하고　順亦生愛하여　一毛便生纏縛이니라.
역 고 생 증　　　순 역 생 애　　　일 모 변 생 전 박

❀ **주해**　이아전물(以我轉物) : 자신의 뜻대로 사물을 부림 / 고(固) : 본디 / 진속소요(盡屬逍遙) : 모두 노니는 곳임. 다 소요자적하는 곳임 / 역(役) : 사역됨, 부림을 받는 것 / 역(逆) : 역경, 고난 / 순(順) : 순탄한 처지 / 일모(一毛) : 털끝만한 일, 아주 작은 일 / 전박(纏縛) : 얽매임, 구속됨, 속박 당함.

바깥 사물을 버리고 마음만을 보존하려 함은

　원리가 비어 고요하면 현상도 따라서 고요해지니, 현상을 버리고 원리만 잡으려 함은 그림자를 버리고 형체만 머물게 하려는 것과 같다. 마음이 비면 바깥 사물도 비는 것이니, 바깥 사물을 버리고 마음만을 보존하려 함은 비린 고기를 모으면서 쉬파리를 쫓으려는 것과 같다.

理寂則事寂하나니
이 적 즉 사 적

遣事執理者는 似去影留形이요
견 사 집 리 자　사 거 영 유 형

心空則境空하나니
심 공 즉 경 공

去境存心者는 如聚羶却蚋니라.
거 경 존 심 자　여 취 전 각 예

　✣ 주해 이(理) : 형이상학적 원리 / 적(寂) : 공적 / 사(似) : 현상 / 견사(遣事) : 현상을 버림, 사물을 무시함 / 집리(執理) : 원리를 고집함, 본체에 집착함 / 경(境) : 환경, 인식의 대상이 되는 바깥 사물 / 적(羶) : 비린내 나는 고깃덩이 / 각(却) : 물리침, 쫓음 / 예(蚋) : 쉬파리, 모기.

96
속세 괴로움의 바다에 떨어지리라

한가히 지내는 이의 맑은 흥취는 오로지 유유자적함에 있다. 그러므로 술은 권하기 않는 것으로 기쁨을 삼고, 바둑은 다투지 않음을 이김으로 하며, 피리는 구멍이 없음을 좋게 여기고, 거문고는 줄이 없음을 고상하게 여기며, 만남은 기약을 하지 않음으로써 참되고, 손님은 맞아들이거나 배웅을 하지 않음으로써 편하게 여기는 것이다. 만약 한번 겉치레에 이끌리고 형식에 사로잡힌다면 속세의 괴로움의 바다에 떨어지리라.

幽人淸事는 纔在自適이라 故로 酒以不勸으로 爲歡하고
유인청사　재재자적　고　주이불권　위환

棋以不爭으로 爲勝하며 笛以無腔으로 爲適하고
기이부쟁　위승　적이무강　위적

琴以無絃으로 爲高하며 會以不期約으로 爲眞率하고
금이무현　위고　회이불기약　위진솔

客以不迎送으로 爲坦夷하나니 若一牽文泥跡하면
객이불영송　위탄이　약일견문니적

便落塵世苦海矣리라.
변락진세고해의

🌸 주해　유인(幽人) : 세속을 벗어나 한가히 지내는 은자 / 청사(淸事) : 맑은 흥취, 풍류(풍류) / 자적(自適) : 마음 내키는 대로함 / 기(棋) : 바둑 / 적(笛) : 피리 / 무강(無腔) : 구멍이 없음 / 금(琴) : 거문고 / 무현(無絃) : 줄이 없음 / 기약(期約) : 기약함, 약속함 / 진솔(眞率) : 참되고 솔직함 / 영(迎) : 마중 / 송(送) : 전송, 배웅 / 탄이(坦夷) : 평탄함, 마음이 편함 / 견문(牽文) : 겉치레에 이끌리는 것. 번문(繁文) / 니적(泥跡) : 형식에 사로잡힘. 욕례(褥禮) / 고해(苦海) : 괴롭고 풍파가 많은 이 세상.

97
온갖 생각이 재처럼 식어지고

이 몸이 태어나기 이전에는 어떤 모습이었을까를 생각해보고, 또한 이 몸이 죽은 후에는 어떤 모습이 될까를 생각해 보라. 그러면 온갖 생각이 재처럼 식어지고 한 조각 본성만이 고요히 남아, 저절로 만물을 벗어나 창조 이전의 세계에서 노닐게 되리라.

試思未生之前에 有何象貌하고
시 사 미 생 지 전　　유 하 상 모

又思旣死之後에 作何景色하면
우 사 기 사 지 후　　작 하 경 색

則萬念灰冷하고 一性寂然하여
즉 만 념 회 랭　　일 성 적 연

自可超物外遊象先이니라.
자 가 초 물 외 유 상 선

🌸 **주해** 　상모(象貌) : 모양 / 경색(景色) : 경치, 상태, 모습 / 만념(萬念) : 온갖 생각 / 회랭(灰冷) : 재처럼 식음 / 일성(一性) : 본성 / 적연(寂然) : 고요함 / 물외(物外) : 현상계의 바깥 / 상선(象先) : 천지 창조 이전의 상태, 절대경, 만물이 생겨나기 이전의 상황.

요행을 바람이 재앙의 근본임을 알고

병이 든 뒤에야 건강이 보배임을 생각하고 어지러운 일을 맞은 뒤에야 평화가 복임을 생각하면 일찍 아는 지혜가 아니다. 요행을 바람이 재앙의 근본임을 알고 삶에 집착함이 죽음의 원인임을 미리 알면 그것은 뛰어난 식견이다.

遇病而後에 思强之爲寶하고
우 병 이 후   사 강 지 위 보

處亂而後에 思平之爲福은 非蚤智也라.
처 란 이 후   사 평 지 위 복   비 조 지 야

倖福而其爲禍之本하고 貪生而先知其爲死之因이면
행 복 이 선 지 기 위 화   탐 생 이 선 지 기 위 사 지 인

其卓見乎인저.
기 탁 견 호

❀ **주해** 평(平) : 평화 / 조지(蚤智) : 빠른 지혜, 선견지명. 조(蚤 : 벼룩, 일찍)는 조(早)와 통함 / 행(倖) : 요행 / 선지(其爲) : 미리 알다 / 탐생(貪生) : 삶을 탐냄, 삶에 집착함 / 탁견(卓見) : 뛰어난 식견.

99
판이 끝나고 돌을 거두면 승패는 어디에 있는가

배우는 분 바르고 연지 찍어 붓끝으로 예쁘고 추함을 나타내지
만 문득 노래가 끝나고 막이 내리면 예쁘고 추함은 어디에 있는
가. 바둑 두는 이는 앞뒤를 다투면서 바둑돌로 승패를 겨루지만
문득 판이 끝나고 돌을 거두면 승패는 어디에 있는가.

優人은 傳粉調硃하여 效妍醜於豪端이나 俄而오
우인　부분조주　　효연추어호단　　아이

歌殘場罷하면 妍醜何存이며
가잔장파　　연추하존

奕者는 爭先競後하여 較雌雄於著子나 俄而오
혁자　쟁선경후　　교자웅어착자　　아이

局盡子收하면 雌雄安在리오.
국진자수　　자웅안재

❀ 주해　우인(優人) : 배우 / 부(傳) : 붙임, 바름 / 조주(調硃) : 연지를 찍음 / 효(效) : 나타
냄 / 연추(妍醜) : 예쁘고 추함 / 호단(豪端) : 붓끝 / 아이(俄而) : 이윽고 / 가잔장파(歌殘
場罷) : 노래가 끝나고 막이 내림 / 혁자(奕者) : 바둑 두는 사람 / 쟁선경후(爭先競後) : 선
후수(先後手)를 다툼 / 자웅(雌雄) : 암수, 승부, 승패 / 착자(著子) : 바둑돌 / 국진(局盡) :
판이 끝남 / 안(安) : 어디에.

100
눈과 달이 맑고 깨끗하나

바람과 꽃이 시원하고 산뜻하며, 눈과 달이 맑고 깨끗하나 오직 고요한 이 만이 그 주인이 되고, 물과 나무가 번성하고 메마르며, 돌과 대나무가 사라지고 자라나나 홀로 한가한 이만이 제 것으로 할 수 있느니라.

風花之瀟洒와 雪月之空淸은 唯靜者爲之主요
풍 화 지 소 쇄　　설 월 지 공 청　　유 정 자 위 지 주

水木之榮枯와 竹石之消長은 獨閑者操其權이니라.
수 목 지 영 고　　죽 석 지 소 장　　독 한 자 조 기 권

※ 주해　소쇄(瀟洒) : 시원하고 산뜻함, 맑고 깨끗함 / 설월(雪月) : 눈과 달 / 공청(空淸) : 맑고 깨끗함 / 유(唯) : 오직 / 정자(靜者) : 고요히 사는 사람 / 위지주(爲之主) : 그것의 주인이 됨 / 영고(榮枯) : 무성함과 시들음 / 소장(消長) : 사라지고 자라남 / 조기권(操其權) : 그 권리를 잡음, 그 권한을 장악함.

101
삶의 첫째가는 경지

시골 늙은이는 닭고기와 막걸리를 말하면 매우 기뻐하지만 고급 음식을 물으면 알지 못하고 무명 두루마기와 베잠방이를 말하면 아주 좋아하지만 예복을 물으면 알지 못한다. 이는 천성이 온전하므로 그 바라는 바도 담박한 것이니, 그야말로 삶의 첫째가는 경지인 것이다.

田夫野叟는 語以黃鷄白酒면
전 부 야 수　　어 이 황 계 백 주

則欣然喜하나 問以鼎食하면 則不知하고
즉 흔 연 희　　문 이 정 식　　즉 부 지

語以縕袍短褐하면 則油然樂하나 問以袞服하면 則不識하나니
어 이 온 포 단 갈　　즉 유 연 락　　문 이 곤 복　　즉 부 식

其天이 全故로 其欲이 淡이라 此是人生第一個境界니라.
기 천　　전 고　　기 욕　　담　　차 시 인 생 제 일 개 경 계

❈ **주해** 전부야수(田夫野叟) : 시골에서 농사짓는 늙은이 / 황계(黃鷄) : 깃털이 누런 닭 / 백주(白酒) : 막걸리 / 흔연(欣然) : 기뻐하는 모습 / 정식(鼎食) : 값비싼 고급요리 / 온포(縕袍) : 솜을 넣은 무명 두루마기 / 단갈(短褐) : 짧은 베잠방이 / 유연(油然) : 구름이 떠오르는 모양, 왕성하게 일어나는 모양 / 곤복(袞服) : 높은 벼슬아치가 입는 관복 / 천전(天全) : 타고난 성품을 온전히 지니고 있음, 순박한 성품을 제대로 간직함 / 제일개(第一個) : 으뜸가는, 첫째가는 / 경계(境界) : 경지.

102
마음을 비쳐 보라

마음에 망령된 생각이 없는데 어찌 마음을 비쳐 볼 필요가 있겠는가. 석가모니가 말한 '마음을 비쳐 보라'고 한 것은 오히려 그 장애를 더할 뿐이다. 만물은 본시 한 물건인데 어찌 가지런하기를 기다리겠는가. 장주가 말한 '만물을 가지런히 한다'고 한 것은 스스로 같은 것을 갈라놓는 것이다.

心無其心이니 何有於觀이리오
심 무 기 심   하 유 어 관
釋氏曰觀心者는 重增基障이니라.
석 씨 왈 관 심 자   중 증 기 장
物本一物이니 何待於齊리오
물 본 일 물   하 대 어 제
莊生曰齊物者는 自剖其同이니라.
장 생 왈 제 물 자   자 부 기 동

🌼 **주해** 무기심(無其心) : 그 마음이 없음. 여기서는 망령된 생각이나 사심이 없음을 뜻함 / 석씨(釋氏) : 석가모니 / 관심(觀心) : 마음을 살펴 사념을 없애는 것 / 중증(重增) : 거듭 더함 / 장(障) : 장애 / 물본일물(物本一物) : 상대적인 현상의 세계를 벗어나 본질적인 차원에서 보면 만물은 일체임 / 장생(莊生) : 장자. 이름은 주(周) / 제물(齊物) : 만물을 가지런히 하는 것. 모든 사물을 평등하고 일체로 봄 / 부기동(剖其同) : 같은 것을 갈라놓아 차별함.

103
낭떠러지 위를 걷는 것과 같아

피리와 노랫소리가 바야흐로 무르익었을 때에 문득 옷소매를
떨쳐 훌쩍 떠나감은 마치 달인이 손을 놓고 낭떠러지 위를 걷는
것과 같아 부럽고, 시간이 이미 다한 때에 여전히 쉬지 않고 밤길
을 걷는 것은 마치 속된 선비가 몸을 고해에 빠뜨리는 것 같아 딱
하니라.

笙歌正濃處에 便自拂衣長往하니
생 가 정 농 처　　변 자 불 의 장 왕

羨達人撒手懸崖하며
선 달 인 살 수 현 애

更漏已殘時에猶然夜行不休하니
경 루 이 잔 시　　유 연 야 행 불 휴

咲俗士沈身苦海니라.
소 속 사 침 신 고 해

🌸 주해　생가(笙歌) ; 피리를 불고 노래 부름 / 정(正) : 바야흐로 / 농처(濃處) : 무르익을 때
／ 불의(拂衣) : 옷깃을 떨침 / 선(羨) : 부러워함 / 달인(達人) : 달관한 사람 / 살수현애(撒
手懸崖) : 낭떠러지 위를 손은 놓고 거니는 것 / 경루(更漏) : 물시계 / 이잔(已殘) : 거의
다 없어짐 / 불휴(不休) : 쉬지 않음 / 소(咲) : 소(咲 : 웃을, 웃음)와 같음 / 속사(俗士) : 속
인 / 침신(沈身) : 몸을 빠뜨림.

104
나의 고요한 마음의 바탕을 맑게 해야

마음을 아직 붙잡지 못했다면 마땅히 시끄러운 속세를 떠나 이 마음이 욕심낼 만한 것을 보지 못하게 하고 마음이 흐트러지지 않게 하여 나의 고요한 마음의 바탕을 맑게 해야 할 것이다. 마음을 이미 굳게 잡았거든 마땅히 다시 몸을 속세에 두고 이 마음으로 하여금 욕심낼 만한 것을 보아도 어지럽혀지지 않게 하여 나의 원만한 마음의 작용을 길러야 할 것이다.

把握未定이어늘 宜絶迹塵囂하여
파 악 미 정　　　　의 절 적 진 효

使此心으로 不見可欲而不亂하여
사 차 심　　　불 견 가 욕 이 불 란

以澄吾靜體하며 操持旣堅이어든 又當混跡風塵하여
이 징 오 정 체　　조 지 기 견　　　　우 당 혼 적 풍 진

使此心으로 見可欲而亦不亂하여 以養吾圓氣니라.
사 차 심　　　견 가 욕 이 역 불 란　　　이 양 오 원 기

❀ 주해　파악(把握) : 굳게 잡음 / 진효(塵囂) : 시끄러운 속세 / 정체(靜體) : 고요한 마음의 바탕 / 조지(操持) : 꽉 잡음, 굳게 잡음 / 풍진(風塵) : 어지러운 속세 / 불란(不亂) : 동요 되지 않음, 흔들리지 않음 / 원기(圓氣) : 원만한 마음의 작용.

105
마음이 고요함에 집착한다면

고요함을 좋아하고 시끄러움을 싫어하는 이는 흔히 사람을 피함으로써 고요함을 찾지만, 뜻이 사람 없음에 있다면 이는 바로 자아에 사로잡힌 것이요, 마음이 고요함에 집착한다면 그것이 바로 동요의 근본임을 모르고 있기 때문이다. 이래서야 어찌 남과 나를 하나로 보고 움직임과 고요함을 모두 잊는 경지에 이르리오.

喜寂厭喧者는 往往避人以求靜하나니 不知케라
희 적 염 훤 자   왕 왕 피 인 이 구 정   부 지

意在無人하면 便成我相하고 心着於靜하면 便是動根이라
의 재 무 인   변 성 아 상   심 착 어 정   변 시 동 근

如何到得人我一視하고 動靜兩忘的境界리오.
여 하 도 득 인 아 일 시   동 정 양 망 적 경 계

❀ **주해** 희적염훤(喜寂厭喧) : 고요함을 즐기고 시끄러움을 싫어함 / 왕왕(往往) : 흔히, 자주 / 구정(靜) : 고요함을 찾음 / 아상(我相) : 망상에 의한 자아의 모습을 참된 나로 보고 집착함 / 착(着) : 매달림, 집착함 / 동근(動根) : 동요의 근본 / 인아일시(人我一視) : 남과 나를 하나로 보고 차별을 두지 않음 / 양망(兩忘) : 둘 다 잊음/ 경계(境界) : 경지.

106
외로운 구름과 들의 학을 보면

산중에 살면 가슴속이 맑고 깨끗하여 대하는 것마다 모두 아름다운 생각이 든다. 외로운 구름과 들의 학을 보면 속세를 벗어난 듯하고, 돌 틈에 흐르는 시내와 샘물을 만나면 때묻은 마음을 씻어 주는 듯하며, 늙은 전나무와 추위속의 매화를 어루만지면 꿋꿋한 절개가 우뚝 솟아나고, 모래밭의 갈매기와 사슴, 고라니를 벗하면 마음의 번거로움을 모두 잊게 된다. 그러나 만약 한번 속세에 뛰어들게 되면 비록 외물과 상관치 않을지라도 이 몸 또한 부질없는 존재가 될 것이다.

山居하면 胸次淸洒하여 觸物皆有佳思하니
산 거   흉 차 청 쇄   촉 물 개 유 가 사

見孤雲野鶴에 而起超絶之思하고
견 고 운 야 학   이 기 초 절 지 사

遇石澗流泉에 而動澡雪之思하며
우 석 간 류 천   이 동 조 설 지 사

撫老檜寒梅에 而勁節挺立하고
무 노 회 한 매   이 경 절 정 립

侶沙鷗麋鹿에 而機心頓忘이라.
여 사 구 미 록   이 기 심 돈 망

若一走入塵寰하면 無論物不相關이나
약 일 주 입 진 환   무 론 물 불 상 관

卽此身이 亦屬贅旒矣리라.
즉 차 신   역 속 췌 류 의

※ 주해 흉차(胸次) : 가슴속 / 청쇄(淸洒) : 맑고 깨끗함 / 촉물(觸物) : 사물과 접촉함 / 초절(超絕) : 세속을 벗어남, 속세를 초월함 / 석간류천(石澗流泉) : 들 틈에 흐르는 시내와 샘물 / 조설(澡雪):씻어서 깨끗함. 설(雪)은 씻다는 뜻임 / 무(撫) : 어루만짐 / 노회한매(老檜寒梅) : 늙은 전나무와 찬 매화 / 경절(勁節) : 굳은 절개 / 정립(挺立) : 우뚝 솟아남 / 여(侶) : 짝함, 벗 삼음 / 사구(沙鷗) : 모래밭의 갈매기 / 미록(麋鹿) : 고라니와 사슴 / 기심(機心) : 움직이는 마음, 계교(계교)를 꾸미는 마음, 꾀를 생각해 내는 마음 / 돈망(頓忘) : 갑자기 잊음 / 진환(塵寰) : 속세. 환(寰)은 세계, 천하를 뜻함 / 췌류(贅旒) : 체(贅)는 혹, 류(旒)는 면류관 앞뒤에 늘어뜨린 구슬장식, 곧 쓸모없는 물건을 뜻함.

107
흥겨움이 때때로 일어나

흥겨움이 때때로 일어나 풀밭을 발벗고 한가로이 거니노라면 들
새도 겁내지 않고 벗이 되어 주며, 경치가 마음에 들어 떨어지는
꽃 아래 옷자락을 풀고 우두커니 앉아 있노라면 흰 구름이 슬며시
다가와 곁에 머문다.

興逐時來면 芳草中에 撤履閑行하나니
흥 축 시 래　　 방 초 중　　　철 리 한 행

野鳥도 忘機時作伴이요,
야 조　　 망 기 시 작 반

景與心會면 落花時에 披襟兀坐하나니
경 여 심 회　　 낙 화 시　　 피 금 올 좌

白雲이 無語漫相留로다.
백 운　　 무 어 만 상 류

✤ 주해　축시(逐時) : 때를 따라 / 철리(撤履) : 신발을 벗음 / 한행(閑行) : 한가로이 거님 /
야조(野鳥) : 들새 / 망기(忘機) : 마음을 놓음, 경계심을 버림 / 적반(作伴) : 짝이 됨 벗이
됨 / 경(景) : 경치, 풍경 / 여심회(與心會) : 마음에 맞음 / 피금(披襟) : 옷자락을 풀어 헤
침 / 올좌(兀坐) : 우두커니 앉아 있음. 올(兀)은 우뚝한 모양을 뜻함 / 만(漫) : 느긋하고 한
가로운 모습, 느리고 제멋대로 임 / 상류(相留) : 곁에 머물음.

108
생각이 조금만 달라도 경지가 크게 달라지니

인생의 복과 재앙은 모두 마음에서 이루어진다. 그러므로 석가여래가 말하기를 '욕심이 불같이 타오르면 그것이 바로 불구덩이요, 탐애(貪愛)에 빠지면 그것이 문득 고해가 되는 것이다. 한 생각이 맑고 깨끗하면 거센 불길도 연못이 되며, 한마음에 깨달음이 있으면 배는 저 언덕에 오른다'고 했다. 이와 같이 생각이 조금만 달라도 경지가 크게 달라지니, 어찌 삼가지 않을 수 있겠는가?

人生福境禍區는 皆念相造成이라
인 생 복 경 화 구　　개 념 상 조 성

故로 釋氏云하되 利欲熾然이면 卽時火坑이요
고　석 씨 운　　이 욕 치 연　　즉 시 화 갱

貪愛沈溺하면 便爲苦海나 一念淸淨하면 烈焰成池하고
탐 애 침 닉　　변 위 고 해　　일 념 청 정　　열 염 성 지

一念警覺하면 船登彼岸이라 하니
일 념 경 각　　선 등 피 안

念頭稍異면 境界頓殊니 可不愼哉아.
염 두 초 이　　경 계 돈 수　　가 불 신 재

❋ **주해** 복경(福境) : 행복의 경지 / 화구(禍區) : 재앙의 구역 / 조성造成() : 만들어짐, 이루어짐 / 치연(熾然) : 거세게 타오르는 모양 / 화갱(火坑) : 불구덩이 / 탐애(貪愛) : 탐내고 집착하는 것 / 침닉(沈溺) : 빠짐 / 열염(烈焰) : 거센 불길 / 경각(警覺) : 경계하고 깨닫는 것 / 피안(彼岸) : 저 언덕. 죽고 나는 괴로움을 벗어난 열반의 경지. 생사(生死)의 경계를 차안(此岸 : 이 언덕)이라고 함 / 염두(念頭) : 마음 / 초(稍) : 조금 / 돈수(頓殊) : 크게 다름, 크게 차이가 남 / 가불신재(可不愼哉) : 가히 삼가지 않을 수 있겠는가, 가히 신중하지 않을 수 있겠는가.

109
물이 모이면 내를 이루고

새끼줄로도 톱삼아서 나무를 자르고, 물방울도 돌을 뚫으니, 도를 배우는 이는 모름지기 힘써 찾기를 더해야만 한다. 물이 모이면 내를 이루고, 참외도 익으면 꼭지가 빠지니, 도를 얻으려는 이는 한결같이 하늘의 작용에 맡길 것이니라.

繩鋸木斷하고 水滴石穿하니
승 거 목 단　　　수 적 석 천

學道者는 須加力索이니라.
학 도 자　　수 가 력 색

水到渠成하고 瓜熟蒂落하니
수 도 거 성　　　과 숙 체 락

得道者는 一任天機니라.
득 도 자　　일 임 천 기

❄ **주해** 승거목단(繩鋸木斷) : 새끼줄로 오랫동안 톱질하면 나무가 잘라진다고 함 / 수적석천(水滴石穿) : 물방울도 계속 떨어지면 돌에 구멍을 뚫을 수 있다고 함. 앞의 구절과 함께 노력의 중요성을 강조한 말임 / 역색(力索) : 힘써 찾음, 힘써 구함 / 수도거성(水到渠成) : 물이 모이면 시냇물을 이룸 / 과숙체락(瓜熟蒂落) : 참외가 익어 꼭지가 떨어짐. 체(蒂)는 꼭지 / 천기(天機) : 천지 자연의 오묘한 작용.

110
어찌 자연을 그리워하여 병이 들겠는가

마음이 쉬면 문득 달이 뜨고 바람이 불어오니 사람 사는 세상이 반드시 고해만은 아니다. 마음이 멀면 수레의 먼지와 말발굽 자국이 저절로 없어지니, 어찌 자연을 그리워하여 병이 들겠는가?

機息時에 便有月到風來하나니
기 식 시　　변 유 월 도 풍 래

不必苦海人世요
불 필 고 해 인 세

心遠處에 自無車塵馬迹이어늘
심 원 처　　자 무 거 진 마 적

何須痼疾丘山이리오.
하 수 고 질 구 산

❀ 주해　기(機) : 마음의 활동, 마음의 움직임 / 고해인세(苦海人世) : 괴로움이 많은 인간 세상 / 심원(心遠) : 마음이 속세에서 멀어짐. 도연명의 시에 '마음이 속세에서 머니 사는 데가 곧 외진 곳이라'[심원지자편(心遠地自偏이라]는 구절이 있음 / 거진마적(車塵馬迹) : 수레의 먼지와 말발굽 자국 / 고질구산(痼疾丘山) : 산수를 사랑함이 고질이 됨. 천석고황(泉石膏肓)과 같은 뜻임.

111
만물을 죽이는 기운 속에서

풀과 나뭇잎이 시들어 떨어지면 곧 밑뿌리에서 새싹이 돋아나고, 계절이 비록 얼어붙은 때라도 끝내 날아오르는 재 속에 봄기운이 되돌아온다. 만물을 죽이는 기운 속에서도 자라나게 하는 뜻이 늘 으뜸이 되나니, 이로써 천지의 마음을 볼 수 있노라.

草木은 纔零落하면 便露萌穎於根底하고
초 목　　재 영 락　　　변 로 맹 영 어 근 저

時序는 雖凝寒이나 終回陽氣於飛灰니라.
시 서　　수 응 한　　　종 회 양 기 어 비 회

肅殺之中에 生生之意가 常爲之主하니
숙 살 지 중　　생 생 지 의　　상 위 지 주

卽是可以見天地之心이니라.
즉 시 가 이 견 천 지 지 심

❀ 주해　재(纔) : 겨우 / 영락(零落) : 시들어 떨어짐 / 노(露) : 드러냄 / 맹영(萌穎) : 싹 / 시서(時序) : 계절의 차례, 절기 / 응한(凝寒) : 얼어붙는 추위, 엄동, 혹한 / 비회(飛灰) : 옛날 중국에서는 대통 속에 갈대의 재를 넣어 동지가 되면 저절로 날아오게 하는 풍습이 있었음 / 숙살(肅殺) : 만물을 죽이는 찬 기운 / 생생(生生) : 만물을 나고 자라게 함 / 상위지주(常爲之主) : 늘 주인이 됨. 언제나 으뜸으로 삼음.

112
비 개인 뒤 산 빛을 바라보면

비 개인 뒤 산 빛을 바라보면 경치의 아름다움을 새로이 깨닫게 되며, 고요한 밤에 종소리를 들으면 그 울림이 한결 맑고도 높다.

雨餘에 觀山色하면 景象이 便覺新妍하고
우여　　관산색　　경상　　변각신연

夜靜에 聽鐘聲하면 音響이 尤爲淸越이니라.
야정　　청종성　　음향　　우위청월

❀ **주해**　우여(雨餘) : 비가 온 뒤에 / 경상(景象) : 경치, 풍경 / 신연(新妍) : 새로이 아름다움 / 야정(夜靜) : 고요한 밤 / 청월(淸越) : 맑고 높음.

113
비나 눈이 오는 밤에 글을 읽으면

높은 곳에 오르면 사람의 마음이 넓어지고, 흐르는 물가에 다다르면 사람의 뜻이 원대해지며, 비나 눈이 오는 밤에 글을 읽으면 사람의 정신이 맑아지고, 언덕 위에 올라 휘파람을 불면 사람의 흥취가 높아지느니라.

登高하면 使人心曠하고 臨流하면 使人意遠하며
등 고　　　사 인 심 광　　　임 류　　　　사 인 의 원

讀書於雨雪之夜면 使人神淸하고
독 서 어 우 설 지 야　　　사 인 신 청

舒嘯於丘阜之嶺하면 使人興邁니라.
서 소 어 구 부 지 전　　　　사 인 흥 매

✿ **주해**　심광(心曠) : 마음이 넓어짐 / 유(流) : 흐름, 즉 물을 뜻함 / 의원(意遠) : 뜻이 원대함 / 신청(神淸) : 정신이 맑아짐 / 서소(舒嘯) : 천천히 휘파람을 불음 / 구부(丘阜) : 언덕 / 전(嶺) : 산마루 / 흥(興) : 흥겨움, 흥취 / 매(邁) : 뛰어남, 고매함.

114
마음이 좁으면 한 오라기의 터럭도

마음이 넓으면 만종의 녹봉도 질항아리와 같고, 마음이 좁으면
한오라기의 터럭도 수레바퀴와 같도다.

心曠하면 則萬鍾도 如瓦缶하고
심 광　　　칙 만 종　　여 와 부

心隘하면 則一髮도 似車輪이니라.
심 애　　　칙 일 발　　사 거 륜

❀ 주해　만종(萬鍾) : 많은 녹봉. 월급. 1종(鍾)은 6곡(斛) 4두(斗), 즉 여섯 섬 네 말(64말)임 /
와부(瓦缶) : 질그릇 / 심애(心隘) : 마음이 좁음 / 일발(一髮) : 한 올의 터럭 / 사거륜(似車
輪) : 수레바퀴처럼 크게 보임.

115
즐기는 것과 바라는 것도

　바람과 달, 꽃과 버들이 없으면 자연의 조화도 이루어지지 못하고, 정욕과 기호가 없으면 마음의 본바탕도 이루어지지 못한다. 다만 내가 주인이 되어 사물을 부리고 내가 사물의 부림을 당하지 않는다면, 곧 즐기는 것과 바라는 것도 하늘의 작용 아님이 없고, 속세의 마음도 이법(理法)의 경지가 되는 것이다.

無風月花柳면 不成造化하고　無情欲嗜好면 不成心體라
무 풍 월 화 류　　불 성 조 화　　　무 정 욕 기 호　　불 성 심 체

只以我轉物하고 不以物役我면　則嗜欲도 莫非天機요
지 이 아 전 물　　불 이 물 역 아　　즉 기 욕　　막 비 천 기

塵情도 卽是理境矣니라.
진 정　　즉 시 리 경 의

❀ 주해　조화(造化) : 조물주의 재주 / 기호(嗜好) : 즐기고 좋아함 / 심체(心體) : 마음의 본체, 마음의 바탕 / 이아전물(以我轉物) : 내 의지로 사물을 부림 / 이물역아(以物役我) : 사물이 나를 부림 / 기욕(嗜欲) : 기호와 정욕 / 천기(天機) : 하늘의 작용 / 진정(塵情) : 속세의 마음, 속세의 감정 / 이경(理境) : 진리의 경지, 천리(天理)의 경지, 이법의 경지.

116
자기 한몸을 모두 깨달은 이는

자기 한몸에 대하여 그 한 몸을 모두 깨달은 이는 바야흐로 능히 만물을 만물에게 맡길 수 있고, 천하를 천하에 돌려주는 이는 바야흐로 능히 속세에 살면서 속세를 초월할 수 있는 것이다.

就一身하여 了一身者는 方能以萬物로 付萬物하며
취 일 신   로 일 신 자   방 능 이 만 물   부 만 물

還天下於天下者는 方能出世間於世間이니라.
환 천 하 어 천 하 자   방 능 출 세 간 어 세 간

❀ **주해** 취(就) : 나아감, ~에 대하여, ~에 관하여 / 요(了) : 깨닫는 것 / 방(方) : 바야흐로 / 부(付) : 맡기는 것, 붙임, 부여함 / 출세간어세간(出世間於世間) : 속세에 살면서도 속세를 벗어나는 것. 차안(此岸 : 이 언덕, 곧 생사의 경계)이 즉 피안(彼岸 : 저 언덕, 곧 열반의 세계)이 되는 그런 경지임.

117
군자는 몸과 마음에 근심을

　사람이 지나치게 한가하면 엉뚱한 생각이 몰래 일어나며, 너무 바쁘면 참된 성품이 드러나지 못한다. 그러므로 군자는 몸과 마음에 근심을 품지 않을 수 없고, 풍월의 멋 또한 즐기지 않을 수 없는 것이다.

人生이 太閑하면 則別念이 竊生하고
인생　태한　　즉별념　절생

太忙하면 則眞性이 不現하나니
태망　　즉진성　불현

故로 士君子는 不可不抱身心之憂하고
고　사군자　불가불포신심지우

亦不可不耽風月之趣이니라.
역불가불탐풍월지취

🌸 **주해**　태(太) : 너무, 지나치게 / 한(閑) : 한가함 / 별념(別念) : 잡념, 엉뚱한 생각 / 절생 (竊生) : 몰래 생겨남, 슬며시 일어남 / 태망(太忙) : 너무 바쁨, 지나치게 분주함 / 진성(眞 性) : 참된 성품, 본성 / 불현(不現) : 나타나지 않음, 드러나지 못함 / 포(抱) : 안다, 지니다, 품다 / 탐(耽) : 즐김 / 풍월지취(風月之趣) : 자연을 즐기는 취미. 청풍명월(淸風明月)의 멋.

118
천지자연의 참다운 작용

사람의 마음은 흔히 흔들리는 데서 본성을 잃게 된다. 만약 한 가지 생각도 일어남이 없이 맑은 마음으로 고요히 앉아 있으면, 구름이 일어나면 한가로이 함께 가고, 빗방울이 떨어지면 서늘하게 함께 맑아지며, 새가 지저귀면 흐뭇하게 느끼고, 꽃이 떨어지면 뚜렷이 절로 깨달을 것이니 어디인들 참 경지가 아니며 무엇인들 참된 작용이 아니리오.

人心은 多從動處에 失眞하니 若一念不生하고 澄然靜坐하면
인 심   다 종 동 처   실 진   약 일 념 불 생   징 연 정 좌

雲興而悠然共逝하고 雨滴而冷然俱淸하며 鳥啼而欣然有會하고
운 흥 이 유 연 공 서   우 적 이 냉 연 구 청   조 제 이 흔 연 유 회

花落而瀟然自得하리니 何地非眞境이며 何物非眞機리오.
화 락 이 소 연 자 득   하 지 비 진 경   하 물 비 진 기

❀ 주해 다(多) : 많이, 흔히 / 종(從) : ~을 따라서 / 실진(失眞) : 진심을 잃음, 본성을 잃게 됨 / 일념(一念) : 한 가지 생각 / 징연(澄然) : 맑은 모양 / 정좌(靜坐) : 고요히 앉아 있음 / 유연(然) : 한가한 모양 / 서(逝) : 가다 / 우적(雨滴) : 빗방울이 떨어짐 / 냉연(冷然) : 서늘한 모습 / 제(啼) : 울다 / 흔연(欣然) : 기쁜 모양 / 회(會) : 마음에 맞음, 회심, 회득 / 소연(瀟然) : 깨끗한 모양 / 자득(自得) : 도리를 깨달음 / 진경(眞境) : 참된 경지, 깨달음의 경지 / 진기(眞機) : 천지자연의 참다운 작용, 진정한 활동.

119
세상 이치를 터득한 이는

　자식이 태어날 때 그 어미는 위험하고, 돈 꾸러미가 쌓이게 되면 도둑이 엿보니 어찌 기쁨은 근심이 아니랴! 가난은 씀씀이를 아끼게 하고 병이 들면 몸을 보양하니 어찌 근심은 기쁨이 아니랴! 그러므로 세상 이치를 터득한 이는 순경과 역경을 같이 보며, 기쁨과 근심을 모두 잊어버린다.

子生而母危하고 鏹積而盜窺하나니
자 생 이 모 위　　강 적 이 도 규

何喜非憂也리도 貧可以節用하고
하 희 비 우 야　　빈 가 이 절 용

病可以保身하나니 何憂非喜也리오.
병 가 이 보 신　　하 우 비 희 야

故로 達人은 當順逆一視하며 而欣戚兩忘이니라.
고　　달 인　　당 순 역 일 시　　이 흔 척 양 망

※ 주해　강(鏹) : 전대, 돈 / 규(窺) : 엿봄 / 절용(節用) : 절약해서 씀, 씀씀이를 아낌 / 달인(達人) : 세상의 이치를 터득한 사람 / 순역(順逆) : 순경과 역경, 행운과 시련 / 일시(一視) : 하나로 봄, 동일시함 / 흔척(欣戚) : 기쁨과 슬픔.

120
마음은 달빛이 연못에 잠김과 같이하여

귀는 마치 세찬 바람이 골짜기를 울림과 같이하여 지나간 뒤에 소리를 남기지 않으면 시비도 함께 사라진다. 마음은 마치 달빛이 연못에 잠김과 같이하여 텅 비어 집착치 않으면 곧 바깥 사물과 나를 다 잊게 된다.

耳根은 似飈谷投響하여
이 근 　 사 표 곡 투 향

過而不留면 則是非俱謝하고
과 이 불 류 　 즉 시 비 구 사

心境은 如月池浸色하여
심 경 　 여 월 지 침 색

空而不著하면 則物我兩忘이니라.
공 이 불 착 　 즉 물 아 양 망

💮 **주해** 이근(耳根) : 귀. 불교에서 말하는 여섯 가지의 감각기관 중의 하나임 / 표(飈) : 회오리바람 / 투향(投響) : 메아리침, 소리를 울림 / 구사(俱謝) : 함께 사라짐, 함께 물러감 / 월지침색(月池浸色) : 달빛이 연못에 잠김, 달빛이 연못에 미침 / 불착(不著) : 집착하지 않음 / 물아(物我) : 바깥 사물과 나.

121
자기 마음을 티끌로 하고

　세상 사람들은 영화와 명리에 얽매어 있어 걸핏하면 티끌세상이
니 괴로움의 바다니 하고 말하지만, 구름은 희고 산은 푸르며 냇
물은 흐르고 바위는 우뚝하며 꽃은 피고 새는 노래하며 골짜기가
응답하고 나무꾼이 노래하는 것을 알지 못한다. 티끌 세상도 아니
요, 괴로움의 바다도 아니건만 그들은 스스로 자기 마음을 티끌로
하고 괴롭게 할 따름이다.

世人은 爲榮利纏縛하여 動曰塵世苦海라 하며
세 인　위 영 리 전 박　　동 왈 진 세 고 해

不知雲白山青하고 川行石立하며
부 지 운 백 산 청　　천 행 석 립

花迎鳥笑하고 谷答樵謳하나니 世亦不塵이요
화 영 조 소　　곡 답 초 구　　　세 역 부 진

海亦不苦언마는 彼自塵苦其心爾니라.
해 역 불 고　　피 자 진 고 기 심 이

❀ 주해　영리(榮利) : 영화와 명리(名利) / 전박(纏縛) : 얽매임, 구속당함, 속박 / 동왈(動曰) :
흔히 말함 / 진세(塵世) : 티끌세상, 어지러운 속세 / 고해(苦海) : 괴로움과 고통이 많은 이
세상 / 초구(樵謳) : 나무꾼이 노래함 / 진고(塵苦) : 진세와 고해 / 이(爾) : ～할 뿐이다, ～
할 따름이다.

122
술이 흠씬 취하기에 이르면

   꽃은 반쯤 핀 것을 보고 술은 약간 취하도록 마시면, 그 가운데 크게 아름다운 멋이 있다. 만약 꽃이 활짝 피고 술이 흠씬 취하기에 이르면 곧 좋지 못한 상태를 이루게 되니, 가득 찬 처지에 있는 이는 당연히 이를 생각해야 한다.

花看半開하고　酒飲微醺하면
화 간 반 개　　　주 음 미 훈

此中에　大有佳趣니라.
차 중　　　대 유 가 취

若至爛漫酕醄면　便成惡境하나니
약 지 란 만 모 도　　　변 성 악 경

履盈滿者는　宜思之니라.
이 영 만 자　　　의 사 지

❈ 주해　미훈(微醺) : 약간 취함 / 가취(佳趣) : 아름다운 멋, 아름다운 취미 / 난만(爛漫) : 한창 무르녹음, 꽃이 활짝 핀 모습 / 모도(酕醄) : 술에 흠뻑 취함 / 악경(惡境) : 나쁜 상태, 재앙의 경지 / 영만(盈滿) : 가득 찬 상태, 부귀영화의 절정에 다다름.

123
산나물은 사람이 기르지 않으나

산나물은 사람이 물대어 가꾸지 않아도 절로 자라고, 들새는 사람이 먹여 기르지 않아도 절로 살건만, 그 맛은 모두 향기롭고 맑다. 우리도 능히 세상법도에 물들지 아니하면, 그 품격이 세속과 멀어져 별 다르지 않으랴.

山肴는 不受世間灌漑하고
산 효   불 수 세 간 관 개

野禽은 不受世間豢養이로되
야 금   불 수 세 간 환 양

其味皆香而且冽하니
기 미 개 향 이 차 열

吾人도 能不爲世法所點染하면
오 인   능 불 위 세 법 소 점 염

其臭味不逈然別乎아.
기 취 미 불 형 연 별 호

❀ 주해 산효(山肴) : 산나물 / 관개(灌漑) : 물을 댐, 가꿈 / 야금(野禽) : 들새 / 환양(豢養) : 먹여서 기름, 사육함 / 열(冽) : 차가움, 맑은 것 / 세법(世法) : 세상의 법도, 세속의 명리(名利) / 점염(點染) : 물들어 더럽혀짐 / 취미(臭味) : 냄새와 맛, 품위 . 품격 . 인격을 뜻함 / 형연(逈然) : 아득히 먼 모습.

124
어찌 아름다운 멋이 있으리오

 꽃을 가꾸고 대나무를 심으며 학과 놀고 물고기를 바라보는데
도, 또한 한갓 스스로 깨닫는 바가 있어야 한다. 만약 한낱 그 광
경에만 끌려 거죽의 화려함만을 즐긴다면 이는 우리 유가의 '입과
귀로만 하는 학문'이요, 불가의 '일체만 물은 공(空)'일 뿐이니, 어
찌 아름다운 멋이 있으리오!

栽花種竹하고 玩鶴觀魚도 又要有段自得處니
재 화 종 죽　　　완 학 관 어　　　우 요 유 단 자 득 처

若徒留連光景하여 玩弄物華면 亦吾儒之口耳요
약 도 류 연 광 경　　　완 농 물 화　　　역 오 유 지 구 이

釋氏之頑空而已니 何有佳趣리오.
석 씨 지 완 공 이 이　　　하 유 가 취

❖ 주해 유련(留連) : 반하고 빠지는 것 / 완롱(玩弄) : 감상하고 즐기는 것 / 물화(物華) : 겉
모습의 아름다움, 거죽의 화려함 / 구이(口耳) : 구이지학(口耳之學). 귀로 들을 것을 단순
히 입으로 말하는 것으로 그침. 깨달음과 실천이 없는 무익한 학문 / 완공(頑空) : 소승불교
에서는 일체만물을 공(空)으로 봄 / 이이(而已) : ～할 뿐이다. ～할 따름이다.

125
차라리 구렁에 빠져죽을 망정

산림의 선비는 가난하나 깨끗하게 살아 스스로 높은 멋이 넉넉하고, 들의 농부는 거칠지만 꾸밈이 없어 천진스러움을 다 지니고 있다. 만약 한번 몸을 잃어 시장바닥의 거간꾼이 된다면 이는 차라리 구렁에 빠져 죽을망정 오히려 정신과 몸을 깨끗이 함만 못하리로다.

山林之士는 淸苦而逸趣自饒하고
산 림 지 사　　청 고 이 일 취 자 요

農野之夫는 鄙略而天眞渾具하나니
농 야 지 부　　비 략 이 천 진 혼 구

若一失身市井駔僧면 不若轉死溝壑이라도
약 일 실 신 시 정 장 괴　　불 약 전 사 구 학

神骨猶淸이니라.
신 골 유 청

❀ 주해　청고(淸苦) : 청백빈고(淸白貧苦). 가난하지만 깨끗하게 살아감 / 일취(逸趣) : 세속을 초월한 취미, 높고 뛰어난 취미 / 요(饒) : 풍부함, 넉넉함 / 비략(鄙略) : 거칠고 꾸밈이 없음, 거칠고 소박함 / 혼구(渾具) : 다 지님, 모두 갖춤 / 시정(市井) : 저자거리, 시장바닥 / 장괴(駔僧) : 거간꾼, 중개인 / 불약(不若) : ~함만 같지 못하다, ~하는 것만 못하다 / 전(轉) : 굴러 떨어짐 / 구학(溝壑) : 도랑과 골짜기 / 신골(神骨) : 정신과 육체, 마음과 몸.

126
인간 세상의 함정

분에 넘치는 복과 까닭 없는 얻음은 조물주의 낚싯밥이 아니면 곧 인간세상의 함정이다. 이런 곳에서는 눈을 높이 두지 않으면 그 속임수에 넘어가지 않을 사람이 드물 것이다.

非分之福과 無故之獲은
비 분 지 복　　　무 고 지 획

非造物之釣餌면 卽人世之機阱이니
비 조 물 지 조 이　　즉 인 세 지 기 정

此處에 著眼不高하면 鮮不墮彼術中矣리라.
차 처　　착 안 불 고　　　선 불 타 피 술 중 의

❀ 주해 비분(非分) : 분수에 넘침 / 무고(無故) : 까닭이 없음 / 획(獲) : 얻음, 이득 / 조물(造物) : 조물주 / 조이(釣餌) : 낚싯밥, 이(餌)는 미끼 / 기정(機阱) : 함정 / 착안(著眼) : 눈을 둠 / 선(鮮) : 드물다 / 불타(不墮) : 떨어지지 않음, 빠지지 않음 / 술(術) : 기술, 술책, 속임수.

127
삶은 본디 한갓 꼭두각시 놀음이니

삶은 본디 한갓 꼭두각시 놀음이니 다만 그 밑둥을 손에 쥐고 있어야 한다. 한 가닥의 실도 헝클어짐이 없어 감고 푸는 것이 자유로워야 움직이고 멈춤이 내 뜻에 있게 되니, 털끝만큼도 남의 간섭을 받지 않아야 곧 이 무대에서 벗어날 수 있으리라.

人生은 原是一傀儡니 只要根蒂在手니라.
인생 원시일괴뢰   지요근체재수

一絲不亂하여 卷舒自由하고 行止在我하여
일사불란   권서자유   행지재아

一毫不受他人提掇하면 便超出此場中矣리라.
일호불수타인제철   변초출차장중의

❀ 주해 괴뢰(傀儡) : 꼭두각시 / 지(只) : 다만 / 근체(根蒂) : 뿌리, 근본 / 일선분란(一絲不亂) : 한 가닥의 실도 헝클어지지 않음 / 권서(卷舒) : 감고 푸는 것 / 행지(行止) : 움직이고 멈춤 / 일호(一毫) : 털끝만큼도, 추호도 / 제철(提掇) : 간섭 / 초출(超出) : 벗어남 / 장중(場中) : 마당, 삶의 무대.

128
천하가 늘 평화롭다면

한 가지 이로운 일이 일어나면 한 가지 해로운 일도 생긴다. 그러므로 천하는 늘 일없는 것을 복으로 여긴다. 옛 사람의 시를 읽으니 이르기를 '그대에게 권하노니 제후에 봉하는 일은 말하지 말라. 한 장수가 공훈을 세움에는 만 사람의 뼈가 마르니라'고 하였고, 또 이르기를 '천하가 늘 평화롭다면 칼이 갑 속에서 천 년을 썩어도 아깝지 않으리라'고 하였다. 비록 영웅의 마음과 맹렬한 기상이 있을지라도 자기도 모르는 사이에 얼음과 눈 녹듯이 사라지리라.

一事起면 則一害生하나니 故로 天下常以無事爲福이니라.
일 사 기   즉 일 해 생   고   천 하 상 이 무 사 위 복

讀前人詩에 云하되 勸君莫話封侯事하라
독 전 인 시   운   권 군 막 화 봉 후 사

一將功成萬骨枯니 又云하되
일 장 공 성 만 골 고   우 운

天下常令萬事平이면 匣中不惜千年死라 하니
천 하 상 영 만 사 평   궤 중 불 석 천 년 사

雖有雄心猛氣나 不覺化爲氷霰矣리라.
수 유 웅 심 맹 기   부 각 화 위 빙 산 의

❉ 주해 전인시(前人詩) : 이 시는 조송(曹松)이 황소의 난으로 백성들이 고통을 받던 당희종 건부 6년(AD 879년) 기해년(己亥年)에 지은 것으로 추정됨. 칠언 절구로 기해세(己亥歲)란 제목이 붙음. 전쟁의 잔학성과 모순을 규탄한 시임 / 봉후사(封侯事) : 제후에 봉하여 지는

일 / 만골고(萬骨枯) : 수많은 사람이 죽어 그 해골이 마르고 있음 / 우운(又云) : 작자가 밝혀지지 않음 / 불석(不惜) : 아깝지 않음 / 사(死) : 사장됨 / 웅심맹기(雄心猛氣) : 영웅다운 마음과 용맹스러운 기상 / 빙산(氷霰) : 얼음과 싸락눈.

129
깨끗해야 할 사문이

음란하던 여인이 극단에 이르면 여승이 되고, 일에 열중하던 이가 격해지면 중이 되는 수가 있다. 깨끗해야 할 사문(沙門 절, 불문)이 늘 음란과 사악의 소굴이 됨이 이와 같도다.

淫奔之婦가 矯而爲尼하고 熱中之人도 激而入道하니
음 분 지 부   교 이 위 니   열 중 지 인   격 이 입 도

淸淨之門이 常爲婬邪淵藪也가 如此로다.
청 정 지 문   상 위 음 사 연 수 야   여 차

❀ 주해 음분(淫奔) : 음란함. 음탕함 / 교(矯) : 극단에 이름 / 니(尼) : 여승 / 격(激) : 과격해짐 / 입도(入道) : 불문에 들어감 / 청정지문(淸淨之門) : 불문을 뜻함 / 음(婬) : 음란함. 음(淫)과 통함 / 사(邪) : 사악함 / 연수(淵藪) : 물고기가 모여드는 연못과 새, 짐승이 모이는 숲, 소굴.

130
마음은 일 밖으로 벗어나야

물결이 하늘 높이 솟을 때 배 안에서는 두려움을 몰라도 배 밖의 사람은 가슴이 서늘해지며, 미친 사람이 좌중을 욕할 때 자리에 있는 이는 경계할 줄 몰라도 자리 밖의 사람은 혀를 차게 된다. 그러므로 군자는 몸은 비록 일속에 파묻혀 있을지라도, 마음은 일 밖으로 벗어나야 하는 것이다.

波浪이 兼天에 舟中은 不知懼나 而舟外者寒心하고
파랑　겸천　주중　부지구　이주외자한심

猖狂이 猖狂에 席上은 不知警이나 而席外者咋舌하나니
창광　매좌　석상　부지경　이석외자색설

故로 君子는 身雖在事中이나 心要超事外也니라.
고　군자　신수재사중　심요초사외야

☼ 주해　파랑(波浪) : 파도, 물결 / 겸천(兼天) : 하늘에 맞닿음 / 한심(寒心) : 가슴이 서늘해짐. 마음이 조마조마함 / 창광(猖狂) : 미쳐 날뛰는 것 / 매좌(猖狂) : 좌중에 대고 욕함 / 색설(咋舌) : 혀를 참. 혀를 깨묾.

131
인생에서 한푼을 덜고 줄이면

인생에서 한 푼을 덜고 줄이면 곧 그만큼 일에서 벗어날 수 있다. 즉 사귐을 줄이면 시끄러움을 면할 수 있고, 말을 줄이면 잘못이 적어지며, 생각을 줄이면 정신이 소모되지 아니하고, 총명함을 줄이면 본성을 고스란히 간직할 수 있다. 저들이 날로 줄이기를 구하지 않고 날로 더하기만을 구함은 참으로 삶을 속박하는 것이니라.

人生이 減省一分하면 便超脫一分하나니
인생　감생일분　　변초탈일분

如交遊減하면 便免紛擾하고
여교유감　　변면분요

言語減하면 便寡愆尤하며 思慮減하면 則精神不耗하고
언어감　　변과건우　　사려감　　칙정신불모

聰明減하면 則混沌可完이니라.
총명감　　칙혼돈가완

彼不求日減하고 而求日增者는 眞桎梏此生哉로다.
피불구일감　　이구일증자　　진질곡차생재

❀ 주해　감생(減省) : 덜어서 줄이는 것 / 일분(一分) : 조금 / 분요(紛擾) : 분쟁으로 시끄러움 / 과(寡) : 적어짐, 드물게 됨 / 건우(愆尤) : 잘못, 허물, 과실 / 혼돈(混沌) : 천지개벽 이전의 상태, 본성을 뜻함 / 질곡(桎梏) : 차꼬와 수갑, 속박, 구속.

132
마음속의 얼음과 숯불을

천지운행의 추위와 더위는 피하기 쉬워도 세태인정의 뜨거움과 차가움을 없애기는 어렵다. 세태인정의 뜨거움과 차가움을 없애기는 쉬워도 내 마음의 얼음과 숯불을 버리기는 어렵다. 이 마음속의 얼음과 숯불을 버릴 수만 있다면 가슴속은 따뜻하고 부드러운 기운으로 가득 차서 이르는 곳마다 봄바람이 일 것이다.

天運之寒暑는 易避나 人生之炎涼은 難除하고
천 운 지 한 서   이 피   인 생 지 염 량   난 제

人生之炎涼은 易除나 吾心之氷炭은 難去니
인 생 지 염 량   이 제   오 심 지 빙 탄   난 거

去得此中之氷炭하면 則萬腔이 皆和氣하여
거 득 차 중 지 빙 탄   즉 만 강   개 화 기

自隨地에 有春風矣니라.
자 수 지   유 춘 풍 의

❀ 주해 천운(天運) : 천지의 운행 / 염량(炎涼) : 뜨거움과 차가움, 즉 인정의 변덕을 뜻함 / 난제(難除) : 제거하기 어려움, 없애기 어려움 / 빙탄(氷炭) : 얼음과 숯불, 남을 차갑게 대하고 따뜻하고 대하는 마음의 변덕 / 만강(萬腔) : 가슴에 가득 참 / 수지(隨地) : 이르는 곳마다, 가는 곳마다.

133
차를 굳이 좋은 것만을 구하지 않으면

차를 굳이 좋은 것만을 구하지 않으면 차 주전자 또한 마르지 않을 것이요, 술도 향기로운 것만을 찾지 않으면 술통 또한 비지 않는다. 장식 없는 거문고는 줄이 없어도 늘 고르며, 짧은 피리는 구멍이 없어도 저절로 즐겁도다. 비록 복희씨는 뛰어넘기 어려우나 혜강, 완적과는 벗할 수 있으리라.

茶不求精하니 而壺亦不燥하고
차 불 구 정　　　이 호 역 부 조

酒不求冽하니 而樽亦不空하며
주 불 구 열　　　이 준 역 불 공

素琴은 無絃이나 而常調하고
소 금　　무 현　　이 상 조

短笛은 無腔이나 而自適하면
단 적　　무 강　　이 자 적

終難超越義皇이나 亦可匹儔嵇阮이니라.
종 난 초 월 희 황　　　역 가 필 주 혜 완

❊ 주해　주해정(精) : 가장 좋은 것. 최상품. 극상품 / 호(壺) : 병. 차주전자 / 부조(不燥) : 마르지 않음 / 열(冽) : 맑고 향기 그윽함 / 소금(素琴) : 장식이 없는 거문고 / 무강(無腔) : 구멍이 없음 / 희황(羲皇) : 중국 고대의 전설적인 임금인 복희씨(伏羲氏) / 필주(匹儔) : 짝 지음, 벗삼음. 필적함 / 혜완(嵇阮) : 혜강(嵇康)과 완적(阮籍). 서진(西晉)시대 죽림칠현에 속하는 인사들임. 죽림(竹林) 속에서 술과 청담(淸談)으로 세월을 보내며 번거로움을 잊고자 함.

134
대체로 세상길은 아득하여

　불가의 수연(隨緣)과 우리 유가의 소위(素位), 이 네 글자는 바로 바다를 건너는 부낭(浮囊)이다. 대체로 세상길은 아득하여 한 마음으로 완전함을 구한다면 만 갈래 생각이 어지러이 일어나게 되나니, 인연에 좇아 편하게 살면 어디를 가든 안심입명(安心立命)을 얻지 못함이 없으리로다.

釋氏隨緣과 吾儒素位의 四字는
석 씨 수 연　　오 유 소 위　　사 자

是渡海的浮囊이라 蓋世路茫茫하여
시 도 해 적 부 낭　　개 세 로 망 망

一念求全하면 則萬緒紛起하나니
일 념 구 전　　즉 만 서 분 기

隨寓而安이면 則無入不得矣리라.
수 우 이 안　　즉 무 입 부 득 의

✿ 주해　석씨(釋氏) : 석가여래, 불가 / 수연(隨緣) : 인연을 따르는 것 / 소위(素位) : 자기의 본분을 지킴, 현재의 지위나 신문에 따라서 처신하며 분수 밖의 일은 바라지 않음 / 부낭(浮囊) : 구명대 / 망망(茫茫) : 아득히 먼 모양 / 만서(萬緒) : 온갖 생각의 실마리 / 분기(紛起) : 어지러이 일어남 / 수우(隨寓) : 처지에 따라, 인연에 따라 / 무입부득(無入不得) : 어디를 가든 안심입명(安心立命)을 얻지 못함이 없음.